Manfred Döpfner/Stephanie Schürmann/Gerd Lehmkuhl

Wackelpeter und Trotzkopf

Manfred Döpfner
Stephanie Schürmann
Gerd Lehmkuhl

Wackelpeter und Trotzkopf

Hilfen bei hyperkinetischem
und oppositionellem Verhalten

BELTZ
PsychologieVerlagsUnion

Anschrift der Autoren:
Prof. Dr. Manfred Döpfner
Dipl.-Psych. Stephanie Schürmann
Prof. Dr. Gerd Lehmkuhl
Klinik und Poliklinik für Psychiatrie
und Psychotherapie des Kindes-
und Jugendalters
Universität zu Köln
Robert-Koch-Str. 10
50931 Köln

Lektorat: Karin Ohms

Besuchen Sie uns im Internet:
http://www.beltz.de

Umschlaggestaltung: Dieter Vollendorf, München
Comics: Comicman
Druck und Bindung: Druckhaus Thomas Müntzer, Bad Langensalza
Printed in Germany
Gedruckt auf säurefreiem Papier

ISBN 3-621-27431-6

Inhalt

Kennen Sie das?

➤ Schon morgens ist der fünfjährige Markus kaum zu bremsen! Bereits um sieben Uhr steht er auf der Matte und trällert munter und vor allem laut ein Liedchen nach dem anderen. Ständig ist er in Aktion, an keiner Stelle, bei keiner Tätigkeit hält er es länger als ein paar Minuten aus. Selbst beim Spiel kann er nicht lange verweilen. Vor allem muß er seine Mutter ständig etwas Wichtiges fragen oder ihr ganz dringend etwas Unaufschiebbares erzählen. Die Mutter kommt zu gar nichts mehr und hat schon kurz nach dem Aufstehen das Gefühl, daß ihr alles zu viel wird.

➤ Ständig macht der achtjährige Tim irgendeinen Unfug – mal bohrt er ein Loch in seine Türe, mal schneidet er die neue Tischdecke durch und ein andermal spielt er im Blumenbeet Fußball. Er weiß natürlich ganz genau, daß das alles verboten ist, aber um Grenzen und Verbote kümmert sich Tim so gut wie nie. Selbst einfache Regeln, z. B. daß Tim nicht mit dreckigen Schuhen ins Wohnzimmer darf, beachtet er nicht. Wenn die Mutter ihn dann darauf zur Rede stellt, bekommt sie eine freche Antwort oder Tim kriegt solch einen Wutanfall, daß er gar nicht mehr zu bremsen ist.

➤ Melanie besucht die zweite Klasse der Grundschule. Schon kurz nach der Einschulung fiel der Lehrerin auf, daß Melanie kaum bei der Sache ist. Von jeder Kleinigkeit läßt sie sich ablenken. Es wundert daher nicht, daß sie selten ihre Aufgaben zu Ende bringt. Wenn sie nach Hause kommt, weiß sie häufig nicht, was ihre Hausaufgaben sind. Die Hausaufgaben dauern eine Ewigkeit, Melanie zögert sie möglichst lange hinaus. Arbeiten, die gut und gerne in 15 Minuten zu verrichten sind, dauern bis zu einer Stunde, wenn die Mutter unmittelbar dabei sitzt; ansonsten wird sie gar nicht fertig. Nach den Hausaufgaben sind dann beide völlig geschafft.

➤ Philipp und seine zwei Jahre jüngere Schwester Clara liegen sich ständig in den Haaren. Clara ist genau das Gegenteil von Philipp – sie ist ruhig, freundlich, offen, folgsam und ehrgeizig. Philipp dagegen ist ein unruhiger Quälgeist, meist motzig und abweisend. Seine kleine Schwester traktiert er regelrecht. Meist ist ihm langweilig und dann fällt ihm nichts besseres ein, als Clara zu ärgern. Ständig muß die Mutter dazwischen gehen und mit Philipp schimpfen, aber eigentlich hilft das auch nicht.

Viele Kinder haben solche und ähnliche Verhaltensprobleme und viele Eltern, Lehrer und Erzieher klagen über diese Schwierigkeiten. Alle Kinder sind irgendwann einmal auch Problemkinder und alle Familien haben mehr oder weniger Probleme. Aber bei manchen Kindern und in manchen Familie sind die Probleme so stark, daß sie Hilfe brauchen.

Ziel diese Elternbuches ist nicht das problemlose Kind oder die Familie ohne Probleme. Das könnten wir auch gar nicht erreichen. Wir wollen vorhandene Fähigkeiten des Kindes und der Familie aktivieren, um einige Probleme selbst zu lösen oder zumindest zu vermindern. Damit wollen wir Ihr Kind und Ihre Familie in die Lage versetzen, Aufgaben, die in den nächsten Jahren vor Ihnen stehen, trotz einiger Schwierigkeiten erfolgreich zu bewältigen.

Dieses Buch wendet sich an Eltern mit Kindern, die Probleme haben, sich selbst zu steuern. Diese Schwierigkeiten können sich in ausgeprägten und häufigen Wutausbrüchen, aggressiven Verhaltensweisen, ausgeprägter Impulsivität, starker Unruhe oder in Konzentrationsproblemen äußern.

Im wesentlichen lassen sich zwei Problembereiche unterscheiden:

- **hyperkinetische Verhaltensprobleme**, die im Kern durch hohe Unruhe oder sehr starke Impulsivität und mangelnde Konzentration und Ausdauer gekennzeichnet sind;
- **oppositionelle Verhaltensprobleme**, die sich durch verweigerndes, oppositionelles Verhalten, durch häufiges Streiten und Wutausbrüche kennzeichnen.

Diese Probleme können unabhängig voneinander oder auch gemeinsam auftreten und sie beeinträchtigen das familiäre Zusammenleben und die Entwicklung des Kindes.

Das Buch ist für **Eltern mit Kindern im Alter von drei bis zwölf Jahren** geschrieben worden. Es ist ein **Buch für Väter und Mütter**. Wir wissen, daß dieses Buch mehr Mütter als Väter lesen, deshalb werden in diesem Buch häufiger die Mütter als die Väter direkt angesprochen. Wir möchten aber auch die Väter ausdrücklich einladen, sich mit diesem Buch zu beschäftigen. Die Probleme, die diese Kinder haben, betreffen sowohl Väter als auch Mütter. Das Buch beruht auf Prinzipien und Therapiemethoden, die sich in vielen wissenschaftlichen Untersuchungen bei der Behandlung von Kindern mit diesen Schwierigkeiten als ausgesprochen wirkungsvoll erwiesen haben.

Wie benutze ich das Buch?

Dieses Buch ist in **fünf Hauptteile** gegliedert:

1 Im ersten Teil des Buches finden Sie **Antworten auf Fragen**, die sich viele Eltern von Kindern mit den genannten Verhaltensproblemen stellen: Was sind hyperkinetische und was sind oppositionelle Verhaltensauffälligkeiten? Was sind die Ursachen dieser Probleme? Wie entwickeln sich die Kinder weiter und was kann man tun?

2 Der zweite Teil enthält einen **Elternleitfaden**, der Ihnen in 14 Stufen schrittweise Möglichkeiten zur Verminderung solcher Verhaltensprobleme aufzeigt. Sie erhalten wichtige Anleitungen, die Ihnen helfen können, zunächst die einzelnen Probleme genau zu fassen, danach Maßnahmen durchzuführen, um die Beziehung zu Ihrem Kind zu verbessern und die tagtäglichen Probleme zu lösen.

3 Der dritte Teil ergänzt den Elternleitfaden durch weitere konkrete **Anwendungsbeispiele**, in denen typische Probleme und ihre Lösungsmöglichkeiten aufgezeigt sind, z. B.: Was mache ich, wenn sich mein Kind nicht alleine beschäftigen kann? Wie löse ich den täglichen Hausaufgaben-Krieg oder wie reagiere ich auf die Wutausbrüche meines Kindes?

4 Der vierte Teil dieses Buches enthält **Arbeitsblätter**, die Sie zur Durchführung konkreter Maßnahmen in Ihrer Familie benötigen. Die Anleitungen zur Anwendung dieser Arbeitsblätter werden im Teil II und Teil III des Buches gegeben.

5 Der fünfte Teil dieses Buches enthält sogenannte **Memo-Karten**. Das sind Erinnerungskarten, die Ihnen ebenfalls bei der Durchführung konkreter Maßnahmen in Ihrer Familie helfen sollen. Die Anleitungen zur Anwendung dieser Memo-Karten werden im Teil II und Teil III des Buches gegeben.

Sie können das Buch auf verschiedene Weise nutzen:

1. Sie können es **zur Information** über die wichtigsten Erkenntnisse zu diesen Verhaltensproblemen und über die Möglichkeiten zur Verminderung dieser Probleme benutzen. Diese Übersicht erhalten Sie vor allem im ersten Teil dieses Buches. In den weiteren Teilen erhalten Sie detaillierte Informationen darüber, wie Sie Probleme der Kinder vermindern können.
2. Wenn Sie selbst versuchen wollen, die Verhaltensprobleme Ihres Kindes in der Familie anzugehen, dann können Sie dieses Buch **als ein Selbsthilfeprogramm** einsetzen. In diesem Fall sollten Sie das Buch Kapitel für Kapitel durchlesen und durcharbeiten. Besonders intensiv sollten Sie die 14 Stufen des Elternleitfadens in Teil II des Buches sowie die für Sie wichtigen Kapitel aus den Anwendungsbeispielen in Teil III des Buches durcharbeiten.
3. Sie können das Buch auch **im Rahmen einer Behandlung des Kindes** bei einem Arzt oder Psychotherapeuten einsetzen. Das Buch basiert auf einem umfassenden Behandlungsverfahren, dem Therapieprogramm für Kinder mit hyperkinetischem und oppositionellem Problemverhalten (THOP)[1]. Wenn der Therapeut/die Therapeutin nach diesem Behandlungsprogramm arbeitet, dann kann es sehr hilfreich sein, wenn der Therapeut/die Therapeutin mit Ihnen gemeinsam einige Kapitel aus dem Elternleitfaden und aus den Anwendungsbeispielen durcharbeitet.

Zur Vereinfachung der Schreibweise haben wir darauf verzichtet, das männliche und weibliche Geschlecht immer parallel zu benennen. Da in der Grundschule und im Kindergarten überwiegend Lehrerinnen und Erzieherinnen arbeiten, haben wir die weibliche Form gewählt. Den Arzt, Psychologen und Therapeuten haben wir in der männlichen Form angesprochen. Wir hoffen, damit beiden Geschlechtern gerecht zu werden, ohne die Orthographie zu verletzen und die Lesbarkeit des Buches zu erschweren.

---

[1] Döpfner, M., Schürmann. S., Frölich, J. (1998). Therapieprogramm für Kinder mit hyperkinetischem und oppositionellem Problemverhalten (THOP), 2., korrigierte Auflage. Weinheim: Psychologie Verlags Union.

Professionelle Hilfe oder Selbsthilfeprogramm?

Häufig fällt es schwer zu entscheiden, ob man eine professionelle Hilfe eines Arztes oder eines Psychotherapeuten in Anspruch nehmen soll oder ob man dieses Buch als ein Selbsthilfeprogramm nutzen kann. Wir können Ihnen hier nur einige Hinweise geben, die Ihnen helfen können, diese Frage für sich zu entscheiden.

Sie sollten sich um eine professionelle Hilfe kümmern,

- wenn Sie das Selbsthilfeprogramm systematisch durchgeführt haben, ohne daß sich die Probleme deutlich verändert haben
- oder wenn einige der folgenden Punkte für Sie zutreffen:
  1. Die Verhaltensprobleme des Kindes in der Familie sind sehr stark ausgeprägt und beeinträchtigen das Zusammenleben in der Familie erheblich.
  2. Die Verhaltensprobleme des Kindes treten nicht nur in der Familie auf, sondern sind auch im Kindergarten bzw. in der Schule oder in anderen Situationen sehr stark ausgeprägt.
  3. Die Verhaltensprobleme des Kindes bestehen schon sehr lange.
  4. In der Familie gibt es noch andere große Probleme, z. B. starke Eheprobleme, psychische Probleme anderer Familienmitglieder (z. B. anderer Kinder oder des Vaters oder der Mutter).

Je mehr von diesen vier Punkten auf Ihr Kind und Ihre Familie zutreffen, um so eher sollten Sie sich um eine professionelle Hilfe kümmern. Falls Sie diese Fragen noch nicht beantworten können oder falls Sie sich jetzt noch nicht sicher sind, was Sie tun sollen, dann sollten Sie zunächst das Kapitel I durchlesen. Sie erhalten darin Informationen, die Ihnen bei dieser Entscheidung helfen können. Außerdem werden wir Ihnen auch noch Informationen darüber geben, welche Art von Behandlung hilfreich sein kann und auf welche Weise Sie eine solche Behandlung für Ihr Kind in Anspruch nehmen können.

Wenn Sie das Buch als Selbsthilfeprogramm nutzen,
... dann sollten Sie unbedingt folgende Punkte beachten:

- Lesen und bearbeiten Sie das Buch Kapitel für Kapitel. Machen Sie sich zunächst mit den Grundinformationen aus Kapitel I (Fragen und Antworten) vertraut.
- Arbeiten Sie dann die 14 Schritte des Elternleitfadens in Kapitel II und die für Sie wichtigen Anwendungsbeispiele in Kapitel III durch.

Wenn Sie das Buch begleitend zu einer Behandlung des Kindes nutzen,
... dann sollten Sie unbedingt folgende Punkte beachten:

- Besprechen Sie zusammen mit dem Arzt oder dem Psychotherapeuten, wie Sie dieses Buch verwenden wollen.
- Lesen Sie zunächst die Grundinformationen aus Kapitel I (Fragen und Antworten) und besprechen Sie dabei auftauchende Fragen mit dem Arzt/Psychotherapeuten.
- Bearbeiten Sie dann in Absprache oder gemeinsam mit dem Arzt/Psychotherapeuten einzelne Schritte aus dem Elternleitfaden (Kapitel II) und aus den Anwendungsbeispielen (Kapitel III).

1 Fragen und Antworten

In diesem ersten Kapitel möchten wir Ihnen die wichtigsten Informationen über Kinder mit hyperkinetischen und oppositionellen Verhaltensproblemen geben. Wir werden uns dabei auf wissenschaftlich gesicherte Erkenntnisse stützen sowie auf unsere langjährige klinische Erfahrung in der Arbeit mit Kindern, die hyperkinetische oder oppositionelle Verhaltensprobleme haben. Im einzelnen werden wir folgende Fragen beantworten:

- Was sind hyperkinetische Verhaltensauffälligkeiten?
- Was sind oppositionelle Verhaltensauffälligkeiten?
- Welche weiteren Probleme treten häufig noch auf?
- Was sind die Ursachen?
- Wie entwickeln sich die Kinder weiter?
- Was kann man tun?
- Was kann man in der Familie tun?
- Was kann man im Kindergarten oder in der Schule tun?
- Braucht mein Kind eine spezielle Behandlung oder Förderung?
- Sind Medikamente hilfreich?
- Wer kann helfen?
- Was ist meist weniger hilfreich?

Was sind hyperkinetische Verhaltensauffälligkeiten?

Manche Kinder sind lebhafter als andere und jedes Kind ist irgendwann einmal sehr unruhig oder kann sich nicht konzentrieren und läßt sich leicht ablenken. Jeder weiß, daß es jüngeren Kindern schwerer fällt als älteren Kindern, sich ruhig zu verhalten oder ausdauernd bei einer Sache zu bleiben. Die Konzentrationsfähigkeit und die Ausdauer von Kindern verbessern sich mit dem Alter.

Kinder mit hyperkinetischen Verhaltensauffälligkeiten unterscheiden sich jedoch von Kindern mit diesen ganz normalen Entwicklungserscheinungen in dem **Ausmaß** und in der **Stärke** der Probleme.

Kinder mit hyperkinetischen Auffälligkeiten haben im Vergleich zu anderen Kindern gleichen Alters ausgeprägte Auffälligkeiten meist in **drei Kernbereichen**: Sie fallen auf

- durch Aufmerksamkeits- und Konzentrationsschwächen,
- durch impulsives Verhalten und
- durch eine ausgeprägte Unruhe.

- **Aufmerksamkeits- und Konzentrationsschwächen:** Sie können sich auch in einer hohen Ablenkbarkeit äußern. Aufgaben werden vorzeitig abgebrochen und Tätigkeiten werden nicht beendet. Dies wird vor allem bei Beschäftigungen beobachtet, die geistige Anstrengung verlangen. Meist sind die Auffälligkeiten bei jenen Tätigkeiten stärker ausgeprägt, die von anderen vorgegeben (fremdbestimmt) sind (z. B. Hausaufgaben, Aufgaben in der Schule). Vor allem bei Kindern im Kindergartenalter, aber auch bei jüngeren Schulkindern kann man diese Aufmerksamkeits- und Konzentrationsschwächen auch bei selbstbestimmten Tätigkeiten, bei Spielen und Beschäftigungen beobachten. Zunächst sind die Kinder sehr interessiert dabei, nach kurzer Zeit verlieren sie aber das Interesse und wechseln zu einer anderen Tätigkeit. Bei älteren Kindern und bei Kindern, die weniger stark von der Problematik betroffen sind, treten diese Schwächen bei selbstgewählten und lustbetonten Spielen kaum auf, sondern nur bei fremdbestimmten und weniger angenehmen Tätigkeiten.

- **Impulsives Verhalten**: Deutlich mehr als andere Kinder gleichen Alters neigen Kinder mit hyperkinetischen Auffälligkeiten dazu, plötzlich und ohne zu überlegen zu handeln. Sie folgen ihren ersten Ideen und Handlungsimpulsen und bedenken überhaupt nicht die Folgen ihrer Handlungen. Die Kinder sind kaum in der Lage, Bedürfnisse aufzuschieben und abzuwarten, bis sie an der Reihe sind. Wenn sie etwas haben wollen, dann muß es sofort sein. In dieser Hinsicht benehmen sie sich so, wie es bei jüngeren Kindern eigentlich üblich ist. Sie platzen mit Antworten heraus, bevor Fragen zu Ende gestellt sind und unterbrechen andere häufig.
- **Körperliche Unruhe**: Vor allem im Kindergarten- und im Grundschulalter fallen viele Kinder mit hyperkinetischen Auffälligkeiten durch ihre extreme Ruhelosigkeit und durch ihr ständiges Zappeln auf. Diese Auffälligkeit tritt besonders in Situationen auf, die relative Ruhe verlangen. Die Kinder stehen häufig im Unterricht oder in anderen Situationen auf, in denen Sitzenbleiben erwartet wird. Es fällt ihnen schwer, ruhig zu spielen, und sie laufen oder klettern häufig permanent herum. Diese extreme Unruhe scheint von der Umgebung oder durch Aufforderungen kaum dauerhaft beeinflußbar zu sein. Die Eltern ermahnen ihr Kind, ruhig zu sein, möglicherweise reagiert das Kind auch darauf, aber nach wenigen Sekunden ist die alte Unruhe wieder da.

Diese Auffälligkeiten sind üblicherweise in verschiedenen Lebensbereichen zu beobachten – also nicht nur in der Familie, sondern auch im Kindergarten oder in der Schule und bei Freizeitaktivitäten mit Gleichaltrigen. Typischerweise treten die Probleme verstärkt in solchen Situationen auf, in denen von den Kindern oder Jugendlichen eine längere Ausdauer erwartet wird, z. B. im Unterricht, bei den Hausaufgaben oder beim Essen. Dagegen treten diese Auffälligkeiten bei vielen Kindern entweder gar nicht oder nur in verminderter Form auf, wenn sie sich in einer neuen Umgebung befinden, wenn sie nur mit einer Person zusammen sind oder wenn sie sich einer Lieblingsaktivität widmen, selbst wenn diese ein hohes Maß an Aufmerksamkeit erfordert (z. B. beim Computerspiel).

Es gibt eine große Variationsbreite im **Schweregrad dieser Probleme**. Bei manchen Kindern sind die Auffälligkeiten so stark ausgeprägt, daß sie schon nach kürzester Zeit auffallen. Sie sind im Kindergarten und in der Schule kaum tragbar und auch die Belastungen in der Familie können außerordentlich sein. Bei der Mehrzahl der Kinder sind die

Probleme jedoch weniger stark ausgeprägt. Sie treten nicht in allen Situationen gleichermaßen auf und manchmal können sich diese Kinder auch über längere Zeit unauffällig verhalten. Der Übergang zu dem, wie Kinder sich normalerweise verhalten, und dem auffälligen Verhalten ist fließend.

Wenn die hyperkinetischen Verhaltensauffälligkeiten stark ausgeprägt sind, dann sprechen wir von einer **hyperkinetischen Störung**.

Die Diagnose einer hyperkinetischen Störung kann nur von einem Fachmann gestellt werden. Meistens sind Kinderärzte die ersten Ansprechpartner. Viele verweisen die Kinder jedoch an Spezialisten weiter, das können Fachärzte für Kinder- und Jugendpsychiatrie sein oder auch gut ausgebildete Psychologen, die als Kinder- und Jugendlichenpsychotherapeuten arbeiten. Die Merkmale, die Fachleute bei der Diagnose einer hyperkinetischen Störung berücksichtigen, sind in Tabelle 1 aufgelistet. In Teil IV dieses Buches finden Sie einen Beurteilungsbogen, der auf diesen Merkmalen basiert und mit dessen Hilfe Sie für Ihr Kind überprüfen können, wieviele dieser Punkte zutreffen. Eine Diagnose kann allerdings nur dann gestellt werden, wenn mehrere der genannten Merkmale zutreffen. Aus Ihren Antworten in dem Beurteilungsbogen sollten Sie jedoch keine Diagnose ableiten; dazu ist eine Untersuchung bei einem Arzt oder Psychologen notwendig. Mit der Beantwortung des Beurteilungsbogens sollten Sie noch warten, wir werden ihn im Rahmen des Elternleitfadens einsetzen. Für eine Diagnose ist es notwendig, daß die in den Merkmalen beschriebenen Verhaltensauffälligkeiten deutlich stärker ausgeprägt sind, als bei Kindern gleichen Alters und gleicher Grundbegabung. Wir haben bereits darauf hingewiesen, daß Unruhe, Impulsivität und eine begrenzte Aufmerksamkeitsfähigkeit ganz normale Eigenschaften jüngerer Kinder sind. Deshalb muß das Alter des Kindes bei der Beantwortung der Fragen immer in Rechnung gestellt werden. Außerdem zeigen auch Kinder mit einer allgemeinen Intelligenzminderung, also Kinder mit Lernbehinderungen oder mit geistigen Behinderungen, häufig die gleichen Merkmale. Bei lernbehinderten oder bei geistig behinderten Kindern sind diese Auffälligkeiten also häufig Folgen der Intelligenzminderung und nicht als eine hyperkinetische Störung aufzufassen. Allerdings gibt es auch Kinder mit Intelligenzminderungen, die zusätzlich eine hyperkinetische Störung haben. In diesen Fällen sind die Merkmale von motorischer Unruhe, von

Tabelle 1: Merkmale für die Diagnose einer hyperkinetischen Störung

A) Unaufmerksamkeit:

1. Beachtet häufig Einzelheiten nicht oder macht Flüchtigkeitsfehler bei den Schularbeiten, bei der Arbeit oder bei anderen Tätigkeiten.
2. Hat oft Schwierigkeiten, längere Zeit die Aufmerksamkeit bei Aufgaben oder Spielen aufrechtzuerhalten.
3. Scheint häufig nicht zuzuhören, wenn andere ihn ansprechen.
4. Führt häufig Anweisungen anderer nicht vollständig durch und kann Schularbeiten, andere Arbeiten oder Pflichten am Arbeitsplatz nicht zu Ende bringen.
5. Hat häufig Schwierigkeiten, Aufgaben und Aktivitäten zu organisieren.
6. Vermeidet häufig, hat eine Abneigung gegen oder beschäftigt sich häufig nur widerwillig mit Aufgaben, die länger andauernde geistige Anstrengungen erfordern (wie Mitarbeit im Unterricht oder Hausaufgaben).
7. Verliert häufig Gegenstände, die er/sie für Aufgaben oder Aktivitäten benötigt (z. B. Spielsachen, Hausaufgabenhefte, Stifte, Bücher oder Werkzeug).
8. Läßt sich oft durch äußere Reize leicht ablenken.
9. Ist bei Alltagstätigkeiten häufig vergeßlich.

B) Hyperaktivität:

1. Zappelt häufig mit Händen oder Füßen oder rutscht auf dem Stuhl herum.
2. Steht häufig in der Klasse oder in anderen Situationen auf, in denen Sitzenbleiben erwartet wird.
3. Läuft häufig herum oder klettert exzessiv in Situationen, in denen dies unpassend ist.
4. Hat häufig Schwierigkeiten, ruhig zu spielen oder sich mit Freizeitaktivitäten ruhig zu beschäftigen.
5. Ist häufig „auf Achse" oder handelt oftmals, als wäre er „getrieben", oder zeigt ein anhaltendes Muster exzessiver motorischer Aktivität, das durch die soziale Umgebung oder durch Aufforderungen nicht durchgreifend beeinflußbar ist.

C) Impulsivität:
1. Platzt häufig mit der Antwort heraus, bevor die Frage zu Ende gestellt ist.
2. Kann häufig nur schwer warten, bis er/sie an der Reihe ist bei Spielen oder in Gruppensituationen.
3. Unterbricht und stört andere häufig (platzt z. B. in Gespräche oder in Spiele anderer hinein).
4. Redet häufig übermäßig viel, ohne angemessen auf soziale Beschränkungen zu reagieren.

Impulsivität und von Aufmerksamkeitsschwächen noch stärker ausgeprägt als bei anderen Kindern, die ebenfalls eine entsprechende Intelligenzminderung haben.

Für die Diagnose einer hyperkinetischen Störung müssen also mehrere der Merkmale aus der Tabelle erfüllt sein und sie müssen deutlich stärker ausgeprägt sein, als dies bei Kindern gleichen Alters und gleicher Grundbegabung der Fall ist. Darüber hinaus setzt die Diagnose voraus, daß die Probleme in verschiedenen Lebensbereichen auftreten. Üblicherweise lassen sich also ähnliche Probleme sowohl in der Familie als auch im Kindergarten bzw. in der Schule sowie in anderen Situationen beobachten. Fachleute werden deshalb nach Rücksprache mit den Eltern auch direkt mit der Kindergarten-Erzieherin oder mit der Lehrerin sprechen. Wenn die Problematik insgesamt weniger stark ausgeprägt ist, dann kann es aber durchaus möglich sein, daß die Auffälligkeiten hauptsächlich im Kindergarten oder in der Schule und weniger deutlich in der Familie beobachtbar sind. Wenn Ihnen also die Klassenlehrerin oder die Erzieherin berichtet, daß das Kind sich schlecht konzentrieren kann oder daß es impulsiv und unruhig ist, dann tun Sie das bitte nicht gleich als ein Hirngespinst ab, nur weil Sie solche Auffälligkeiten selbst gar nicht beobachten können.
Wenn die Probleme nur in einem Lebensbereich auftauchen, dann ist dies jedoch ein Hinweis darauf, daß die Auffälligkeit nicht so stark ausgeprägt ist, wie das üblicherweise bei Kindern mit hyperkinetischen Störungen der Fall ist.
Aber auch innerhalb eines Lebensbereiches treten die hyperkinetischen Auffälligkeiten in bestimmten Situationen häufiger und in anderen Situationen seltener auf. Abbildung 1 zeigt das Ergebnis einer eigenen Untersuchung, in der Eltern von hyperkinetischen Kindern im Alter von sechs bis zehn Jahren gefragt wurden, welche familiären Situationen als beson-

Abbildung 1: Häufigkeit problematischer Situationen in Familien mit hyperkinetischen Kindern und in einer Vergleichsgruppe

ders belastend erlebt werden. Dieselben Fragen wurde einer per Zufall gewonnen Vergleichsgruppe von Eltern mit Kindern in dem gleichen Alter gestellt. Wie Sie aus Abbildung 1 entnehmen können, beschreiben mehr als 50% der Eltern hyperkinetischer Kinder die Hausaufgaben als extrem problematisch, während das in der Vergleichsgruppe in weniger als 10% der Fälle so ist. Wenn die Mutter telefoniert und wenn Besuch kommt, stehen an zweiter und dritter Stelle.

In den Fachkreisen besteht Uneinigkeit darüber, ob für eine Diagnose einer hyperkinetischen Störung Auffälligkeiten in allen drei Kernbereichen (körperliche Unruhe, Impulsivität, Aufmerksamkeitsschwäche) vorliegen müssen oder ob es verschiedene Unterformen von hyperkinetischen Störungen gibt, nämlich:

- hyperkinetische Störungen mit Auffälligkeiten in allen drei Kernbereichen,
- hyperkinetische Störungen, die hauptsächlich durch Aufmerksamkeitsschwächen aber weniger durch Impulsivität und motorische Unruhe gekennzeichnet sind und
- hyperkinetische Störungen, die hauptsächlich durch Impulsivität und motorische Unruhe und weniger durch Aufmerksamkeitsschwächen gekennzeichnet sind.

Vermutlich sind diese Unterschiede auch durch verschiedene Schweregrade der Auffälligkeit erklärbar. Bei Kindern mit hohem Schweregrad sind alle drei Kernbereiche in allen Lebensbereichen auffällig, bei geringerem Schweregrad sind nicht alle drei Bereiche gleichermaßen auffällig und die Probleme treten auch nicht unbedingt in allen Lebensbereichen (Familie, Schule usw.) in gleicher Stärke auf.

Je nach Schwerpunkt der Störung werden auch noch andere Begriffe zu Bezeichnung der Problematik verwendet: Hyperaktivitätsstörung, Aufmerksamkeits-Defizit-Syndrom (ADS-Syndrom) sind die am häufigsten gebrauchten Begriffe.

Hyperkinetische Auffälligkeiten gehören zusammen mit den oppositionellen Verhaltensauffälligkeiten, die im nächsten Kapitel beschrieben werden, zu den häufigsten Verhaltensstörungen im Kindesalter. Etwa fünf Prozent aller Kinder haben deutlich ausgeprägte hyperkinetische Störungen, leichtere Auffälligkeiten sind bei weit mehr Kindern festzustellen. In einer Studie, die unsere Arbeitsgruppe in ganz Deutschland durchgeführt hat, gaben 10% aller Eltern von Jungen im Alter von vier bis zehn Jahren an, daß ihr Kind sehr unruhig sei und nicht still sitzen könne; bei den Mädchen wurde dies von 7,5% der Eltern berichtet. Eine gelegentliche Unruhe gaben aber 33% bis 40% aller Eltern an. Das heißt, im Durchschnitt befindet sich in jeder Kindergartengruppe und in jeder Schulklasse mindestens ein Kind mit diesem Störungsbild, häufig sind es aber mehrere Kinder, die zumindest in geringerem Grade mit diesen Problemen behaftet sind. Ausgeprägte hyperkinetische Auffälligkeiten treten bei Jungen mindestens dreimal häufiger auf als bei Mädchen. Sie beginnen fast immer vor dem Schulalter, meist sind sie spätestens im Alter von fünf bis sechs Jahren erkennbar. Bei Kindern, die weniger stark ausgeprägte Auffälligkeiten haben, können die Probleme erst mit der Einschulung richtig deutlich werden.

Wenn ein Kind Unruhe, Konzentrationsschwierigkeiten und impulsives Verhalten zeigt, dann heißt das nicht automatisch, daß eine hyperkinetische Störung vorliegt, weil diese Auffälligkeiten auch **bei anderen Störungen oder Belastungen** auftreten können:

- Vorübergehende altersgemäße Verhaltensweisen bei aktiven Kindern.
- Lernbehinderung und geistige Behinderung.
- Schulische Überforderung.
- Schulische Unterforderung.
- Durch Medikamente bedingte hyperkinetische Auffälligkeiten.
- Oppositionelle Verhaltensauffälligkeiten.
- Unruhe und Konzentrationsprobleme bei Kindern mit Ängsten.
- Unruhe und Konzentrationsprobleme bei Kindern mit trauriger Verstimmung und mit emotionalen Belastungen.
- Hyperkinetische Auffälligkeiten bei schwereren psychiatrischen Erkrankungen.

Diese Störungen und Belastungen werden im folgenden kurz beschrieben.

- **Vorübergehende altersgemäße Verhaltensweisen bei aktiven Kindern:** Vor allem bei jüngeren Kindern sind die Grenzen zwischen einem noch altersgemäßem Bewegungsdrang und hyperaktivem Verhalten oft nur schwer zu ziehen. Drei- und Vierjährige können für Eltern aufgrund ihrer hohen Aktivität sehr belastend und anstrengend sein. Die Grenzen zu auffälligem Verhalten sind fließend. Die Frage, ob ein Verhalten schon als auffällig zu werten ist oder noch nicht, läßt sich deshalb auch letztendlich nicht eindeutig beantworten. Wenn Sie sich nicht sicher sind, dann sollten Sie darüber mit anderen Eltern sprechen, die Kinder im gleichen Alter und mit gleichem Geschlecht haben.

Die Hilfen, die wir in unserem Elternleitfaden in Teil II und in den Anwendungsbeispiel in Teil III dieses Buches geben, können aber auch als allgemeine Erziehungshilfen bei Kindern dienen, die keine eindeutigen Auffälligkeiten haben.

- **Lernbehinderung und geistige Behinderung:** Auf die manchmal schwierige Abgrenzung von hyperkinetischen Auffälligkeiten im Rahmen einer Lernbehinderung oder einer geistigen Behinderung sind wir bereits eingegangen. Kinder mit solchen Intelligenzminderungen zeigen häufig im Vergleich zu normal entwickelten Gleichaltrigen eine verminderte Ausdauer und Konzentrationsfähigkeit oder auch vermehrt impulsives Verhalten und eine größere Unruhe. Wenn Kinder hyperkinetische Auffälligkeiten haben und gleichzeitig Entwicklungsrückstände im Kindergartenalter zeigen oder schulische Leistungsprobleme in der Grundschule haben, dann muß auch die Begabung der Kinder untersucht werden. Wenn eine entsprechende Intelligenzminderung festzustellen ist, dann muß überprüft werden, ob die beschriebenen Verhaltensauffälligkeiten im Rahmen dieser allgemeinen Intelligenzminderung zu sehen sind, d. h., ob andere Kinder mit gleicher Intelligenz typischerweise ähnliche Auffälligkeiten zeigen oder ob die Verhaltensauffälligkeiten des Kindes darüber hinaus gehen. Vor allem ist bei diesen Kindern eine angemessene Förderung und Beschulung wichtig. Allgemeine Überforderungen müssen vermieden werden (siehe unten).

Weiterhin vorhandene Verhaltensprobleme, die im Rahmen solcher Beeinträchtigungen auch in der Familie auftreten, können dann mit Maßnahmen vermindert werden, die in Teil II und Teil III dieses Buches beschrieben sind. Dabei müssen aber die generellen Möglichkeiten und Grenzen des Kindes im Auge behalten werden.

- **Schulische Überforderung:** Einzelne Merkmale einer hyperkinetischen Störung können in Zusammenhang mit einer schulischen Überforderung auch bei normal begabten Kindern auftreten, wenn das Kind also eine Schule besucht, die Anforderungen an es stellt, denen es nicht gerecht werden kann. Oft wird bei diesen Kindern beobachtet, daß sie im Unterricht nicht richtig aufpassen, daß sie dazwischenreden, daß sie gelangweilt wirken oder unruhig auf dem Stuhl herumrutschen und die Hausaufgaben immer wieder unterbrechen. Wenn Kinder also Leistungsprobleme in der Schule haben und schlechte Noten mit nach Hause bringen und zusätzlich Verhaltensauffälligkeiten zeigen, die hyperkinetischen Auffälligkeiten ähnlich sind, dann muß abgeklärt werden, ob eine schulische Überforderung vorliegt, die die Kinder so sehr belastet, daß sie solche Verhaltensauffälligkeiten zeigen. Es kann natürlich auch sein, daß schulische Leistungsprobleme nicht die Ursache der hyperkinetischen Auffälligkeiten sind, sondern daß sie eine Folge darstellen oder daß Kinder beides haben: hyperkinetische Störungen und Schulleistungsprobleme (siehe Kapitel 3). Zur genauen Abklärung ist eine psychologische Untersuchung des Kindes mithilfe von Intelligenz- und Leistungstests notwendig. Es gibt aber auch andere Hinweise, die auf eine schulische Überforderung hinweisen. Wenn die hyperkinetischen Auffälligkeiten beim Wechsel von der Grundschule auf eine höhere weiterführende Schule auftreten und wenn früher schon Leistungsprobleme in der Schule vorhanden waren, ohne daß eindeutige hyperkinetische Auffälligkeiten vorlagen, dann liegt vermutlich eher eine schulische Überforderung vor. Für eine schulische Überforderung spricht auch, wenn die Auffälligkeiten ausschließlich im Zusammenhang mit der Schule auftreten und beispielsweise in schulfreien Phasen solche Auffälligkeiten kaum zu beobachten sind. Bei Jugendlichen, die als Kinder starke hyperkinetische Auffälligkeiten zeigten, kommt es allerdings auch häufig vor, daß die hyperkinetischen Probleme nahezu ausschließlich im Zusammenhang mit Schule auftreten. Wenn eine schulische Überforderung festgestellt wurde, dann sollte man zunächst eine entsprechende Entlastung vornehmen, beispielsweise durch gezielte schulische Förderung, wenn die Überforderung nicht zu stark ist und sich auf einzelnen Schulfächer begrenzt oder durch eine Klassenwiederholung oder durch einen Wechsel auf eine Schule mit geringeren Anforderungen.

- **Schulische Unterforderung:** In sehr seltenen Fällen können Konzentrationsprobleme in der Schule, impulsives Verhalten und körperliche Unruhe auch auf eine Unterforderung in der Schule hinweisen. Das ist aber wirklich sehr selten, obwohl viele der betroffenen Eltern hoffen, daß dies die Ursache ist. Wenn Kinder sehr begabt (hochbegabt) sind, dann kann es sein, daß sie in der Schule keine für sie interessanten Anregungen finden und sich Langeweile breit macht, die sich dann in entsprechenden Verhaltensauffälligkeiten äußert. Wenn diese Kinder in eine Umgebung kommen, in der sie mehr gefordert und mehr gefördert werden, dann verschwinden die Verhaltensauffälligkeiten sehr schnell. Häufig erkennt man solche Kinder daran, daß sie bereits im Kindergartenalter besondere Fähigkeiten entwickelt haben, beispielsweise sehr gut sprechen konnten oder früh durch eigenes Interesse lesen und schreiben gelernt haben. In einem solchen Verdachtsfall ist ebenfalls eine genaue psychologische Untersuchung erforderlich. Wird eine hohe Begabung mit entsprechender schulischer Unterforderung bestätigt, dann müssen entsprechende schulische Maßnahmen eingeleitet werden, z. B. indem man dem Kind innerhalb des Unterrichtes spezielle Aufgaben stellt, oder indem man das Kind eine Klasse überspringen läßt oder die Schulart wechselt.

- **Durch Medikamente bedingte hyperkinetische Auffälligkeiten:** Hyperkinetische Auffälligkeiten können auch durch verschiedene Medikamente ausgelöst werden. Dazu gehören beispielsweise viele Hustensäfte. Die Auffälligkeiten beginnen dann allerdings mit der Einnahme der Medikamente und verschwinden dann auch nach ihrem Absetzen wieder. Wenn Ihr Kind also ein Medikament nimmt und plötzlich solche Verhaltensauffälligkeiten zeigt, dann lesen Sie bitte im Beipackzettel nach und fragen Sie Ihren Arzt. Schwieriger kann es sein, wenn Kinder fortwährend bestimmte Medikamente nehmen müssen, die man nicht so einfach absetzen kann. Dazu gehören Medikamente, die Kinder bekommen, die ein Anfallsleiden (eine Epilepsie) haben. Viele dieser Medikamente können Aufmerksamkeitsschwächen oder auch Unruhe auslösen. Es gibt aber Medikamente, bei denen das weniger stark der Fall ist. Wenn Sie ein Kind mit einem Anfallsleiden haben, das Medikamente gegen solche Anfälle bekommt und das hyperkinetische Auffälligkeiten zeigt, dann sprechen Sie mit Ihrem Arzt darüber. Manchmal ist es nicht möglich, die Medikamente auszutauschen, weil die Anfälle nur mit einem bestimmten Medikament gut unter Kontrolle sind oder weil die Risiken einer Umstellung der Medikamente zu groß sind. In diesem Fall können Sie die Hinweise, die wir in diesem Buch zur Behandlung und zum Umgang mit hyperkinetischen Kindern geben, auch für Ihr Kind umsetzen. Lediglich bei der medikamentösen Behandlung von hyperkinetischen Auffälligkeiten müssen bei Kindern mit einem Anfallsleiden manchmal andere Wege gegangen oder besondere Vorsichtsmaßnahmen eingehalten werden.
- **Oppositionelle Verhaltensauffälligkeiten:** Diese Auffälligkeiten werden im nächsten Kapitel genauer beschrieben. Kinder mit oppositionellen Verhaltensauffälligkeiten können gegen Arbeiten oder schulische Aufgaben Widerstand leisten, die Anstrengung und Aufmerksamkeit verlangen, weil sie sich nicht den Forderungen anderer anpassen wollen. Sie zeigen außerdem häufig eine hohe Impulsivität. Solche oppositionellen Verhaltensweisen treten aber bei Kindern mit hyperkinetischen Störungen häufig auch als zusätzliche Verhaltensprobleme auf, so daß eine Unterscheidung oft schwierig ist. Kinder mit eindeutigen hyperkinetischen Verhaltensauffälligkeiten zeigen diese Schwierigkeiten aber auch in Situationen, in denen es nicht um eindeutige Aufgaben geht,

die von anderen gestellt werden. Oppositionelle Kinder zeigen ihr verweigerndes Verhalten häufiger nur bestimmten Personen gegenüber (z. B. bei den Eltern), während sie bei anderen Personen sich gut anpassen können.

Unsere Hilfen im Elternleitfaden in Teil II und in den Anwendungsbeispielen in Teil III des Buches beziehen sich sowohl auf oppositionelle als auch auf hyperkinetische Auffälligkeiten. Für diese Hinweise ist die Unterscheidung daher nicht von zentraler Bedeutung.

- **Unruhe und Konzentrationsprobleme bei Kindern mit Ängsten:** Wenn Kinder vor bestimmten Situationen Angst haben, dann reagieren sie oft mit Anspannung, Unruhe und können sich in diesen Situationen dann auch schlecht konzentrieren. Das ist vor allem bei Kindern mit Ängsten vor der Schule und besonders vor Klassenarbeiten der Fall. Hyperkinetische Auffälligkeiten beginnen typischerweise im Kindergartenalter und bestehen dann über Jahre hinweg. Unruhe und Konzentrationsprobleme bei Kindern mit Ängsten können in jedem Alter beginnen und sind in der Regel auf die ängstigende Situation begrenzt. Diese Merkmale treten also dann in anderen Situationen, die keine Angst auslösen, nicht auf, beispielsweise bei den Hausaufgaben. Allerdings haben manche Kinder mit hyperkinetischen Auffälligkeiten zusätzlich Ängste, die dann zu einer weiteren Zunahme von Konzentrationsschwierigkeiten beispielsweise bei Klassenarbeiten beitragen (siehe Kapitel 3).
- **Unruhe und Konzentrationsprobleme bei Kindern mit trauriger Verstimmung und mit emotionalen Belastungen:** Kinder, die von ihrer Grundstimmung her traurig sind oder die eine starke emotionale Belastung haben, können mit Konzentrationsproblemen und auch mit Unruhe und Anspannung reagieren. Manchmal wirken sie aber eher apathisch oder sind wenig ansprechbar. Die emotionalen Belastungen können vielfältiger Natur sein und beispielsweise durch die Trennung der Eltern, durch heftige Eheauseinandersetzungen oder durch den Verlust einer anderen wichtigen Bezugsperson ausgelöst werden. Üblicherweise findet man in solchen Fällen nicht den typischen Verlauf mit Beginn der hyperkinetischen Probleme bereits im Kindergartenalter, die dann über Jahre hinweg bleiben oder sogar zunehmen. Solche Probleme treten eher in einem engen Zusammenhang mit den emotionalen Belastungen auf und sie vermindern sich auch eher wieder, als dies

bei hyperkinetischen Auffälligkeiten der Fall ist. Allerdings haben Kinder mit hyperkinetischen Verhaltensauffälligkeiten mit vielen negativen Erfahrungen und Belastungen zu kämpfen und können infolge dessen auch emotionale Probleme entwickeln (siehe Kapitel 3). Diese sind dann nicht die Ursache, sondern die Folge der hyperkinetischen Auffälligkeiten.

- **Hyperkinetische Auffälligkeiten bei schwereren psychiatrischen Erkrankungen:** Wir können an dieser Stelle nicht ausführlich auf die psychiatrischen Erkrankungen eingehen, bei denen auch hyperkinetische Auffälligkeiten auftreten können. Diese Erkrankungen treten allerdings selten auf. Bei weiteren Fragen sollten Sie sich an einen Fachmann wenden. Zu diesen psychiatrischen Erkrankungen, die sehr selten im Kindesalter auftritt, zählt der Autismus. Er ist durch eine grundlegende Störung der Fähigkeit gekennzeichnet, Kontakte zu anderen Menschen aufzunehmen und aufrecht zu erhalten. Diese Kinder zeigen häufig auch hyperkinetische Auffälligkeiten. Im Jugendalter gibt es noch weitere psychiatrische Erkrankungen, wie Schizophrenie und Manie, bei denen auch motorische Unruhe, Konzentrationsprobleme und Impulsivität auftreten können. Diese Erkrankungen treten aber so gut wie nie im Kindesalter auf und sind durch vielfältige andere schwere Störungen gekennzeichnet.

Was sind oppositionelle Verhaltensauffälligkeiten?

Kinder mit oppositionellen Verhaltensauffälligkeiten können sich weniger als andere Kinder gleichen Alters an wichtige Regeln halten. Sie geraten häufig in Streitigkeiten mit Eltern und anderen erwachsenen Bezugspersonen, aber auch mit Geschwistern oder anderen Kindern außerhalb der Familie. Sie werden schnell wütend, sie verärgern andere vorsätzlich und schieben die Schuld für eigene Fehler oder eigenes Fehlverhalten auf andere. Sie sind reizbar und reagieren schnell zornig. Oppositionelle und aggressive Verhaltensauffälligkeiten sind bis zu einem gewissen Grad Teil einer normalen Entwicklung. Es gibt Entwicklungsphasen, in denen diese Auffälligkeiten stärker ausgeprägt sind. Beispielsweise zeigen viele Dreijährige ausgeprägte Wutausbrüche, die dann im Alter von vier oder fünf Jahre schon wieder seltener werden. Auch in der Pubertät nehmen Auseinandersetzungen mit den Eltern typischerweise deutlich zu. Aggressives und oppositionelles Verhalten ist also bis zu einem gewissen Grade normal. Ein Kind, das sich nie aggressiv verhält, müßte einem möglicherweise eher Sorge bereiten als ein Kind, das gelegentlich wütend wird und Regeln verletzt. Allerdings gibt es Kinder, die diese Probleme wesentlich stärker haben als die meisten anderen Kinder des gleichen Alters und die aufgrund dieser Auffälligkeiten deutliche Schwierigkeiten in der Familie, im Kindergarten bzw. in der Schule oder mit den Gleichaltrigen bekommen. Typischerweise zeigen sich die Probleme vor allem im Umgang mit vertrauten Erwachsenen oder Gleichaltrigen. Gewöhnlich schätzen sich die Kinder selbst nicht als oppositionell oder trotzig ein, sondern rechtfertigen ihr Verhalten als Reaktion auf unsinnige Forderungen oder zufällige unglückliche Umstände.

Insgesamt werden also unter oppositionellen Verhaltensauffälligkeiten verschiedene Formen aggressiven und verweigernden Verhalten zusammengefaßt:

- Nichtbeachten von Regeln und Grenzen.
- Wutausbrüche und aggressives Verhalten gegenüber Eltern oder anderen Erwachsenen (meist bei Grenzsetzungen).

- Dominierendes und aggressives Verhalten gegenüber Geschwistern in der Familie.
- Dominierendes und aggressives Verhalten gegenüber Gleichaltrigen außerhalb der Familie.

Oppositionelle Verhaltensweisen kommen häufig in Verbindung mit hyperkinetischen Verhaltensauffälligkeiten vor, sie können aber auch als isolierte Verhaltensprobleme auftauchen, wie Abbildung 2 zeigt. Nach einigen wissenschaftliche Untersuchungen haben deutlich mehr als 50% der Kinder mit hyperkinetischen Verhaltensstörungen auch oppositionelle und aggressive Verhaltensauffälligkeiten.

Oppositionelle und aggressive Verhaltensweisen können auf einen Lebensbereich begrenzt bleiben oder sich auf mehrere Lebensbereiche erstrecken. Bei den meisten Kindern, die diese Auffälligkeiten haben, zeigen sich die Schwierigkeiten in der Familie, bei vielen Kindern sind diese Probleme hauptsächlich auf die Familie begrenzt. Bei anderen treten die Schwierigkeiten auch im Kindergarten oder in der Schule und im Freizeitbereich gegenüber gleichaltrigen Kindern auf. Manchmal ist das auffällige Verhalten auch nur auf eine Person in der Familie begrenzt. Beispielsweise zeigen manche Kinder eine ausgeprägte Rivalität ihrer Schwester oder ihrem Bruder gegenüber, während sie sich bei allen anderen Familienmitgliedern nicht oppositionell und aggressiv verhalten. Andere Kinder beachten kaum Grenzen und Aufforderungen der Mutter und entwickeln sogar heftige Wutausbrüche, während sie dem Vater gegenüber solche

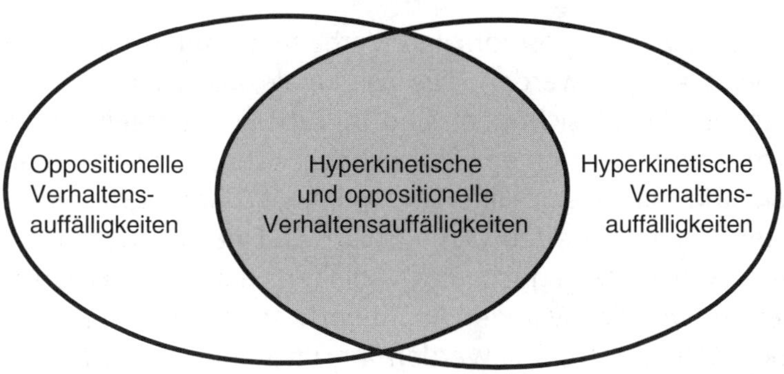

Abbildung 2: Überschneidung von oppositionellen Verhaltensauffälligkeiten und hyperkinetischen Verhaltensauffälligkeiten

Verhaltensweisen so gut wie nicht zeigen. Viele Kinder zeigen aber diese Verhaltensprobleme bei mehreren Familienmitgliedern, während sie in anderen Situationen außerhalb der Familie oft als freundlich und angepaßt erlebt werden. Es kann also durchaus vorkommen, daß die Eltern über das problematische Verhalten ihres Kindes in der Familie schon nahezu verzweifelt sind, während die Erzieherin im Kindergarten das gleiche Kind als freundlich und ausgeglichen, zugewandt und hilfsbereit erlebt. Allerdings gibt es auch viele Kinder mit diesen Verhaltensproblemen, die ähnliche Schwierigkeiten sowohl in der Familien als auch im Kindergarten bzw. in der Schule als auch gegenüber anderen gleichaltrigen Kindern zeigen. Die Ausbreitung der Verhaltensprobleme auf verschiedene Lebensbereiche ist ein wichtiges Maß für den Schweregrad der Problematik: je durchgängiger die Verhaltensprobleme sind, um so schwerwiegender sind die Auffälligkeiten.

Wie bei den hyperkinetischen Auffälligkeiten läßt sich auch bei den oppositionellen Verhaltensauffälligkeiten eine große Variationsbreite im **Schweregrad der Probleme** beobachten. Bei manchen Kindern sind die Auffälligkeiten so stark ausgeprägt, daß sie in der Familie, im Kindergarten oder in der Schule kaum tragbar sind; bei der Mehrzahl der Kinder sind die Probleme jedoch weniger stark ausgeprägt. Sie treten nicht in allen Situationen gleichermaßen auf und der Übergang zu dem, wie Kinder sich normalerweise verhalten, ist fließend.

Wenn die oppositionellen Verhaltensauffälligkeiten stark ausgeprägt sind, dann sprechen wir von einer **oppositionellen Verhaltensstörung**.

Die Diagnose einer solchen oppositionellen Verhaltensstörung kann nur von einem Fachmann gestellt werden. Die Merkmale, die Fachleute bei einer solchen Diagnose berücksichtigen, sind in Tabelle 2 aufgelistet. In Teil IV dieses Buches finden Sie einen Beurteilungsbogen, der auf diesen Merkmalen basiert und mit dessen Hilfe Sie für Ihr Kind überprüfen können, wieviele dieser Punkte zutreffen (Arbeitsblatt 2). Eine Diagnose können Sie aus diesen Antworten jedoch nicht ableiten, dazu ist das Urteil eines Fachmannes notwendig. Mit der Beantwortung des Beurteilungsbogens sollten Sie noch warten, wir werden ihn im Rahmen des Elternleitfadens einsetzen. Eine Diagnose kann allerdings nur dann gestellt werden, wenn mehrere der genannte Merkmale zutreffen. Dabei ist es notwendig, daß die in den Kriterien beschriebenen Verhaltensauffällig-

Tabelle 2: Merkmale einer oppositionellen Verhaltensstörung (Störung des Sozialverhaltens mit oppositionellem, aufsässigem Verhalten)

1. Hat für das Entwicklungsalter ungewöhnlich häufige oder schwere Wutausbrüche oder wird schnell wütend.
2. Streitet sich häufig mit Erwachsenen.
3. Widersetzt sich häufig aktiv den Anweisungen oder Regeln von Erwachsenen oder weigert sich, diese zu befolgen.
4. Ärgert andere häufig absichtlich.
5. Schiebt häufig die Schuld für eigene Fehler oder eigenes Fehlverhalten auf andere.
6. Ist häufig reizbar oder läßt sich von anderen leicht ärgern.
7. Ist häufig zornig und ärgert sich schnell.
8. Ist häufig boshaft oder rachsüchtig.

keiten deutlich stärker ausgeprägt sind als bei Kindern gleichen Alters und daß die Auffälligkeiten mindestens über einen Zeitraum von sechs Monaten auftreten müssen.

Oppositionelle Verhaltensauffälligkeiten und Verhaltensstörungen sind weit verbreitet. Die Häufigkeitsangaben hängen sehr stark von den Kriterien ab, die bei der Definition der Auffälligkeit angewandt werden. In einer eigenen Studie im gesamten Bundesgebiet beschrieben die Eltern von Kindern im Alter von vier bis zehn Jahren bei rund 3% aller Mädchen und rund 6% aller Jungen ausgeprägte oppositionelle Verhaltensstörungen. Leichtere Auffälligkeiten treten nach Angaben der Eltern bei wesentlich mehr Kindern auf. Abbildung 3 zeigt die Häufigkeit, mit der Eltern von Jungen bzw. von Mädchen im Alter von vier bis zehn Jahren einzelne oppositionelle und aggressive Verhaltensauffälligkeiten beschreiben. Bei 8 bis 9% aller Jungen und Mädchen in diesem Alter erleben die Eltern häufiges Streiten und Widersprechen. Starke Eifersucht wird bei 6 bis 7% festgestellt. Ausgeprägtere Auffälligkeiten, wie heftige Wutausbrüche, Zerstören von Eigenem, Raufereien oder Schlägereien werden seltener berichtet. Sie kommen bei Jungen häufiger vor als bei Mädchen – ausgeprägte Raufereien und Schlägereien sind beispielsweise bei Jungen dreimal häufiger beobachtet worden als bei Mädchen.

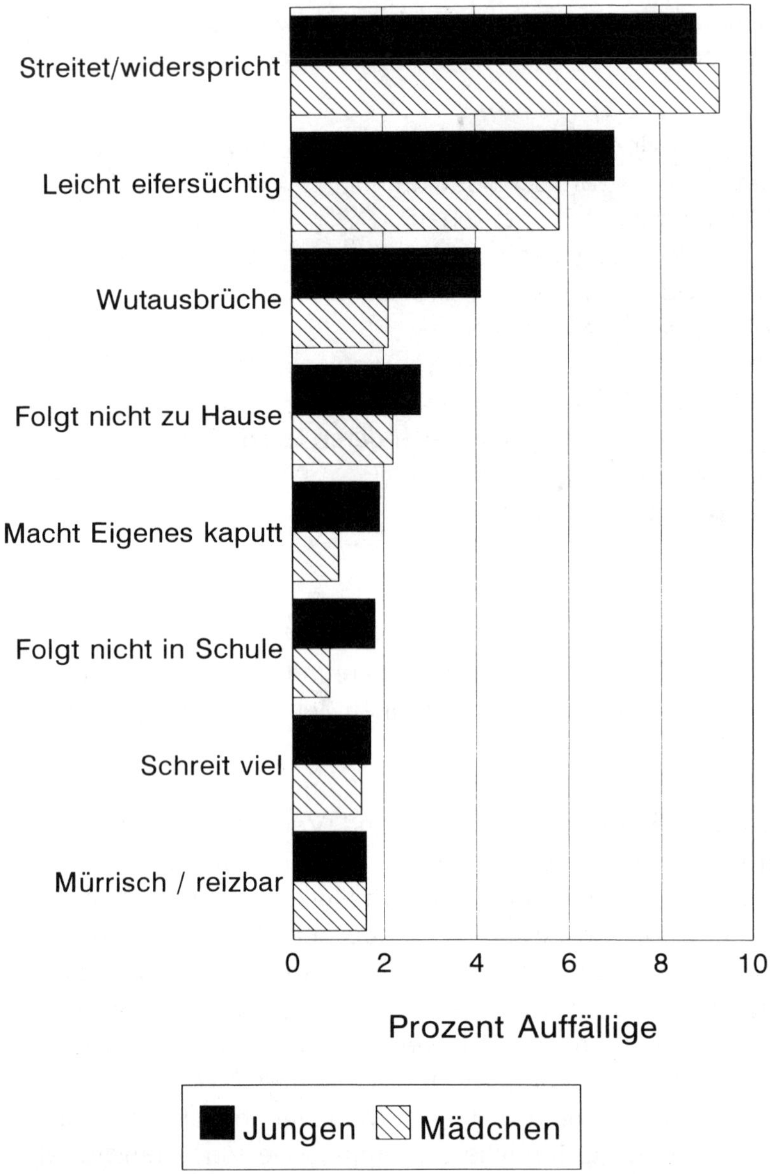

Abbildung 3: Häufigkeit von oppositionellen und aggressiven Verhaltensauffälligkeiten bei Jungen und Mädchen im Alter von vier bis zehn Jahren nach Einschätzung der Eltern

Welche weiteren Probleme treten häufig noch auf?

Es wurde schon darauf hingewiesen, daß hyperkinetische und oppositionelle Verhaltensauffälligkeiten häufig gemeinsam auftreten. Beide Auffälligkeiten können aber auch getrennt vorkommen und in Verbindung mit anderen Problemen auftreten. Abbildung 4 zeigt die Kernprobleme – körperliche Unruhe, Aufmerksamkeitsschwächen, Impulsivität und oppositionelles Verhalten – und die Schwierigkeiten und Probleme, die häufig zusätzlich auftreten.

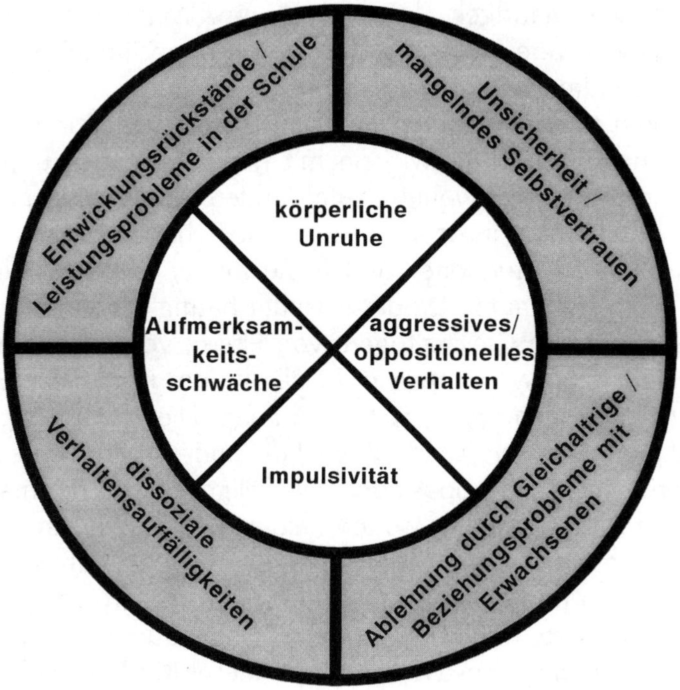

Abbildung 4: Kernprobleme und zusätzliche Probleme von Kindern mit hyperkinetischen und oppositionellen Verhaltensauffälligkeiten

- **Entwicklungsrückstände und Leistungsprobleme in der Schule:** Die meisten hyperkinetischen Kinder unterscheiden sich in ihrer grundlegenden Begabung nicht von anderen Kindern. Aber im Schulalter haben viele Kinder mit hyperkinetischen Verhaltensweisen schlechtere Leistungen beim Lesen, Rechtschreiben oder im Rechnen und sie wiederholen deshalb auch häufiger eine Klasse. Manche Kinder entwickeln sogenannte Teilleistungsschwächen oder umschriebene Lernstörungen, vor allem im Lesen und Schreiben. Während sie die anderen Fächer noch relativ gut bewältigen und in ihrer Intelligenz durchaus normal oder sogar gut begabt sind, haben sie große Probleme mit dem Lesen und vor allem mit der Rechtschreibung bei Diktaten. Gehäuft treten auch Ungeschicklichkeiten und Koordinationsschwierigkeiten auf, die im Schulalter ein schlechtes Schriftbild verursachen. Schon im Vorschulalter sind bei vielen Kindern Entwicklungsrückstände zu beobachten, vor allem in der Sprache, beim Zeichnen und in der Koordination von Bewegungen. Auch Kinder, die nur oppositionelle und keine hyperkinetischen Verhaltensauffälligkeiten zeigen, haben ebenfalls häufiger Leistungsprobleme in der Schule, vermutlich weil sie schulische Anforderungen häufiger aktiv verweigern. Manchmal können aber auch schulische Überforderung Ursache für oppositionelles und verweigerndes Verhalten sein.
- **Unsicherheit und mangelndes Selbstvertrauen:** Viele Kinder mit hyperkinetischen Störungen entwickeln mit der Zeit Ängste und Unsicherheiten und trauen sich weniger zu als andere Kinder. Das gilt vor allem in jenen Situationen, in denen es um schulische Leistungen geht. Aber auch in anderen Situationen leiden die Kinder oft unter einem mangelnden Selbstvertrauen. Da diese Kinder häufig Ablehnung von anderen erfahren – von Gleichaltrigen, von Eltern, von Erziehern und Lehrern –, sind viele, wenn auch nicht alle Kinder in sozialen Situationen unsicher und zeigen wenig Selbstvertrauen. Diese Schwierigkeiten fallen häufig zunächst weniger auf, weil die anderen Probleme so sehr ins Auge springen. Auch oppositionell auffällige Kinder, die manchmal so extrem stark und mächtig wirken, leiden sehr häufig an einem mangelnden Selbstvertrauen, haben aber das Gefühl, daß sie sich keine „Blöße" geben und keine Schwächen zeigen dürfen. Es ist häufig sehr schwer, diese harte und abweisende Schale zu durchdringen und an die Unsicherheiten und Selbstwertprobleme dieser Kinder vorzustoßen.
- **Dissoziale Verhaltensauffälligkeiten:** Oppositionelle Verhaltensstörungen sind häufig Vorläufer von umfassenden aggressiv-dissozialen Störungen des Sozialverhaltens, die manchmal schon im Alter von neun bis

zwölf Jahren beginnen können, häufiger aber etwas später im Verlauf der Pubertät. Ältere Kinder und Jugendliche mit solchen dissozialen Verhaltensstörungen lügen häufig sehr stark, um sich Vorteile zu verschaffen; sie stehlen in und außerhalb der Familie; sie schwänzen die Schule und bleiben nachts länger weg als erlaubt und sie kommen durch Diebstahl, Zerstörung fremden Eigentums, Körperverletzung oder Raub mit dem Gesetz in Konflikt. Viele, jedoch nicht alle Kinder mit oppositionellen Verhaltensstörungen entwickeln beim Übergang zum Jugendalter oder im Jugendalter diese aggressiv-dissozialen Verhaltensstörungen (siehe Kapitel 5). Kinder und Jugendliche mit aggressiv-dissozialen Verhaltensstörungen weisen typischerweise auch die Merkmale von oppositionellen Verhaltensstörungen auf.

- **Ablehnung durch Gleichaltrige:** Sowohl hyperkinetische als auch oppositionell auffällige Kinder werden häufig von ihren Gleichaltrigen abgelehnt, entweder weil sie aufgrund ihrer hyperkinetischen Auffälligkeiten ständig beim Spiel stören oder weil sie wegen ihrer aggressiven Verhaltensweisen als Störenfriede empfunden werden. Viele Kinder mit diesen Verhaltensproblemen versuchen, andere zu dominieren und zu kontrollieren, was ebenfalls die Ablehnung durch Gleichaltrige hervorruft.
- **Belastete Beziehungen zu Erwachsenen:** Aufgrund der Verhaltensweisen von hyperkinetischen und von oppositionell auffälligen Kindern haben die Eltern häufig Auseinandersetzungen mit ihrem Kind, und die Beziehungen zwischen den Eltern und dem Kind sind oft sehr belastet. Eltern sind häufig regelrecht verzweifelt und haben das Gefühl, das Kind überhaupt nicht mehr in den Griff zu bekommen und in der Erziehung völlig versagt zu haben. Das Kind hat das Gefühl, von den Eltern nur noch Ablehnung zu erfahren und seinen Eltern nichts recht machen zu können. Auch die Beziehungen zwischen dem Kind und der Erzieherin im Kindergarten oder mit der Lehrerin in der Schule sind häufig ähnlich angespannt. Die Kinder werden als hochgradig problematisch und oft als störend erlebt. Aufgrund dieser Belastungen kommt es zu allem Übel dann häufig auch noch zu Spannungen zwischen den Eltern und der Kindergärtnerin oder der Lehrerin.

Was sind die Ursachen?

Sowohl bei hyperkinetischen Auffälligkeiten als auch bei den oppositionellen Auffälligkeiten geht man heutzutage von einem sogenannten multifaktoriellen Geschehen aus. Das bedeutet, daß es nicht eine einzige Ursache für diese Schwierigkeiten gibt, sondern daß meist mehrere Faktoren eine Rolle bei der Entwicklung der Probleme spielen. Während man bei den hyperkinetischen Auffälligkeiten vor allem in letzter Zeit immer stärker die Bedeutung biologischer Faktoren erkennt, spielen bei den oppositionellen Auffälligkeiten die sogenannten psychosozialen Faktoren, der Einfluß der Umwelt, eine stärkere Rolle. Bei beiden Auffälligkeiten sind aber meist beide Ursachenbereiche von Bedeutung..

Ursachen hyperkinetischer Auffälligkeiten

Bis heute gibt es keine eindeutige und allumfassende Erklärung für die Entstehung dieser Auffälligkeiten. Allerdings sind sich die meisten Wissenschaftler einig, daß die Hauptursachen dieser Problematik in Veränderungen der Funktionsweise des Gehirns zu suchen sind. Die Bedingungen, unter denen die Kinder in der Familie, im Kindergarten und in der Schule aufwachsen, beeinflussen jedoch die Ausprägung und den Verlauf dieser Auffälligkeiten erheblich.

Die **Veränderungen der Funktionsweise des Gehirns** scheinen so komplex zu sein, daß sie beim einzelnen Kind selbst mit modernen Untersuchungsmethoden nicht nachweisbar sind. Das Hirnstrombild (EEG) der Kinder ist in der Regel nicht verändert oder nur minimal verändert, was aber auch bei vielen anderen Kindern ohne hyperkinetische Störungen der Fall ist. In wissenschaftlichen Untersuchungen der Neurotransmitter im Gehirn (das sind die Botenstoffe, die zwischen den einzelnen Hirnzellen die Verbindung herstellen) konnten teilweise typische Veränderungen bei Kindern mit hyperkinetischen Störungen nachgewiesen werden.

Die Ursachen für diese Störungen der Funktionsweise des Gehirns sind ebenfalls noch nicht eindeutig erforscht. Hierzu liegen verschiedene Annahmen vor.

Funktionsstörungen des Gehirns könnten möglicherweise ausgelöst werden durch:
- Komplikationen während der Schwangerschaft, der Geburt oder in der Neugeborenenperiode,
- erbliche Faktoren,
- Bestandteile unserer Nahrung.

Der gegenwärtige Stand unseres Wissens zu diesen Faktoren läßt sich wie folgt zusammenfassen:
- Früher hatte man die hyperkinetische Störung in eine enge Verbindung mit **Komplikationen während der Schwangerschaft, der Geburt oder in der Neugeborenenperiode** gebracht (z. B. vorzeitige Wehentätigkeiten, Nabelschnurumschlingung bei der Geburt oder Fall des Kindes vom Wickeltisch), die eine Beeinträchtigung der Hirnfunktionen nach sich ziehen können. Minimale Hirnfunktionsstörungen oder **Minimale Cerebrale Dysfunktionen (MCD)** wurden diese Beeinträchtigungen genannt. Inzwischen ist jedoch klar, daß der Zusammenhang zwischen diesen Komplikationen und den hyperkinetischen Auffälligkeiten nicht so eng ist, wie ursprünglich vermutet. Bei der Mehrzahl der hyperkinetisch auffälligen Kinder sind keine Hinweise auf solche Komplikationen zu finden und die meisten Kinder mit solchen Komplikationen entwickeln später keine hyperkinetischen Störungen. Frühgeborene Kinder mit sehr geringem Geburtsgewicht (unter 1500 g) haben jedoch ein erhöhtes Risiko, später hyperkinetische Störungen zu entwickeln. Das gleiche gilt für Kinder, deren Mütter während der Schwangerschaft einen starken Alkoholmißbrauch betrieben haben.

Bei der überwiegenden Mehrzahl der hyperkinetischen Kinder lassen sich also Komplikationen während der Schwangerschaft, der Geburt oder in der Neugeborenenperiode als Ursache der Störung ausschließen.

- Neue Studien weisen darauf hin, daß **erbliche Faktoren** bei der Entwicklung dieser Störungen eine bedeutende Rolle spielen. Vermutlich sind sie sogar der wichtigste Faktor. Die unterschiedliche Häufigkeit, mit der die Störung bei Jungen und bei Mädchen auftritt und das gehäufte Vorkommen ähnlicher Auffälligkeiten bei den Eltern von Kindern mit hyperkinetischen Störungen haben die Wissenschaftler schon lange vermuten lassen, daß erbliche Faktoren eine Rolle spielen können. Eindeutiger sind Studien mit eineiigen und zweieiigen Zwillingen. Eineiige Zwillinge tragen die identische Erbinformation in sich, zweieiige Zwilling sind wie Geschwister und haben nur die Hälfte an identischen Erbinformationen. Mehrere Studien zeigen nun, daß eineiige Zwillinge sich in einem sehr hohen Maße hinsichtlich der hyperkinetischen Auffälligkeiten ähneln, während dies bei zweieiigen Zwillingen in wesentlich geringerem Maße der Fall ist. Dies ist ein sehr starker Hinweis auf die Erblichkeit dieser Auffälligkeiten. In sogenannten molekulargenetischen Untersuchungen versucht man nun, die Erbinformationen genau zu bestimmen, die für die Vererbung verantwortlich ist. Dies ist jedoch sehr kompliziert, weil man davon ausgeht, daß viele Erbinformationen zusammenspielen müssen. Allerdings konnten durch diese molekulargenetischen Studien mittlerweile einzelne Stellen im menschlichen Erbgut bestimmt werden, die bei der Vererbung dieses Merkmales beteiligt sind.

Erbliche Faktoren spielen also nach dem heutigen Stand des Wissens eine erhebliche Rolle bei der Entstehung hyperkinetischer Störungen.

- Manche Wissenschaftler vermuteten auch, daß **Bestandteile unserer Nahrung** bei einigen Kindern diese Auffälligkeiten verursachen können. Verschiedene Nahrungsbestandteile gerieten unter Verdacht, solche Störungen mitzuverursachen. Dazu gehören Zucker und Phosphate sowie Nahrungsmittelzusätze (z. B. Farbstoffe), aber auch viele andere Nahrungsmittel, von denen bekannt ist, daß sie Allergien (z. B. Hautallergien) auslösen können, beispielsweise Milcheiweiß. Nach dem gegenwärtigen Stand unseres Wissens spielen Phosphate bei der Entwicklung von hyperkinetischen Störungen keine Rolle und die Bedeutung von Zucker und Nahrungsmittelzusätzen ist bestenfalls minimal. Allerdings scheint es unter den hyperkinetischen Kindern einen geringen Anteil zu geben, der auf andere ganz normale Nahrungsbestand teile mit erhöhter Unruhe reagiert. Insgesamt geht man jedoch davon aus, daß Nahrungsbestandteile bei den meisten Kindern keine bedeutende Rolle für die Entstehung der Störung spielen.

Insgesamt spielen Nahrungsbestandteile als Ursachen für hyperkinetische Störungen vermutlich nur eine geringfügige Rolle.

Neben den Störungen der Funktionsweise des Gehirns beeinflussen Umweltfaktoren die Entwicklung hyperkinetischer Auffälligkeiten. Die **familiären Bedingungen**, aber auch die **Bedingungen im Kindergarten und in der Schule**, unter denen die hyperkinetischen Kinder leben, sind zwar nicht die alleinige Ursache der Störung, aber sie können in einem erheblichen Maße die Ausprägung der Symptomatik und ihren weiteren Verlauf mitbestimmen. Aufgrund ihrer Unruhe und ihres impulsiven Verhaltens stoßen hyperkinetische Kinder häufiger an Grenzen als andere Kinder und übertreten sie auch häufiger. Darüberhinaus reagieren hyperkinetische Kinder auf die normalen Erziehungsmaßnahmen oft nicht so wie andere Kinder. Die Eltern, die Erzieherin und die Lehrerin kommen deshalb häufig in schwierige Erziehungssituationen. Oft entsteht ein Teufelskreis aus Ermahnungen und Grenzsetzungen, die aber vom Kind nicht oder nur kurzfristig beachtet werden und deshalb immer und immer wieder neu ausgesprochen werden müssen. Positive Erfahrungen treten gegenüber diesen negativen Ereignissen sowohl in der Familie als auch im Kindergarten oder in der Schule immer mehr in den Hintergrund. Dadurch nehmen die hyperkinetischen und vor allem die oppositionellen und aggressiven Verhaltensauffälligkeiten an Intensität zu. Im Rahmen des Elternleitfadens (Teil II) werden wir noch ausführlich auf diesen Teufelskreis eingehen.

Ursachen oppositioneller Verhaltensauffälligkeiten

Die Ursachen für oppositionelle und aggressive Verhaltensauffälligkeiten bei Kindern sind ebenfalls sehr vielfältig. Aus sehr unterschiedlichen Gründen kann auch bei diesen Kindern ein **Teufelskreis in der Erziehung** des Kindes entstehen, wie er oben schon beschrieben wurde. Eltern und Kind sind in einem Kreislauf aus ständigen Ermahnungen, Beschimpfungen,

Quengeln, Überhören und Androhungen von Konsequenzen gefangen, der dazu führt, daß

- Eltern und Kind überwiegend negativ miteinander umgehen;
- kaum positive Erfahrungen möglich sind und damit die Wärme in der Eltern-Kind-Beziehung verloren geht;
- Eltern und auch andere Bezugspersonen in der Erziehung inkonsequent werden und manchmal etwas erlauben, dann wieder das gleiche verbieten oder Konsequenzen androhen, die dann nicht eintreten.

Dieser Teufelskreis wird in Teil II des Buches noch weiter ausführlich erläutert.

Die Ursachen dafür, daß Eltern und Kind in einen solchen Teufelskreis geraten, sind, wie gesagt, sehr vielfältig. Zu den häufigsten Ursachen zählen:

- ungünstige Temperamentsmerkmale des Kindes,
- hyperkinetische Auffälligkeiten des Kindes,
- kritische Entwicklungsphasen,
- psychische oder körperliche Probleme der Eltern,
- andere Belastungen in der Familie,
- Belastungen außerhalb der Familie.

- **Ungünstige Temperamentsmerkmale des Kindes:** Bei manchen Kindern – dazu zählen oft auch hyperkinetische Kinder – gibt es schon von Geburt an Schwierigkeiten: sie schlafen schlecht, sie trinken schlecht, die Verdauung bereitet Schwierigkeiten, sie lassen sich schnell irritieren und schreien sehr viel. Solche „Schreibabies" stellen eine hohe Belastung für die Eltern dar und die Eltern brauchen viel Kraft und Ruhe und Geduld, um trotzdem positiv auf ihr Kind zugehen, es trösten und ihm helfen zu können. Wenn dies nicht gelingt, dann treten Eltern und Kind schon sehr früh in diesen Teufelskreis aus negativen Erfahrungen.
- **Hyperkinetische Auffälligkeiten des Kindes:** Bei Kindern mit hyperkinetischen Auffälligkeiten ist das Risiko sehr groß, daß man in einen solchen Teufelskreis gerät, weil die Kinder durch ihre Impulsivität und ihre Unruhe immer wieder Grenzen übertreten und Regeln nicht beachten.
- **Kritische Entwicklungsphasen:** Es gibt Entwicklungsphasen, in denen Kinder eher dazu neigen, oppositionell, trotzig und verweigernd zu reagieren. Da ist zum einen das sogenannte **Trotzalter**. Wenn Kinder im

Alter von zwei bis drei oder auch vier Jahren beginnen, sich als eigenständige Person wahrzunehmen, dann erproben sie auch das Neinsagen. Ihre eigenen Gefühle haben sie noch nicht so unter Kontrolle, daß sie dann auch mit sehr heftigen Wutausbrüchen reagieren können. In dieser Phase ist es wichtig, daß Eltern einerseits sich bewußt sind, daß das durchaus eine normale Entwicklung ist. Sie müssen aber auch ihrem Kind helfen, den richtigen Weg zu finden, das heißt das Kind möglichst ruhig begrenzen und ihm durch eine klare Führung zeigen, wie es mit seinem Trotz und Ärger besser umgehen kann. Ein reines Gewährenlassen hilft dem Kind sicher nicht. Der Elternleitfaden und die Anwendungsbeispiele in Teil II und Teil III dieses Buches können bei der Bewältigung dieser Entwicklungsphase sehr hilfreich sein.
Eine zweite kritische Phase ist das **Pubertätsalter**. Häufig beginnen Kinder schon mit elf und zwölf Jahren, sich gegen ihre Eltern abzugrenzen, wesentlich mehr Rechte einzufordern und neuen Freiheiten zu erproben. Verselbständigung, Unabhängigkeit und Autonomie ist das zentrale Thema dieses Alters. Dies führt regelmäßig zu mitunter heftigen Auseinandersetzungen mit den Eltern. Auch hier sind klare Regeln und konstruktive Auseinandersetzungen mit dem Kind/Jugendlichen nötig. Die Hilfestellungen, die wir hier in diesem Buch geben, können teilweise bei der Lösung dieser Probleme herangezogen werden. Darüberhinaus sind jedoch auch noch andere Umgangsformen notwendig, die nicht Gegenstand dieses Buches sind.

- **Psychische oder körperliche Probleme der Eltern:** Wenn Eltern selbst starke psychische Belastungen und Probleme haben, dann finden sie nicht die Kraft, die Zeit und die Ruhe, sich mit ihren Kindern so zu beschäftigen, wie es nötig ist, und können nicht die Wärme und Geborgenheit bieten, die Kinder brauchen. Die häufigsten psychischen Probleme der Eltern sind Depressionen, Ängste und Alkoholprobleme. Aber auch chronische körperliche Erkrankungen, chronischen Schmerzen und andere körperliche Probleme können die gleichen Auswirkungen haben.
- **Andere Belastungen in der Familie:** Eheprobleme, Trennung der Eltern, Probleme mit anderen Kindern in der Familie sind häufig Ursachen dafür, daß Eltern mit ihrem Kind in einen solchen Teufelskreis geraten, weil sie aufgrund dieser Belastungen ihrem Kind nicht gerecht werden können. Manchmal sind auch spezielle Familienkonstellationen dafür mitverantwortlich, beispielsweise die Geburt eines Geschwisters, die dazu führt, daß die Mutter ihre Aufmerksamkeit hauptsächlich auf das neue Familienmitglied richtet und das ältere Kind sich vernachlässigt fühlt.

- **Belastungen außerhalb der Familie:** Manchmal können auch Belastungen außerhalb der Familie dazu führen, daß sich starke Spannungen aufbauen und dann in oppositionellen und aggressiven Verhaltensweisen entladen. Das können Belastungen der Eltern sein, z. B. am Arbeitsplatz oder Streit mit Verwandten, aber auch Belastungen des Kindes. Zu den häufigsten Belastungen des Kindes zählen Belastungen in der Schule durch zu hohe Leistungsanforderungen, aber auch durch mangelnde Anerkennung und Konflikte mit Klassenkameraden oder mit Lehrern. Diese Probleme können natürlich auch schon im Kindergarten auftreten.

Wie entwickeln sich die Kinder weiter?

Entwicklung von Kindern mit hyperkinetischen Auffälligkeiten

Hyperkinetische Auffälligkeiten beginnen vor dem Schulalter, meist sind sie spätestens im Alter von fünf bis sechs Jahren gut erkennbar. Häufig fallen diese Kinder aber schon im Kleinkindalter auf. Mit Beginn der Jugendalters vermindert sich vor allem die körperliche Unruhe, während Aufmerksamkeitsprobleme und die Neigung zu impulsiven Handlungen häufig bleiben.

Die einzelnen Entwicklungsphasen lassen sich kurz wie folgt beschreiben:

- **Kleinkindalter:** Viele, aber nicht alle Kinder mit hyperkinetischen Auffälligkeiten fallen schon im ersten Lebensjahr durch ein extrem hohes Maß an Aktivität, durch Schlafprobleme, Fütter- und Verdauungsprobleme sowie durch häufiges Schreien auf. Aber es gibt auch viele Säuglinge mit diesen Merkmalen, die später keine hyperkinetische Störung entwickeln, und es gibt hyperkinetische Kinder, die als Säuglinge völlig unproblematisch waren. Wenn die Kinder im Säuglingsalter bereits deutliche Probleme haben, welche die Eltern überfordern oder an den Rand der Überforderung bringen, dann erhöht sich das Risiko, daß die Kinder später hyperkinetische (oder oppositionelle) Verhaltensauffälligkeiten entwickeln. Die Diagnose einer hyperkinetischen Störung läßt sich aber meist nicht vor dem Alter von drei Jahren stellen und auch dann ist eine Abgrenzung noch sehr schwierig.
- **Kindergartenalter:** Bei hyperkinetischen Kindern im Alter von drei bis sechs Jahren sind allgemeine Anzeichen von motorischer Unruhe und extremer Umtriebigkeit die deutlichsten Merkmale. Den Kindern fällt es schwer, zu einem ruhigen und ausdauernden Spiel zu kommen. Manchmal sind die Auffälligkeiten im Kindergarten stärker ausgeprägt als in der Familie, weil dort wesentlich mehr Reize auf das Kind einströmen, durch die es abgelenkt werden kann. Viele Kinder fallen außerdem durch extreme Wutausbrüche und das Nichtbeachten von

Grenzen und Anweisungen auf; bei anderen treten Rückstände in der Entwicklung der Sprache, des körperlichen Bewegungsablaufes oder des freien Zeichnens auf. Die Eltern sind häufig sehr stark durch das ungesteuerte Verhalten ihres Kindes belastet, das von den Eltern ein hohes Maß an Aufsicht, aber auch Geduld erfordert, das nicht immer aufzubringen ist. Aufgrund der hohen Impulsivität der Kinder ist das Unfallrisiko zu Hause wie im Straßenverkehr deutlich erhöht.

- **Grundschulalter:** Mit der Einschulung geht meist eine deutliche Zunahme der Schwierigkeiten einher, weil die Kinder plötzlich mit Anforderungen an Ruhe, Ausdauer und Konzentrationsfähigkeit konfrontiert sind, denen sie nicht gewachsen sind. Einige Kinder bewältigen jedoch den Schuleintritt auch ohne eine starke Zunahme der Probleme. In der Familie wird die Bewältigung der Hausaufgaben häufig zum Kernproblem. Schlechte Leistungen in der Schule, vor allem Probleme beim Lesen- und Schreibenlernen, treten häufig, aber nicht immer auf. Aufgrund dieser Schwierigkeiten verlieren viele Kinder sehr schnell die Lust am Lernen. Aggressive Verhaltensweisen und Selbstwertprobleme können zunehmen. Die Schulschwierigkeiten können so stark werden, daß Klassenwiederholungen und Umschulungen notwendig werden.
- **Jugendalter:** Die körperliche Unruhe vermindert sich meist bereits mit Beginn der Pubertät. Die Ursache hierfür ist nicht ganz klar. Da diese Verminderung der motorischen Unruhe aber in diesem Alter mit einer hohen Regelmäßigkeit eintritt, geht man davon aus, daß hierfür körperliche Reifungsprozesse, vor allem Reifungsprozesse im Gehirn, verantwortlich sind. Auch die Konzentrationsprobleme und die Impulsivität der Kinder vermindern sich mit dem Alter, allerdings sind diese Schwierigkeiten im Vergleich zu den Gleichaltrigen häufig immer noch stärker ausgeprägt. Bei Kindern mit einem günstigen Verlauf der Problematik sind häufig keine Unterschiede mehr zu den Gleichaltrigen festzustellen, auch wenn sie immer noch als sehr lebendig gelten. Jugendliche, die bereits als Kinder aggressiv auffällig waren, entwickeln gehäuft dissoziale Verhaltensprobleme, hauptsächlich in Form von Schuleschwänzen, ausgeprägtem Lügen und Stehlen. Manche Jugendliche neigen stärker als andere zu Alkohol- und Drogenmißbrauch. Kinder, die über viele Jahre hinweg die Schule als sehr negativ erlebt haben, entwickeln eine massive Abneigung gegen alles, was mit schulischer Leistung zu tun hat; häufig spielt aber auch die Angst davor, (wieder einmal) zu versagen, eine zentrale Rolle. Entsprechende Probleme mit der Versetzung oder auch Umschulungen können die Folge sein.

- **Erwachsenenalter:** Die Verhaltensprobleme des Jugendalters können sich bis ins Erwachsenenalter hinein fortsetzen, bei anderen vermindern sich die Probleme mit Eintritt in das Erwachsenenalter weiter. Am ungünstigsten ist die weitere Entwicklung bei jenen, die im Jugendalter dissoziale Verhaltensauffälligkeiten entwickelten und die Schule mit schwachen schulischen Leistungen abschließen.

Entwicklung von Kindern mit oppositionellen Verhaltensauffälligkeiten

Die Entwicklung von Kindern mit oppositionellen Verhaltensauffälligkeiten ist variabler als die bei Kindern mit hyperkinetischen Problemen. Abbildung 5 veranschaulicht die Entwicklungsprozesse graphisch. Sie zeigt verschiedene Entwicklungsphasen bei Kindern mit oppositionellen Verhaltensauffälligkeiten. Sie beginnen in der frühen Kindheit, im Alter von zwei oder drei Jahren und enden im Jugendalter. Oppositionelles und aggressives Verhalten von Kindern in der Familie wird durch einen Teufelskreis in der Erziehung gefördert und verstärkt. Dieser Teufelskreis besteht aus vielen Ermahnungen, wenig positiven und mehr negativen und strafenden Umgang mit dem Kind sowie der Schwierigkeit der Eltern, bei diesem Kind in der Erziehung konsequent zu bleiben. In einen solchen Teufelskreis gerät man einerseits leicht, wenn das Kind ein eher schwieriges Temperament hat, sehr impulsiv und ein Hitzkopf ist und vielleicht schon im Säuglingsalter viel geschrieen und Probleme mit der Nahrungsaufnahme hatte oder wenn das Kind hyperkinetische Auffälligkeiten hat. Andererseits gerät man in einen solchen Teufelskreis leichter, wenn die Eltern selbst mit bestimmten Belastungen zu kämpfen haben – entweder mit eigenen psychischen Problemen oder mit anderen Belastungen innerhalb und außerhalb der Familie. Häufig beginnt dieser Teufelskreis schon in der frühen Kindheit, er kann aber auch später einsetzen.

Die Kinder machen im Teufelskreis die Erfahrung, daß sie durch ihr oppositionelles Verhalten gelegentlich auch „erfolgreich" sind, und sie lernen nicht in ausreichendem Maße, ihre aggressiven Gefühle zu kontrollieren und ihre Konflikte auf andere Weise zu lösen. Viele Kinder zeigen solche Verhaltensweisen schließlich auch im Kindergarten und in der Schule. Schließlich sehen sie kaum noch Möglichkeiten, Konflikte anders als mit

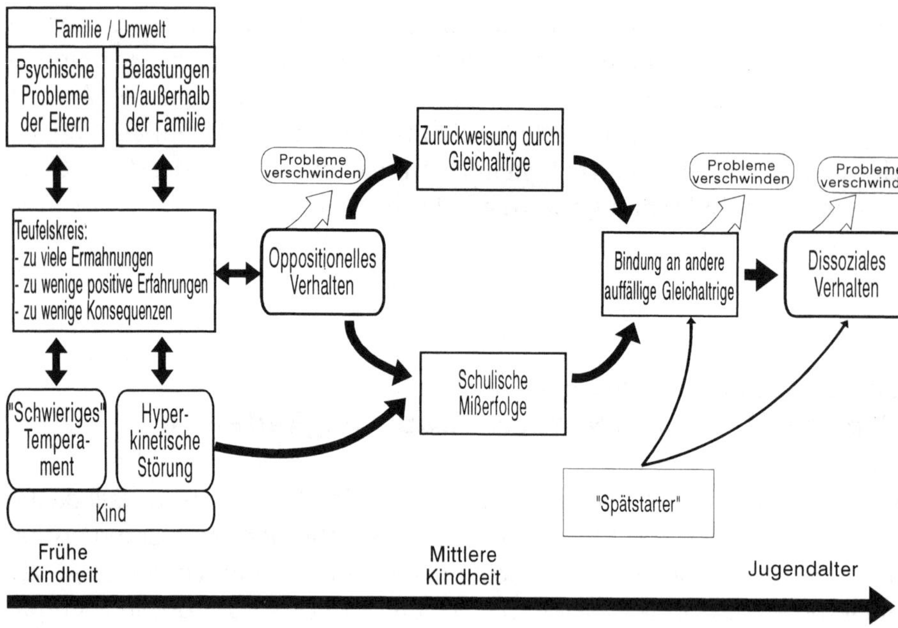

Abbildung 5: Entwicklung von Kindern mit oppositionellen Verhaltensauffälligkeiten

aggressiven Mitteln zu lösen, und es fehlt ihnen auch an entsprechenden sozialen Fertigkeiten dafür.

Im Grundschulalter oder etwas später gibt es zwei zentrale Ereignisse, welche die weitere Entwicklung wesentlich beeinflussen können. Aggressive Kinder werden erstens von den Gleichaltrigen abgelehnt und geraten auch deshalb vermehrt in Konflikte. Sie finden wenig Möglichkeiten, sich angemessene Formen der Konfliktlösung anzueignen. Sie haben zweitens ein hohes Risiko zu schulischem Mißerfolg, aufgrund ihres oppositionellen und verweigernden Verhaltens gegenüber den Leistungsanforderungen der Schule und falls vorhanden auch aufgrund der hyperkinetischen Auffälligkeiten.

Aggressiv auffällige Jugendliche, deren schulische Karriere durch Mißerfolge gekennzeichnet ist und die von Gleichaltrigen abgelehnt werden, tendieren dazu, sich Gleichgesinnten, ebenfalls auffälligen Jugendlichen anzuschließen. Denn hier bekommen diese Jugendlichen das, was sie weder in der Familie, noch in der Gleichaltrigengruppe, noch in der Schule erhalten haben, nämlich Anerkennung. Solche Gruppen mit auffälligen Jugendlichen sind der zentrale „Trainingsort" für delinquente Aktionen und für Drogenmißbrauch: die Jugendlichen schwänzen die Schule (in der sie überwiegend Mißerfolge erfahren haben), sie stehlen, meistens erst zu Hause, später auch in Geschäften, sie zerstören mutwillig Eigentum, nehmen Alkohol und Drogen zu sich und geraten in Konflikt mit der Polizei.

Glücklicherweise ist dies kein unausweichliches Schicksal für alle trotzigen und verweigernden Kindergartenkinder. Vielen Kindern und auch Jugendlichen gelingt es, von diesem „fahrenden Zug" wieder rechtzeitig abzuspringen. Es gibt wesentlich mehr aggressive und oppositionelle Kinder als es kriminelle Jugendliche gibt, und manche Jugendliche werden nach einer unauffälligen Kindheit kriminell. Aber das Risiko für eine solche Entwicklung ist bei Kindern, die aggressiv und oppositionell auffällig sind, deutlich erhöht. Deshalb ist es auch so wichtig, möglichst frühzeitig die richtigen Maßnahmen zu ergreifen.

Ein höheres Risiko für eine solche ungünstige Entwicklung haben Kinder, die nicht nur in der Familie, sondern auch im Kindergarten oder in der Schule und im Freizeitbereich gegenüber Gleichaltrigen diese Auffälligkeiten zeigen, und Kinder, die früh durch aggressives Verhalten aufgefallen sind. Im späten Jugendalter setzt bei den Jugendlichen, die delinquent geworden sind, noch einmal ein günstiger Trend ein. Nicht alle, sondern etwa die Hälfte bis drei Viertel der delinquenten Jugendlichen werden auch im frühen Erwachsenenalter zu Straftätern. Fast bis zum 30. Lebensjahr sinkt die Delinquenzrate weiter. Insgesamt machen aber viele, viel zu viele Kinder mit oppositionellen und aggressiven Verhaltensauffälligkeiten eine sehr ungünstige und problematische Entwicklung.

Es wäre sicher übertrieben, bei jedem Wutanfall eines Vierjährigen schon den sechzehnjährigen Straftäter zu sehen, wenn aber solche oppositionellen und aggressiven Verhaltensweisen über längere Zeit auftreten, dann sollte man unbedingt etwas tun.

Was kann man tun?

Obwohl es neben den Überschneidungen und Gemeinsamkeiten von hyperkinetischen und oppositionellen Auffälligkeiten auch deutliche Unterschiede in beiden Störungsbildern gibt, sind die Maßnahmen in weiten Bereichen ähnlich. Deshalb werden wir die Maßnahmen für beide Problembereiche gemeinsam besprechen; es gibt aber auch spezielle Maßnahmen, die wir dann entsprechend kenntlich machen.

Im wesentlichen lassen sich vier Möglichkeiten der Hilfe für diese Kinder voneinander abgrenzen:

1. Psychologische und pädagogische Maßnahmen in der Familie
2. Psychologische und pädagogische Maßnahmen im Kindergarten oder in der Schule
3. Psychologische Behandlung und pädagogische Förderung des Kindes
4. Medikamentöse Behandlung bei Kindern mit hyperkinetischen Störungen

Die medikamentöse Behandlung ist nur bei Kindern mit hyperkinetischen Störungen möglich, bei Kindern mit ausschließlich oppositionellen und aggressiven Verhaltensauffälligkeiten gibt es so gut wie keine medikamentöse Behandlungsmöglichkeit. Die anderen drei Möglichkeiten der Hilfe sind sowohl bei Kindern mit hyperkinetischen als auch bei Kindern mit oppositionellen Auffälligkeiten angezeigt. Sie unterscheiden sich im grundsätzlichen Zugang:

- entweder stehen die Eltern und die Familie im Mittelpunkt der Maßnahmen
- oder der Kindergarten bzw. die Schule
- oder das Kind selbst.

Grundregel bei der Auswahl der Hilfsmaßnahmen für Kinder mit hyperkinetischen oder oppositionellen Verhaltensauffälligkeiten ist, daß die Maßnahmen dort ansetzen sollen, wo die Probleme auftreten: beim Kind selbst, in der Familie, im Kindergarten oder in der Schule.

Dieses Prinzip ist deshalb von außerordentlicher Bedeutung, weil die meisten Hilfsmaßnahmen sehr spezifisch wirken. Sie dürfen daher nicht erwarten, daß sich durch Bewegungstherapie oder Krankengymnastik neben den Koordinationsstörungen, die viele Kinder haben, auch hyperkinetische Auffälligkeiten in der Schule vermindern. Ebensowenig kann erwartet werden, daß durch Maßnahmen in der Familie sich auch automatisch die Probleme im Kindergarten oder in der Schule vermindern und umgekehrt. Deshalb ist in der Regel eine Kombination von Maßnahmen notwendig, um dem Kind wirkungsvoll helfen zu können. Im folgenden wollen wir vier Fragen beantworten:

1. Was kann man in der Familie tun?
2. Was kann man im Kindergarten oder in der Schule tun?
3. Braucht das Kind eine spezielle Behandlung oder Förderung?
4. Wann sind Medikamente hilfreich?

Damit ist aber noch nicht geklärt, wer etwas tut. Die medikamentöse Behandlung muß von einem Arzt angeordnet und kontrolliert werden, das ist klar. Die anderen Hilfsmöglichkeiten können Sie selbst, kann der Kindergarten oder die Schule, kann ein ärztlicher oder ein psychologischer Psychotherapeut durchführen. Schließlich stellt sich die Frage nach Maßnahmen und Behandlungsmöglichkeiten, die eher nicht hilfreich sind oder von denen man nicht weiß, ob sie helfen können. Deshalb möchten wir zum Abschluß diese Fragen beantworten:

5. Wer kann helfen?
6. Was ist meist weniger hilfreich?

Was kann man in der Familie tun?

Wenn Ihr Kind in der Familie Verhaltensauffälligkeiten zeigt, dann ist es wichtig, in der Familie etwas zu unternehmen und zu verändern. Sie können das in die eigene Hand nehmen oder Sie können dazu die Hilfe von „Profis" in Anspruch nehmen. Wenn Sie die Hilfe eines Arztes oder Psychologen in Anspruch nehmen, dann wird er mit Ihnen gemeinsam überlegen, welche Schritte Sie in der Familie unternehmen können. Von der Vorstellung, man könne das Kind zu einem Therapeuten geben, der dann mit dem Kind in seinen vier Wänden eine Behandlung durchführt, und das Kind habe danach keine Probleme mehr in der Familie, von dieser Vorstellung müssen Sie sich verabschieden. Es kann durchaus sein, daß der Therapeut auch mit dem Kind arbeitet, aber er wird Sie sehr intensiv in diese Arbeit einbeziehen und mit Ihnen Maßnahmen besprechen, die direkt darauf abzielen, Veränderungen in der Familie herbeizuführen. Also:

> Hauptansatzpunkt bei Kindern mit hyperkinetischen oder oppositionellen Verhaltensauffälligkeiten in der Familie ist die Familie selbst.

Was können Sie oder was kann der Therapeut mit Ihnen gemeinsam tun?

Hauptansatzpunkt ist der Teufelskreis, in den Eltern mit ihren hyperkinetischen oder oppositionellen Kindern geraten. Dazu müssen zunächst die größten Probleme und die schwierigsten Situationen in der Familie herausgefiltert werden. Danach werden psychologische und pädagogische Maßnahmen erarbeitet, durch die sich die Probleme zumindest vermindern, häufig auch lösen lassen. Sie werden erfahren, auf welche Weise Sie die vielen negativen und fruchtlosen Auseinandersetzungen vermindern können und wieder vermehrt positive Erfahrungen mit Ihrem Kind machen können. Sie werden erfahren, wie Sie positive Konsequenzen und negative Konsequenzen anwenden können, um die Verhaltensprobleme Ihres Kindes zu beeinflussen. In Teil II und Teil III dieses Buches werden wir mit Ihnen zusammen Schritt für Schritt die einzelnen Stufen erarbeiten, die Ihnen helfen können aus diesem Teufelskreis herauszutreten und die Verhaltensprobleme Ihres Kindes in der Familie zu vermindern.

Wenn Sie zu einem Arzt oder Psychologen gehen, dann wird er mit Ihnen in ähnlicher Weise diese konkreten Maßnahmen in der Familie erarbeiten. Möglicherweise wird er dazu dieses Buch oder ähnliche Materialien einsetzen. Dieses Buch basiert auf einem umfangreichen Therapieprogramm, das wir an der Universität Köln für Kinder mit hyperkinetischem und oppositionellem Problemverhalten entwickelt haben und das mittlerweile von vielen Therapeuten eingesetzt wird. Sie sollten sich daher nicht wundern, wenn Sie in der Therapie mit diesem Buch oder mit ähnlichen Materialien konfrontiert werden. Je älter Ihr Kind ist, um so aktiver wird Ihr Kind in diese Therapie einbezogen.

Diese Maßnahmen haben sich bei vielen Kindern mit hyperkinetischen und oppositionellen Verhaltensproblemen bewährt. Sie gehören zu den am besten untersuchten psychologischen Maßnahmen bei diesen Kindern und sie zeigen von allen psychologischen Behandlungsverfahren die besten Erfolge bei der Verminderung von Verhaltensauffälligkeiten dieser Kinder in der Familie. Wir haben dieses Programm, das Grundlage auch dieses Elternbuches ist, in einer wissenschaftlichen Studie bei 75 Kindern mit hyperkinetischen und meist auch oppositionellen Verhaltensproblemen untersucht und dabei erhebliche Erfolge nachweisen können.

Natürlich kann ein solches Buch nicht so erfolgreich sein wie eine auf die individuellen Besonderheiten abgestimmte Therapie bei einem psychologischen oder ärztlichen Psychotherapeuten. Die Frage, wann Sie dieses Buch als Selbsthilfeprogramm nutzen und wann Sie besser eine professionelle Hilfe in Anspruch nehmen, haben wir im Einführungskapitel dieses Buches bereits angeschnitten. In Kapitel 7 werden wir auf die verschiedenen Einrichtungen und Berufsgruppen eingehen, die Ihnen im Rahmen einer Therapie helfen können.

Was kann man im Kindergarten oder in der Schule tun?

Im Zusammenhang mit dem Kindergarten und der Schule stellen sich sehr viele Fragen, die wir im folgenden behandeln möchten:

- Wann sollte man etwas im Kindergarten oder in der Schule tun?
- Wie führe ich das Gespräch mit der Erzieherin oder Lehrerin?
- Was tun, wenn mein Kind Verhaltensprobleme im Kindergarten hat?
- Soll mein Kind von der Einschulung zurückgestellt werden?
- Was tun, wenn das Kind Leistungsprobleme in der Schule hat?
- Was tun, wenn das Kind Verhaltensprobleme in der Schule hat?

Wann sollte man etwas im Kindergarten oder in der Schule tun? Im Kindergarten oder in der Schule besteht dann Handlungsbedarf, wenn Ihr Kind in diesen Lebensbereichen Verhaltensauffälligkeiten zeigt oder wenn von dort starke Belastungen auf Ihr Kind ausgehen, die dann möglicherweise die Probleme in der Familie verstärken. Wenn Ihr Kind keine Verhaltensprobleme im Kindergarten oder in der Schule zeigt und wenn es meist ausgeglichen aus dem Kindergarten oder aus der Schule kommt und wenn es in der Schule auch keine Leistungsprobleme hat, dann besteht dort auch kein Handlungsbedarf. Wenn aber Probleme vorhanden sind, dann sind Sie als Eltern zunächst gefordert, Kontakt zu der Erzieherin oder zur Lehrerin aufzunehmen und gemeinsam nach Lösungsmöglichkeiten zu suchen. Wir werden Ihnen im folgenden dazu einige Ratschläge geben. Manchmal ist es jedoch auch sehr hilfreich, wenn Sie in der Arbeit mit dem Kindergarten oder mit der Schule von einem „Profi" unterstützt werden. Das macht in der Regel der ärztliche oder psychologische Psychotherapeut, der Psychologe an einer Beratungsstelle oder auch der Kinder- und Jugendpsychiater und der Kinderarzt.

Wie führe ich das Gespräch mit der Erzieherin oder Lehrerin? Sie sollten also in einem ersten Schritt mit der Kindergartenerzieherin oder mit der Klassenlehrerin sprechen und sie fragen,
- wie sich das Kind im Kindergarten oder in der Schule verhält,
- wie gut es in die Kindergartengruppe oder in den Klassenverband integriert ist
- und ob es Hinweise auf Entwicklungsrückstände (beim Kindergartenkind) bzw. auf Leistungsprobleme in der Schule gibt.

Sie können dazu auch die beiden Beurteilungsbögen über hyperkinetische Auffälligkeiten und über oppositionelle und aggressive Verhaltensauffälligkeiten im Teil IV dieses Buches (Arbeitsblatt 1 und Arbeitsblatt 2) benutzen und die Beurteilungen der Erzieherin/Lehrerin mit Ihren eigenen vergleichen (Hinweise zum Ausfüllen der Bögen finden Sie in Stufe 1 des Elternleitfadens).

Bei einem Gespräch mit der Erzieherin oder mit der Lehrerin lauern verschiedene Gefahren, die Sie beachten sollten. Eltern lieben ihr Kind und wenn sie von einer dritten Person hören, welche Schwierigkeiten ein Kind macht oder welche Probleme es hat, dann haben viele Eltern die Tendenz, sich schützend vor ihr Kind zu stellen und erst einmal alles abzuwehren. Schnell kommt es dann dazu, daß neben den Konflikten, die das Kind möglicherweise im Kindergarten oder in der Schule hat, auch noch die Eltern mit der Erzieherin oder der Lehrerin in Streit geraten. Das ist meist gar nicht hilfreich. Natürlich kann es sein, daß die „Chemie" zwischen Erzieherin oder Lehrerin und Ihrem Kind „nicht stimmt" und deshalb Probleme entstehen oder sich verschärfen. Aber wenn das Kind auch in anderen Lebensbereichen – in der Familie oder im Freizeitbereich bei Gleichaltrigen – Schwierigkeiten hat, dann ist es unwahrscheinlich, daß allein die Antipathie der Erzieherin/Lehrerin für die Probleme des Kindes im Kindergarten/in der Schule verantwortlich ist. Wir haben schon darauf hingewiesen, daß Beziehungsprobleme sowohl zwischen den Eltern und dem Kind als auch zwischen der Erzieherin/Lehrerin und dem Kind typisch sind. Kinder, die solche Verhaltensweisen haben, werden manchmal nicht nur von Eltern, sondern gelegentlich auch von der Erzieherin oder der Lehrerin auf den Mond gewünscht.

Versuchen Sie, ein konstruktives Gespräch zu führen, in dem Sie konkret nach den Verhaltensproblemen des Kindes im Kindergarten bzw. in der Schule fragen und indem Sie Informationen über das Verhalten des Kindes in der Familie geben. Gehen Sie dabei nicht davon aus, daß die Eindrücke, die Sie von Ihrem Kind haben, von der Erzieherin oder Lehrerin bestätigt werden. In der Regel verhalten sich Kinder in verschiedenen Lebensbereichen unterschiedlich. Es ist daher sehr wahrscheinlich, daß Sie von Verhaltensproblemen hören werden, die Sie in der Familie noch nie oder nur in sehr abgeschwächter Form beobachten konnten oder daß ein problematisches Verhalten, das Sie aus der Familie gut kennen, im Kindergarten oder in der Schule gar nicht auftritt.

Was tun, wenn mein Kind Verhaltensprobleme im Kindergarten hat?
Wenn die Erzieherin konkrete hyperkinetische oder oppositionelle Verhaltensprobleme beschreibt, dann können Sie die Erzieherin zunächst fragen, ob sie an Fachinformationen über diese Probleme interessiert ist und ihr dieses Buch empfehlen. Die in Teil II und Teil III beschriebenen Hilfen bei Verhaltensproblemen des Kindes in der Familie können größtenteils auch auf die Kindergartensituation angewendet werden. Das Hauptproblem bei der Umsetzung dieser Hilfen im Kindergarten ist, daß die Erzieherin nur eine begrenzte Zeit zur individuellen Beschäftigung mit Ihrem Kind zur Verfügung hat. Bei Kindern mit hyperkinetischen Verhaltensproblemen ist es häufig zunächst wichtig, das Kind zu einem intensiveren und ausdauernderen Spiel zu führen. Das kann dadurch erfolgen, daß das Kind beispielsweise die Aufgabe bekommt, sich morgens bei Beginn des Kindergartens ein Spiel auszusuchen, das es dann für eine gewisse Zeit spielt, ohne es zu unterbrechen oder etwas Neues zu beginnen.

Nach Möglichkeit sollte das Spiel in einer Spielecke gespielt werden, die das Kind von einigen Reizen abschirmt. Das Kind sollte auf jeden Fall belohnt werden, wenn es das Spiel zu Ende spielt. Dafür, wie auch zur Verminderung von anderen Verhaltensproblemen, haben sich auch im Kindergarten *Punkte-Pläne* und der *Wettkampf um lachende Gesichter* bewährt. Diese Methoden werden im Elternleitfaden (Teil II, Stufen 10 bis 12) erläutert.

Verhaltensprobleme des Kindes im Kindergarten lassen sich am besten durch Hilfsmaßnahmen vermindern, die direkt im Kindergarten ansetzen. Wenn dies nicht möglich ist (z. B. durch Punkte-Pläne), dann können Sie die Erzieherin bitten, Ihnen täglich mitzuteilen, ob ein bestimmtes Problemverhalten (z. B. schlägt andere Kinder) aufgetreten ist. Dann können Sie Ihr Kind zu Hause dafür belohnen, wenn es ihm gelungen ist, dieses Problemverhalten zu unterlassen. Solche Maßnahmen sind aber gerade im Kindergartenalter besonders schwierig, weil Belohnungen vor allem bei jüngeren Kindern eigentlich unmittelbar erfolgen sollten und nicht erst nach Stunden. Sie können dennoch mit diesem Vorgehen bei Verhaltensproblemen Erfolg haben, die nicht allzu häufig auftreten (also nicht mehrmals täglich) und die relativ umgrenzt sind.

Manchmal ist es auch günstig, mit der Erzieherin zu überlegen, ob der Wechsel des Kindes in eine andere Gruppe des Kindergartens Entlastung schaffen kann. Dies ist besonders dann überlegenswert, wenn in der Gruppe mehrere schwierige Kinder sind und dadurch die Gruppe als Ganzes schwer zu steuern ist. Diese Frage kann aber sehr heikel sein, weil die Kindergartenerzieherin sehr schnell bei einem solchen Vorschlag ihre eigene Kompetenz in Frage gestellt sehen kann. In seltenen Fällen hat sich auch ein Wechsel des Kindergartens als hilfreich erwiesen. Mit der Zeit wachsen die Kinder innerhalb der Kindergartengruppe nämlich häufig in eine Außenseiterrolle hinein und erfahren dann sehr viel Ablehnung. Dann ist es für die Kinder besonders schwer, wieder aus dieser negativen Rolle herauszufinden. In einem solchen Fall kann ein Wechsel hilfreich sein. Andererseits ist die Gefahr natürlich sehr groß, daß das gleiche Problem in kürzester Zeit auch in einem anderen Kindergarten wieder auftritt. Deshalb ist es meist sinnvoll, solche Veränderungen in Verbindung mit anderen Maßnahmen durchzuführen, beispielsweise der Aufnahme einer Psychotherapie des Kindes. Der Therapeut kann dann den Wechsel in die neue Gruppe begleiten und sehr früh Kontakt mit der neuen Erzieherin aufnehmen, um mit ihr gemeinsam zu überlegen, welche Maßnahmen ergriffen werden können, damit das Kind nicht wieder in eine ähnliche Rolle kommt.

In städtischen Ballungsräumen gibt es auch Sonderkindergärten oder Heilpädagogische Kindergärten, die speziell für Kinder mit Entwicklungs- und Verhaltensstörungen aufgebaut wurden. Diese Kindergärten haben häufig gut geschultes Personal und vor allem deutlich kleinere Gruppen. Für ausgeprägt hyperkinetische Kinder können diese Einrichtungen sehr hilfreich sein, vor allem dann, wenn die Kinder auch noch erhebliche Entwicklungsrückstände, beispielsweise in der Bewegung oder in der Sprache haben. Bei Kindern mit oppositionellen und aggressiven Verhaltensweisen ohne Entwicklungsrückstände können solche Gruppen hilfreich sein oder auch nicht. Wenn sich Kinder gegenüber Gleichaltrigen aggressiv verhalten, ist es meist nicht hilfreich, wenn sie in eine Gruppe von körperlich oder geistig schwächeren Kindern kommen, weil sie mit ihrem aggressiven Verhalten dann eher häufiger „erfolgreich" sind. Die Vor- und Nachteile einer Eingliederung in eine solche spezielle Einrichtung können natürlich nur vor Ort für jeden Fall individuell geklärt werden.

Soll mein Kind von der Einschulung zurückgestellt werden? Die Frage der Zurückstellung von Kindern mit hyperkinetischen oder oppositionellen Verhaltensauffälligkeiten von der Einschulung ist oft ein heikles Thema. Wenn die Kinder zusätzlich zu ihren Verhaltensauffälligkeiten auch Entwicklungsrückstände haben, dann ist meist eine Zurückstellung sinnvoll. Viele Bundesländer haben für schulpflichtige und von der Einschulung zurückgestellte Kinder Schulkindergärten eingerichtet, in denen man dann dem Kind oft besser helfen kann, als wenn es ein weiteres Jahr den Regelkindergarten besucht. Häufig brauchen diese Kinder nämlich eine gezielte Förderung, die der Kindergarten nicht leisten kann. Im Schulkindergarten werden die Kinder an die schulische Situation herangeführt. Wenn das Kind sehr starke Entwicklungsrückstände hat, dann sollte man auf jeden Fall eine testpsychologische Untersuchung durchführen lassen und alternativ zur Zurückstellung eine Einschulung in eine Sonder- oder Förderschule erwägen. Entsprechende Untersuchungen werden meist direkt von den Sonder- oder Förderschulen durchgeführt oder veranlaßt.

Bei Kindern ohne Entwicklungsrückstände und mit hyperkinetischen oder oppositionellen Verhaltensauffälligkeiten muß man sich eine Zurückstellung von der Einschulung gut überlegen. Meist haben die Kinder mit diesen Verhaltensproblemen auch nach einem weiteren Jahr noch die gleichen Probleme, wenn nichts Spezifisches unternommen wird. Bei Kindern, die insgesamt noch nicht reif wirken, auch körperlich eher klein oder schmächtig sind und mehr Aufmerksamkeitsschwächen als ausgeprägte Unruhe und Impulsivität haben, kann eine Zurückstellung hilfreich sein. Bei großen unruhigen Kindern und vor allem bei Kindern mit oppositionellen und aggressiven Auffälligkeiten ist eine Zurückstellung oft eher nicht hilfreich. Wenn ein Kind von der Einschulung zurückgestellt ist, dann ist im Grundschulalter nicht mehr allzu viel Spielraum für Klassenwiederholungen. Wenn das Kind dann noch eine Klasse wiederholt, wird es die in den meisten Bundesländern übliche vierjährige Grundschule erst mit zwölf Jahren abschließen.

Was tun, wenn das Kind Leistungsprobleme in der Schule hat? Wenn Ihr Kind schlechte Leistungen in der Schule hat, dann sollten Sie versuchen, die Ursachen dafür festzustellen oder feststellen zu lassen. Das ist natürlich einfacher gesagt als getan, aber wir möchten Ihnen einige Hinweise dafür geben.

Folgende Ursachen für Leistungsprobleme kommen in Frage:
1. Das Kind ist in der Schule grundsätzlich überfordert.
2. Das Kind hat in Teilbereichen Leistungsschwächen.
3. Die Leistungsprobleme sind durch Aufmerksamkeits- und Konzentrationsprobleme bedingt.
4. Das Kind lernt weniger als die anderen Kinder mit vergleichbarer Leistungsfähigkeit in der Klasse.
5. Das Kind hat Prüfungsängste und ist dadurch in seiner Leistungsfähigkeit gehemmt.

Natürlich können diese Ursachen für Leistungsprobleme in der Schule auch kombiniert auftreten. Wir werden die einzelnen Punkte im folgenden behandeln:

- **Grundsätzliche Überforderung in der Schule.** Wenn ein Kind in allen Kernfächern schlechte Leistungen erbringt und wenn keine ausgeprägten Aufmerksamkeitsschwächen vorliegen, wenn das Kind außerdem genügend lernt und während Klassenarbeiten nicht aufgrund von Angst blockiert, dann kann es sein, daß das Kind in der Schule grundsätzlich überfordert ist. Natürlich können auch unter anderen Bedingungen schulische Überforderungen auftreten: Ein Kind kann sich hyperkinetisch verhalten, Leistungen in der Schule verweigern und auch noch grundsätzlich überfordert sein. Wenn also Leistungsprobleme in der Schule vorliegen, dann ist es zunächst wichtig, die Grundbegabung eines Kindes zu überprüfen und festzustellen, ob eine grundsätzliche Überforderung vorliegt. Dazu werden Intelligenztests durchgeführt, die besser sind als ihr Ruf. Man darf auf der anderen Seite natürlich nicht in einen Intelligenzfetischismus verfallen. In der Regel geben solche Testverfahren jedoch recht gute Hinweise auf die Grundbegabung des Kindes. Schwierig kann es sein, wenn das Kind sehr starke Aufmerksamkeitsschwächen hat oder sehr impulsiv ist und wenn diese Auffälligkeiten auch während der Durchführung des Intelligenztests nicht zu begrenzen sind. Das Ergebnis eines Intelligenztests spiegelt dann nicht unbedingt die Grundbegabung des Kindes, sondern auch seine Aufmerksamkeitsschwächen und seine Impulsivität wider. In solchen Fällen muß versucht werden, zunächst die Aufmerksamkeitsprobleme und Impulsivität zu vermindern (möglicherweise auch probeweise durch Medikamente), um dann noch einmal die Intelligenz zu überprüfen.

Wenn die Untersuchung eindeutige Hinweise auf eine grundsätzliche schulische Überforderung ergibt, dann müssen Maßnahmen ergriffen werden, um die Überforderung zu vermindern. Wenn die Überforderung nicht zu stark ist, dann kann durch eine Klassenwiederholung eine Verschnaufpause erreicht werden. Liegt eine sehr deutliche Überforderung vor, dann sollte eine Umschulung erwogen werden: vom Gymnasium auf die Realschule, von der Realschule auf die Hauptschule, von der Grundschule oder der Hauptschule auf eine Sonderschule/Förderschule für lernbehinderte Kinder. Gesamtschulen können das Problem im Sekundarbereich innerhalb des Schulsystems lösen, solange nicht eine ausgeprägte Lernbehinderung vorliegt. In vielen Bundesländern gibt es auch Integrationsschulen oder Integrationsklassen, in denen Kinder beschult werden, die eigentlich auf einer Sonderschule beschult werden müßten. Für solche Klassen steht dann mehr Lehrpersonal zur Verfügung, die auf die individuellen Besonderheiten des Kindes besser eingehen können. Integrationsklassen sind nach unserer Erfahrung häufig, aber nicht immer die bessere Alternative zu Sonderschulen. Oft ist es für Kinder auch sehr schwer, ständig zu erfahren, daß andere alles besser können als sie, und daß für sie immer eine Sondersituation geschaffen werden muß. Zudem gelingt es manchmal auch in den Integrationsklassen nicht, den Kindern das Maß an besonderen Lernbedingungen zu ermöglichen, das sie wirklich brauchen. Erster Ansprechpartner für solche Probleme ist natürlich die Klassenlehrerin. Untersuchungen der Intelligenz und andere testpsychologischen Untersuchungen können Sie an Erziehungsberatungsstellen, bei schulpsychologischen Diensten, bei niedergelassenen Psychologen, beim Kinder- und Jugendpsychiater und manchmal auch beim Kinderarzt durchführen lassen. Wenn die Frage einer Sonderschulbedürftigkeit im

Raume steht, kann die Schule auch ein Sonderschulaufnahmeverfahren einleiten, in dem das Kind dann entsprechend untersucht wird, meist von Lehrern einer Sonderschule oder auch am Gesundheitsamt. Sie können sich dann im Rahmen dieses Verfahrens von den entsprechenden Fachleuten beraten lassen.

- **Das Kind hat in Teilbereichen Leistungsschwächen.** Vor allem Kinder mit hyperkinetischen Auffälligkeiten, aber auch Kinder mit ausschließlich oppositionellen Verhaltensauffälligkeiten haben häufig in Teilbereichen Leistungsschwächen, während sie in anderen schulischen Fächern deutlich bessere Leistungen erbringen können. Am häufigsten ist die Lese- und Rechtschreibleistung beeinträchtigt, während sie beispielsweise im Rechnen/Mathematik bessere Noten erzielen. In solchen Fällen kann eine umschriebene Lese- und Rechtschreibschwäche vorliegen, eine Legasthenie, wie man manchmal auch noch dazu sagt. Kinder mit einer solchen Schwäche haben typischerweise große Probleme bereits beim Erlernen der Grundfertigkeiten des Lesens und des Schreibens in der ersten Klasse. Es fällt ihnen schwer, sich die Buchstaben zu merken, und wenn ihnen das gelingt, dann haben sie Schwierigkeiten, die Buchstaben zu Worten zusammenzuziehen und ein Wort zu erlesen. Wenn man ein Wort diktiert, dann haben sie keine Vorstellung davon, wie es geschrieben wird. Die Leseprobleme vermindern sich oft in den ersten zwei oder drei Schuljahren, aber die Schreibprobleme bleiben, vor allem bei ungeübten Diktaten. Zur Überprüfung einer solchen Schwäche muß ebenfalls eine testpsychologische Untersuchung durchgeführt werden. Zunächst wird anhand eines Intelligenztests ausgeschlossen, daß die Lese- und Rechtschreibprobleme durch eine verminderte Gesamtintelligenz verursacht werden. Danach werden spezielle Lese- und Rechtschreibtests durchgeführt, mit deren Hilfe diese Fähigkeit überprüft wird.

  Kinder mit umschriebenen Lese- und Rechtschreibschwächen brauchen eine spezifische Förderung. Teilweise werden solche Förderstunden in Grundschulen angeboten, aber häufig reicht eine solche Förderung nicht aus. Psychologen oder Sonderpädagogen bieten entsprechende Förderungen und Trainings an. Das Problem dabei ist manchmal die Finanzierung. Krankenkassen übernehmen die Kosten für solche Trainings und Förderprogramme in der Regel nicht. Manchmal werden die Kosten im Rahmen des Kinder- und Jugendhilfegesetzes (KJHG) vom Jugendamt übernommen.

  Ist die Lese- und Rechtschreibschwäche nicht so stark ausgeprägt, dann können natürlich auch die Eltern durch regelmäßiges Üben helfen. Die meisten Kinder können ihre Rechtschreibfähigkeit durch gezieltes Üben deutlich verbessern, nichts anderes wird auch in den entsprechenden Trainings gemacht. Gegenüber professionellen Trainern haben Eltern zwei Nachteile: Sie kennen sich erstens nicht so gut darin aus, wie man gezielte Übungen aufbaut, und sie geraten leichter in Streit mit ihrem Kind. Das liegt daran, daß das Kind bei den Eltern eher seinen Unmut, seine Verzweiflung und seinen Widerstand gegen das Üben äußert, aber auch daran, daß die Eltern weniger Geduld aufbringen als die Profis. Wenn Sie schon jetzt erhebliche Probleme mit Ihrem Kind bei der Durchführung der Hausaufgaben haben, dann sollten Sie spezielle Übungen zur Verbesserung der Lese- und Rechtschreibfähigkeit erst durchführen, nachdem Sie den Elternleitfaden in Teil II des Buches durchgearbeitet haben und einige Verhaltensprobleme des Kindes in der Familie vermindern konnten.

Wenn Sie mit dem Kind üben wollen, dann lassen Sie sich am besten von der Lehrerin beraten, welche Übungsmaterialien Sie verwenden sollen. Es gibt auf dem Markt eine Vielzahl von Übungsheften. Sie sollten lieber häufiger und dafür kürzere Übungszeiten durchführen, beispielsweise jeden zweiten Tag 20 Minuten. Sie sollten mit Ihrem Kind eine feste Vereinbarung über Übungszeiten treffen und das Kind gezielt dafür belohnen, wenn es mit Ihnen die Übungszeiten durchhält und gut mitarbeitet. Sehr hilfreich kann dabei ein *Punkte-Plan* sein, wie er in den Stufen 10 und 11 des Elternleitfadens beschrieben ist. Sie können beispielsweise dem Kind für jedes richtig geschriebene Wort einen Punkt geben, den es dann später eintauschen kann.

Viel seltener als die umschriebene Lese- und Rechtschreibschwäche ist eine umschriebene Rechenschwäche, bei der Kinder große Probleme schon beim Erwerb der Grundrechenarten haben, während beim Lesen und Schreiben keine Probleme auftreten. Häufig sind deutliche Probleme beim Rechnen Hinweise auf eine allgemeine Intelligenzminderung und nicht auf eine umschriebene Rechenschwäche.

- **Die Leistungsprobleme sind durch Aufmerksamkeits- und Konzentrationsprobleme bedingt.** Bei Kindern mit hyperkinetischen Auffälligkeiten sind Leistungsprobleme häufig, aber nicht immer durch Aufmerksamkeitsstörungen, Konzentrationsprobleme und impulsives Arbeitsverhalten bedingt. Rechenaufgaben werden falsch abgeschrieben, das Kind denkt nicht lange genug nach, bevor es versucht, eine Aufgabe zu lösen; ihm unterlaufen viele Flüchtigkeitsfehler und es kontrolliert die Lösungen nicht mehr. In solchen Fällen ist es zunächst notwendig, die Aufmerksamkeitsprobleme des Kindes zu vermindern und sein Arbeitsverhalten zu verbessern. Im Rahmen des Elternleitfadens und der Anwendungsbeispiele in Teil II und Teil III des Buches werden wir Ihnen zeigen, wie Sie Ihrem Kind bei der Durchführung der Hausaufgaben helfen können, die Aufgaben zu Ende zu bringen. Auch in der Schule können Maßnahmen ergriffen werden, die dem Kind helfen, sich bei der Bewältigung der Aufgaben in der Schule besser zu konzentrieren und weniger Fehler zu machen (siehe unten). Außerdem gibt es sogenannte Aufmerksamkeitstrainings, die manchmal Kindern helfen, planvoller an die Lösung von Aufgaben heranzugehen und weniger Fehler zu machen (siehe Kapitel 6.3). Schließlich kann auch durch eine medikamentöse Behandlung das Ausmaß der Flüchtigkeitsfehler vermindert werden (siehe Kapitel 6.4). Wenn das Kind nach der Durchführung dieser Maßnahmen weiterhin Leistungsprobleme hat, dann liegt das entweder daran, daß die Aufmerksamkeitsschwächen sich nicht weiter vermindern lassen oder daß andere Ursachen für diese Leistungsprobleme mitverantwortlich sind.

- **Das Kind lernt weniger als die anderen Kinder mit vergleichbarer Leistungsfähigkeit in der Klasse.** Für viele Kinder mit hyperkinetischen und mit oppositionellen Verhaltensauffälligkeiten stellen schulische Leistungssituationen eine einzige Plage dar. Seit dem ersten Schuljahr fällt es ihnen schwer, die nötige Energie aufzubringen, um die Aufgaben erfolgreich zu bewältigen. Daraus entstehen Mißerfolge, die es ihnen noch schwerer machen, sich an die Aufgaben zu setzen. Dadurch kommt es zu weiteren Mißerfolgen und die Spirale dreht sich immer weiter. Die Kinder unternehmen alles, um diesen unangenehmen Situationen zu entgehen, auch wenn es nur für kurze Zeit ist: In der Schule schalten sie einfach ab, die Hausaufgaben werden vergessen oder nur teilweise oder ganz schnell gemacht. Zusätzliches Lernen wird als reine Schikane erlebt. Im Endergebnis lernen die Kinder dann häufig einfach zu wenig und daraus resultieren zusätzliche Leistungsprobleme. Um diese Spirale wieder zu stoppen, ist es notwendig, daß Lernen wieder zumindest ein wenig Spaß macht und nicht nur als eine reine Qual erlebt wird. Im Rahmen unseres Elternleitfadens werden Sie mit Möglichkeiten vertraut gemacht, die dem Kind auch helfen können, die Hausaufgaben und andere Aufgaben wieder mit Erfolg zu bewältigen. In der Schule können direkt Maßnahmen ergriffen werden, die dem Kind wieder Erfolgserlebnisse bei der Bewältigung der Aufgaben verschaffen. Bei Kindern mit hyperkinetischen Störungen kann auch durch eine medikamentöse Behandlung eine wesentliche Voraussetzung dafür geschaffen werden, daß das Kind wieder Erfolgserlebnisse bei schulischen Aufgaben hat (siehe Kapitel 6.4).

- **Das Kind hat Prüfungsängste und ist dadurch in seiner Leistungsfähigkeit gehemmt.** Obwohl man es auf den ersten Blick nicht glaubt, haben auch Kinder mit hyperkinetischen und oppositionellen Verhaltensauffälligkeiten manchmal ausgeprägte Versagensängste vor Leistungssituationen. Sie sind ganz aufgeregt, wenn sie in der Klasse aufgerufen werden oder wenn eine Klassenarbeit ansteht und vergessen dann alles, was sie vorher gekonnt haben oder machen noch mehr Flüchtigkeitsfehler als sonst. Zwar liegen die Ursachen für Leistungsprobleme bei diesen Kindern meist eher in den anderen bereits genannten Faktoren, doch dürfen solche Leistungsängste nicht völlig außer acht gelassen werden. Manchmal ist aber auch das berühmte „Brett vor dem Kopf" nur eine einfache Ausrede für andere Probleme – daß der Stoff doch nicht beherrscht wurde oder daß Aufmerksamkeitsprobleme die schlechten Noten bewirkt haben. Der beste Weg zur Verminderung von Leistungsängsten sind schulische Erfolge. Wenn also auch noch andere Faktoren an den Leistungsproblemen beteiligt sind, dann ist es sinnvoll, erst diese Ursachen zu vermindern und dann zu beobachten, ob sich damit auch die Leistungsblockaden vermindern. Wenn Leistungsängste tatsächlich im Vordergrund stehen, dann ist es sinnvoll, einen Psychotherapeuten aufzusuchen.

Insgesamt ist es wichtig, darauf zu achten, daß Kinder mit hyperkinetischen und oppositionellen Verhaltensproblemen nicht an ihren Leistungsgrenzen beschult werden, wodurch diese Leistungsgrenzen auch immer bestimmt sein mögen.

Wenn diese Kinder sich nämlich permanent abmühen müssen, um gerade das notwendige Minimum zu erreichen und um ihren Kopf über Wasser zu halten, dann ist das eine so enorme Belastung für die Kinder, der sie auf die Dauer nicht gewachsen sind und die zu dauerhaften psychischen Schäden führen kann. Gerade in der heutigen Zeit ist es mehr als verständlich, daß Eltern alles unternehmen, um ihrem Kind die bestmögliche Bildung zukommen zu lassen. Wenn aber Kinder nur unter höchsten Anstrengungen den schulischen Anforderungen gerade noch so gerecht werden, dann werden sie eine extreme Aversion und Abneigung gegenüber jeder Form von Leistungsanforderungen entwickeln und diese vermutlich im späteren Berufsleben behalten. Nach unserer Meinung ist es viel sinnvoller, durch moderate Leistungsanforderungen Belastungen vom Kind (und von der Familie) wegzunehmen und dem Kind dadurch die Möglichkeit zu geben, sich psychisch zu stabilisieren. Wenn dies gelingt, dann ist das Kind im Jugendalter in der Lage, durch eine entsprechende weiterführende Beschulung einen höheren Bildungsabschluß zu erreichen und den Leistungsanforderungen, mit denen es sein ganzes Leben hindurch konfrontiert wird, eher gerecht zu werden.

Was tun, wenn das Kind Verhaltensprobleme in der Schule hat?

Hyperkinetische oder oppositionelle Verhaltensprobleme von Kindern in der Schule lassen sich am besten durch Maßnahmen vermindern, die direkt in der Schule ansetzen. Hyperkinetische Verhaltensstörungen in der Schule können außerdem häufig gut durch eine medikamentöse Behandlung vermindert werden.

Wenn die Lehrerin konkrete hyperkinetische oder oppositionelle Verhaltensprobleme beschreibt, dann können Sie die Lehrerin zunächst fragen, ob sie an Fachinformationen über diese Probleme interessiert ist und ihr dieses Buch empfehlen. Die in Teil II und Teil III beschriebenen Hilfen bei Verhaltensproblemen des Kindes in der Familie können prinzipiell auch auf die Schulsituation angewendet werden. Stärker noch als im Kindergarten besteht das Hauptproblem bei der Umsetzung dieser Hilfen in der Schule in der Tatsache, daß die Lehrerin nur eine begrenzte Zeit zur individuellen Beschäftigung mit Ihrem Kind zur Verfügung hat. Der Teufelskreis, der in Stufe 3 des Elternleitfadens ausführlich beschrieben wird, trifft für die Schule häufig in besonderem Maße zu: Die Lehrerin sieht sich fast ständig gezwungen, negative Maßnahmen zu ergreifen, weil das Kind immer wieder den Unterricht stört. Passiert das einmal nicht, dann ist die Lehrerin so froh, endlich den Unterricht fortführen zu können und beachtet das positive Verhalten des Kindes zunächst eher nicht. Das Kind erfährt dann erst bei der nächsten Störung wieder Beachtung, auch wenn diese negativ getönt ist.

Zur Verminderung von Verhaltensproblemen in der Schule haben sich *Punkte-Pläne* und der *Wettkampf um lachende Gesichter* besonders bewährt. Diese Methoden werden im Elternleitfaden (Teil II, Stufen 10 bis 12) erläutert. Die Schwierigkeit der Lehrerin besteht allerdings auch hierbei darin, die notwendige Zeit aufzubringen, um diese Verfahren durchzuführen. Zudem muß sie, was nach unserer Erfahrung das größere

Problem ist, die notwendigen, für sich genommen eigentlich wenig zeitaufwendigen Maßnahmen in ihre Alltagsroutine übernehmen. Damit steht die Lehrerin vor dem gleichen Problem wie die Eltern.

Manchmal ist es auch sehr hilfreich, wenn ein Teil des Aufwandes, der zur Veränderung von Verhaltensproblemen in der Schule notwendig ist, in die Familie verlagert wird. Dazu sind *Tagesbeurteilungen von der Schule* hilfreich. Sie finden einen Vordruck hierfür auf der letzten *Memo-Karte* am Ende des Buches. Auf der Vorderseite sind fünf Verhaltensziele beschrieben, die häufig bei Kindern mit hyperkinetischen und oppositionellem Verhaltensproblemen wichtig sind:

1. Ich passe im Unterricht auf und mache mit.
2. Ich mache die Aufgaben in der Klasse vollständig zu Ende.
3. Ich bleibe die ganze Zeit über bei meinen Aufgaben. Ich rede nicht dazwischen und stehe auch nicht mittendrin auf.
4. Ich vertrage mich mit den anderen Kindern und streite mich nicht mit ihnen.
5. Ich beachte die Regeln und Aufforderungen der Lehrerin und werde nicht wütend.

Für jeden Schultag kann die Lehrerin beurteilen, in welchem Ausmaß das Kind die einzelnen Verhaltensziele erreicht hat. Dazu ist eine dreistufige Beurteilung vorgegeben:
- Super, Du hast heute Dein Ziel voll erreicht (mit einem lachenden Gesicht und Strahlenkranz oder einem Stern als Zeichen).
- Gut, Du hast heute Dein Ziel überwiegend erreicht (mit einem lachenden Gesicht oder einem Plus-Zeichen).
- Du hast heute Dein Ziel nicht erreicht. Du mußt Dich morgen noch etwas mehr anstrengen (mit einem traurigen Gesicht oder einem Minus als Zeichen).

Sie können Ihr Kind zu Hause für seine Anstrengungen belohnen, indem Sie ihm für jedes „Super“ zwei Punkte und für jedes „Gut“ einen Punkt geben. Wie beim Punkteplan (siehe Stufe 10 des Elternleitfadens) werden die Punkte in Sonderbelohnungen eingetauscht. Orientieren Sie sich dabei an den Hinweisen, die wir in den Stufen 10 und 11 des Elternleitfadens geben.

Manchmal ist es besser, anstelle dieser allgemein formulierten Ziele für die Tagesbeurteilung Ziele zu definieren, die auf die speziellen Probleme des Kindes abgestimmt sind, z. B.:

- Ich bleibe während des Unterrichtes auf meinem Platz sitzen und stehe nicht auf.
- Ich achte darauf, daß ich die richtigen Hefte aus meiner Tasche herausziehe.
- Ich höre der Lehrerin zu und rede nicht mit meiner Banknachbarin.
- Ich melde mich im Unterricht und träume nicht so vor mich hin.
- Ich ärgere meinen Banknachbarn nicht, indem ich ihm Schimpfworte sage.
- Ich nehme anderen Kindern nichts weg.
- Wenn es Streit gibt, dann schlage ich nicht.
- Ich werfe nicht vor Wut Gegenstände durch die Gegend.

Für solche individuellen Ziele haben wir auf die Rückseite der Beurteilungskarte auf der letzten Seite des Buches einen Vordruck für eine individuelle Tagesbeurteilung von der Schule abgedruckt.

Mit der Lehrerin müssen Sie vereinbaren, wann und wie die Lehrerin die Beurteilung durchführt. Das Problem dabei ist nicht der Aufwand, der ist gering; das Problem ist, dies in die Routine, in den Alltag zu integrieren. Am besten ist es, wenn die Lehrerin am Ende des Schultages den Vordruck zur Hand nimmt und ihn kurz mit dem Kind durchspricht, indem sie es zuerst nach seiner eigenen Beurteilung fragt und dann ihre Beurteilung abgibt und kurz begründet. Das Kind nimmt die Beurteilungskarte mit nach Hause und Sie erhalten dann jeden Tag eine Rückmeldung und können den Eintausch in Punkte vornehmen. Das Problem bei diesem Vorgehen ist, daß die Karte schnell irgendwo liegen bleibt und verloren geht. Deshalb ist es manchmal sinnvoll, daß die Karte für eine Woche bei der Lehrerin verbleibt und das Kind am letzten Schultag in der Woche die Karte mit nach Hause nimmt. Die Beurteilung des Kindes müßte aber dennoch täglich erfolgen. Wenn dies nicht gelingt, können Sie mit der Lehrerin eine feste Zeit am Nachmittag vereinbaren, zu der Sie die Lehrerin anrufen und die Beurteilung der Lehrerin telefonisch abfragen. Ihr Kind sollte bei diesem Telefonat dabei sein.

Bei neunjährigen und älteren Kindern kann man auch das Kind selbst die Beurteilung vornehmen lassen. Sie sollten dann mit der Lehrerin vereinbaren, daß Sie diese Selbstbeurteilungen des Kindes anfangs regelmäßig und später stichprobenartig mit den Einschätzungen der Lehrerin abstimmen. Wenn das Kind sich wesentlich besser beurteilt, als die Lehrerin das tut, gibt es entsprechende Punktabzüge. In der Grundschule genügen in der Regel die Beurteilungen der Klassenlehrerin, da die Lehrerin die meisten und die wichtigsten Stunden unterrichtet. Wenn nötig kann man eine zweite Beurteilung bei einer weiteren Lehrerin auf einer gesonderten Karte durchführen lassen. In den weiterführenden Schulen ist das Verfahren prinzipiell schwieriger, es kann aber mit der Klassenlehrerin und eventuell einer zweiten Fachlehrerin durchaus gelingen. Seien Sie aber nicht zu ärgerlich, wenn sich das Verfahren als nicht durchführbar erweist, und bedenken Sie, daß die Lehrerin eben nicht nur das eine, sondern zwanzig bis dreißig andere Kinder auch noch im Blick haben muß.

Braucht Ihr Kind eine spezielle Behandlung oder Förderung?

Die bisherigen Maßnahmen zielten in erster Linie auf die Bezugspersonen des Kindes ab, die Eltern, die Kindergartenerzieherin oder die Lehrerin, um ihnen Möglichkeiten an die Hand zu geben, das Verhalten des Kindes in dem realen Lebensumfeld, in der Familie, im Kindergarten oder in der Schule zu verändern. Das mag zunächst überraschen, hat doch das Kind und nicht die Eltern, die Erzieherin oder die Lehrerin das Problem. Viele Studien zeigen aber, daß diese Maßnahmen, die im unmittelbaren Umfeld des Kindes ansetzen, die erfolgreichsten psychologischen Maßnahmen sind. Je jünger das Kind ist, um so wichtiger ist dieser Zugang. Sie sollten sich also nicht wundern, wenn ein Psychotherapeut, den Sie wegen der Verhaltensprobleme Ihres Kindes in Anspruch nehmen, hauptsächlich mit Ihnen, mit der Kindergartenerzieherin oder mit der Lehrerin arbeitet und gar nicht so intensiv mit dem Kind.

Es gibt aber auch psychologische und pädagogische Hilfen, die direkt bei dem Kind ansetzen, bei denen das Kind in dem Mittelpunkt der Behandlung oder Förderung steht. Die folgenden Behandlungsmöglichkeiten möchten wir genauer besprechen.

- Therapie zum Aufbau von Spielintensität und Spielausdauer bei Kindern im Kindergartenalter.
- Aufmerksamkeits- und Konzentrationstrainings zum Aufbau von planvollem Arbeitsverhalten.
- Soziale Kompetenztrainings zur Verminderung von aggressivem Verhalten und zum Aufbau von kompetentem Sozialverhalten.

- Übungsbehandlungen zur Verminderung von Entwicklungsrückständen und Teilleistungsschwächen.
- Einzelpsychotherapie des Kindes zur Verminderung emotionaler Probleme und zum Aufbau von Selbstvertrauen.

- **Therapie zum Aufbau von Spielintensität und Spielausdauer bei Kindern im Kindergartenalter.** Bei hyperkinetischen Kindern im Kindergartenalter kann eine Therapie sinnvoll sein, die auf die Förderung eines intensiven und ausdauernden Spielens zielt. Kinder lernen im Spiel ungeheuer viel. Ein intensives und ausdauerndes Spiel ist daher für die weitere Entwicklung von Kindern eine wichtige Voraussetzung. Wenn hyperkinetische Kinder auch beim Spiel eine sehr starke Unruhe zeigen und von einer Spieltätigkeit zu anderen wechseln, ohne etwas zu Ende zu bringen, dann kann diese Behandlung hilfreich sein. Sie wurde im Rahmen des Therapieprogramms für Kinder mit hyperkinetischem und oppositionellem Problemverhalten (THOP) entwickelt. Der Therapeut versucht dabei zunächst, ein intensives und ausdauernderes Spiel in der Behandlungsstunde mit dem Kind aufzubauen und zu entwickeln. Später werden die Eltern dazu angeleitet, damit sie diese Maßnahme auch in der Familie durchführen können. Diese Behandlung ist eine verhaltenstherapeutische Behandlung; die Kosten werden daher von den Krankenkassen übernommen, wenn die Behandlung von einem kassenzugelassenen ärztlichen oder psychologischen Psychotherapeuten bzw. einem Kinder- und Jugendlichenpsychotherapeuten durchgeführt wird. Häufig wird diese Behandlung auch von psychologischen Beratungsstellen angeboten (siehe Kapitel 7).
- **Aufmerksamkeits- und Konzentrationstrainings zum Aufbau von planvollem Arbeitsverhalten.** Manche hyperkinetische Schulkinder haben enorme Probleme, selbst unter günstigen Bedingungen Hausaufgaben oder andere Aufgaben, die Konzentration erfordern, planvoll zu beginnen und Schritt für Schritt zu Ende zu führen. Für solche Kinder kann ein Aufmerksamkeits- oder Konzentrationstraining hilfreich sein. Dabei lernt das Kind anhand von bestimmten Signalkarten, Aufgaben Schritt für Schritt zu bewältigen, indem es zunächst innehält und überlegt, was es tun soll (Stop, was soll ich tun?), als nächstes einen Plan entwickelt (Was ist mein Plan?), dann die Aufgabe entsprechend seines Planes sorgfältig bewältigt (sorgfältig Schritt für Schritt zum Ziel) und am Ende das Ergebnis überprüft (Stop, überprüfen). Wenn alles gut gelungen ist, dann hat das Kind allen Anlaß, sich selbst zu loben (Prima!). Abbildung 6 zeigt die

Abbildung 6: Signalkarten für das Aufmerksamkeits- und Konzentrationstraining aus dem Therapieprogramm für Kinder mit hyperkinetischem und oppositionellem Problemverhalten (THOP)

Signalkarten, die im Rahmen des Therapieprogramms für Kinder mit hyperkinetischem und oppositionellem Problemverhalten (THOP) entwickelt wurden.

Diese Behandlung ist jedoch nur dann sinnvoll, wenn das Kind tatsächlich auch unter günstigen Bedingungen nicht zu einem konzentrierten und planvollen Arbeitsverhalten in der Lage ist. Dies ist zwar bei einigen, vor allem jüngeren Schulkindern mit hyperkinetischen Auffälligkeiten der Fall; viele andere Kinder mit dieser Problematik können sich jedoch in einer Einzelsituation, in der ihnen für konzentriertes Arbeiten eine Belohnung in Aussicht gestellt wird, recht gut konzentrieren und planvoll Aufgaben lösen. Wenn Sie im Rahmen des Elternleitfadens und der Anwendungsbeispiele in Teil II und Teil III des Buches mit Ihrem Kind einen *Hausaufgaben-Plan* durchführen (Anwendungsbeispiel 5) und es dem Kind dann immer noch nicht gelingt, die Hausaufgaben konzentriert und zügig durchzuführen, dann ist möglicherweise ein solches Aufmerksamkeitstraining hilfreich. Auch bei dieser Behandlung versucht der Therapeut zunächst, ein entsprechendes Arbeitsverhalten in der Behandlungsstunde aufzubauen. Danach kann er die Eltern integrieren und mit dem Kind und möglicherweise auch der Lehrerin überlegen, wie diese Hilfen auf den Schulalltag übertragen werden können. Dies ist der kritische Punkt in der Behandlung: Das neu erworbene Arbeitsverhalten soll natürlich nicht nur in der Therapiestunde, sondern vor allem dort eingesetzt werden, wo es am wichtigsten ist – in der Schule, bei den Hausaufgaben in der Familie. Auch diese Behandlung ist eine verhaltenstherapeutische Behandlung; die Kosten werden daher von den Krankenkassen übernommen, wenn die Behandlung von einem kassenzugelassenen ärztlichen oder psychologischen Psychotherapeuten bzw. einem kassenzugelassenen Kinder- und Jugendlichenpsychotherapeuten durchgeführt wird. Häufig wird diese Behandlung auch von psychologischen Beratungsstellen angeboten (siehe Kapitel 7).

- **Soziale Kompetenztrainings zur Verminderung von aggressivem Verhalten und zum Aufbau von kompetentem Sozialverhalten.** Kinder, die sich anderen Kindern gegenüber häufig aggressiv verhalten, mangelt es manchmal an sogenannten sozialen Kompetenzen. Das heißt, manche Kinder wissen gar nicht, wie sie mit anderen als aggressiven Mitteln Konflikte lösen können, wie sie Kontakt zu anderen Kindern knüpfen können, wie sie sich in das Spiel anderer Kinder integrieren können und wie sie auch einmal die Spielvorschläge andere Kinder übernehmen können. Andere Kinder wissen dies zwar, aber sie können ihr Wissen nicht richtig umsetzen. Für diese Kinder können sogenannte soziale Kompetenztrainings hilfreich sein, die manchmal als Einzeltherapie, besser aber als Gruppentherapie durchgeführt werden. In Rollenspielen üben die Kinder dann ein, wie man sich in den genannten Situationen anders verhalten kann und sie bekommen „Hausaufgaben", in denen sie das neu erworbene Verhalten in ihrem realen Lebensumfeld erproben sollen. Auch diese Behandlung ist eine verhaltenstherapeutische Behandlung; die Kosten werden daher von den Krankenkassen unter bestimmten Bedingungen übernommen. Viele Kinder mit aggressiven Verhaltensweisen zeigen dieses Verhalten aber auch, weil sie die Erfahrung machen, daß es sich lohnt, sich so zu verhalten. In solchen Fällen sind wieder die Eltern, die Erzieherin oder die Lehrerin gefordert, die dafür Sorge tragen müssen, daß aggressives Verhalten sich eben nicht lohnt. Im Rahmen des Elternleitfadens in Teil II und der Anwendungsbeispiele in Teil III dieses Buches werden wir Sie mit entsprechenden Möglichkeiten vertraut machen.

- **Übungsbehandlungen zur Verminderung von Entwicklungsrückständen und Teilleistungsschwächen.** Wenn das Kind Entwicklungsrückstände in einzelnen Bereichen hat, z. B. in der Sprache, in der Bewegung oder beim Zeichnen oder wenn es Leistungsschwächen in einzelnen Schulfächern hat, dann sind Übungsbehandlungen oder gezielte Nachhilfen notwendig, die auf die Verminderung dieser Defizite abzielen. Teilweise können Sie als Eltern solche Übungen mit Ihrem Kind durchführen, darauf sind wir bereits eingegangen. Wenn die Defizite jedoch stark ausgeprägt sind, ist meistens die Hilfe eine Fachmannes sinnvoll. Verschiedene Berufsgruppen bieten spezielle Übungsbehandlungen an:
  - Bei Auffälligkeiten in der Körperkoordination (laufen, gehen, springen, Gleichgewicht usw.) ist manchmal eine Mototherapie oder Krankengymnastik hilfreich.
  - Bei Auffälligkeiten in der Feinmotorik (malen, schneiden, Schreibbewegungen) kann entweder eine Mototherapie oder auch eine Beschäftigungstherapie hilfreich sein.
  - Bei Auffälligkeiten in der visuellen Wahrnehmungsfähigkeit oder in der Körperwahrnehmung kann eine Beschäftigungstherapie hilfreich sein.
  - Bei Auffälligkeiten in der Sprache kann eine Sprachtherapie (Logopädie) hilfreich sein. Zu den wichtigsten Sprachauffälligkeiten zählen die Artikulationsstörungen (die Kinder können bestimmte Laute nicht richtig aussprechen) und der sogenannte Dysgrammatismus (die Kin-

der können keine grammatikalisch korrekten Sätze von altersgemäßer Länge sprechen).
- Bei Störungen der Lese- oder Rechtschreibfähigkeit kann ein Lese- und Rechtschreibtraining hilfreich sein, auf das wir bereits eingegangen sind.

Diese Übungsbehandlungen dienen dazu, bestimmte Funktionen zu trainieren. Sie stellen keine Psychotherapie dar. Einige der Behandlungsformen, wie Logopädie oder auch Beschäftigungstherapie, können teilweise auf Rezept verordnet werden und werden dann meist auch von den Krankenkassen übernommen. Bei anderen Formen der Übungsbehandlung, z. B. dem Lese- und Rechtschreibtraining, ist eine Übernahme der Kosten durch die Krankenkassen schwieriger. Falls die Krankenkassen die Kosten nicht übernehmen, kann im Rahmen des Kinder- und Jugendhilfegesetzes eine Übernahme der Kosten durch das Jugendamt beantragt werden. Häufig werden diese Übungsbehandlungen jedoch auch von Frühförderzentren, sozialpädiatrischen Zentren oder auch psychologischen Beratungsstellen angeboten und sind dann in der Regel kostenfrei.

Die Übungsbehandlungen können also helfen, bestimmte Defizite zu vermindern. Sie sollten aber nicht erwarten, daß sich dadurch auch die Verhaltensprobleme Ihres Kindes in der Familie oder in der Schule automatisch verbessern. Im günstigsten Fall kann dies gelingen, in der Regel sind jedoch weitere gezielte Maßnahmen zur Verminderung dieser Verhaltensprobleme notwendig.

- **Einzelpsychotherapie des Kindes zur Verminderung emotionaler Probleme und zum Aufbau von Selbstvertrauen.** Wir haben bereits darauf hingewiesen, daß viele Kinder mit hyperkinetischen und aggressivem Problemverhalten auch emotionale Probleme haben: Ängste, mangelndes Selbstvertrauen, Unsicherheit usw. Bei den meisten Kindern sind diese emotionalen Probleme eher Folgen als Ursachen der hyperkinetischen und der oppositionellen Verhaltensauffälligkeiten. Durch die vielfältigen Ablehnungserfahrungen – in der Familie, in der Schule, bei Gleichaltrigen – und durch die Mißerfolge in der Schule und in anderen Lebensbereichen entwickeln diese Kinder häufig noch zusätzlich emotionale Probleme. Es gibt aber auch Fälle, in denen die emotionalen Probleme eine wesentliche Ursache vor allem für oppositionelle und weniger für hyperkinetische Auffälligkeiten darstellen. Wenn das Kind ausgeprägte emotionale Probleme hat, dann kann auch eine Einzelpsychotherapie des Kindes hilfreich sein, die auf die Verminderung dieser emotionalen Probleme abzielt. Auch hier gilt jedoch, daß man nicht erwarten darf, daß sich damit automatisch die aggressiven oder hyperkinetischen Verhaltensprobleme ebenfalls vermindern. Meist müssen diese Therapien ebenfalls von Maßnahmen begleitet werden, die unmittelbar auf die Verminderung dieser Verhaltensprobleme in der Familie und im Kindergarten oder in der Schule abzielen. Es gibt verschiedene Formen der Einzelpsychotherapie. Am wichtigsten ist die Unterscheidung zwischen tiefenpsychologisch fundierten, analytischen oder spieltherapeutischen Verfahren einerseits und den verhaltenspsychotherapeutischen oder verhaltenstherapeutischen Verfahren andererseits. Nach den bisherigen Stand der Forschung können alle diese Verfahren bei der Behandlung emotionaler Probleme von Kindern hilfreich sein. Spezifische Verfahren zur Behandlung hyperkinetischer Auffälligkeiten und von oppositionellen Verhaltensauffälligkeiten werden nur von der Verhaltenstherapie angeboten.

Sind Medikamente hilfreich?

Eine medikamentöse Behandlung kann nur bei Kindern mit hyperkinetischen Verhaltensauffälligkeiten erwogen werden. Bei Kindern mit ausschließlich oppositionellen Verhaltensauffälligkeiten ist eine medikamentöse Behandlung, von wenigen extremen Ausnahmefällen vielleicht abgesehen, nicht hilfreich. Die medikamentöse Therapie hyperkinetischer Störungen kann eine wichtige Ergänzung der anderen Behandlungsformen darstellen; manchmal ist sie sogar eine wesentliche Voraussetzung dafür, daß die anderen Behandlungsformen erfolgreich eingesetzt werden können. Am erfolgreichsten ist die Therapie mit Medikamenten, welche die Aktivität des Gehirns steigern. Diese Medikamente wirken also nicht dämpfend, sondern im Gehirn aktivierend. Deshalb werden sie auch Psychostimulanzien genannt. Am häufigsten wird das Medikament mit dem Handelsnamen *Ritalin®* verwandt. Weitere Medikamente sind *Hyperilex®*, *Tradon®* und *Captagon®* . Das Ritalin® ist ein sehr gut untersuchtes Medikament, das bei mindestens 70% der Kinder mit ausgeprägten hyperkinetischen Störungen zu einer deutlichen Verminderung dieser Auffälligkeiten führt. Bei dem Wirkstoff, der in *Hyperilex®* und *Tradon®* enthalten ist, werden ähnliche Erfolgsraten berichtet. Allerdings hält die Wirkung der Medikamente nur solange an, wie das Medikament gegeben wird.

Deshalb ist in der Regel eine längerfristige, d. h. mehrjährige medikamentöse Behandlung und eine Kombination mit den anderen Behandlungsmaßnahmen notwendig.

Die medikamentöse Behandlung von Kinder mit psychischen Störungen stößt auch heute noch selbst in Fachkreisen, bei Psychologen, bei Lehrern und bei anderen Berufsgruppen auf heftige Ablehnung. In der Regel basiert diese Ablehnung mehr auf allgemeinen Vorurteilen als auf einer soliden Kenntnis des Forschungsstandes. Wir möchten deshalb die wichtigsten Erkenntnisse zur Wirksamkeit dieser Medikamente und ihrer Nebenwirkungen sowie ihrer Anwendung zusammenfassen, damit Sie sich selbst ein Bild machen können und eine entsprechende Entscheidung fällen können. Folgende Fragen wollen wir beantworten:

- Welche Erkenntnisse gibt es zur Wirksamkeit von Medikamenten bei Kindern mit hyperkinetischen Störungen?
- Welche Nebenwirkungen können auftreten?
- Machen diese Medikamente abhängig?
- Wann sollte eine medikamentöse Behandlung durchgeführt werden?
- Wie wird eine medikamentöse Behandlung durchgeführt?
- Wie wird die Wirksamkeit der medikamentösen Behandlung überprüft?
- Werden die Tabletten auch am Wochenende und in den Schulferien gegeben?
- Wie lange muß mein Kind die Tabletten einnehmen?

Welche Erkenntnisse gibt es zur Wirksamkeit von Medikamenten bei Kindern mit hyperkinetischen Störungen? In den meisten wissenschaftlichen Studien wurde die Wirksamkeit von Methylphenidat untersucht. Das ist der Wirkstoff, der in dem Medikament Ritalin® enthalten ist. Die Studien mit Pemolin, das ist der zweite Wirkstoff, aus dem die Medikamente Hyperilex® und Tradon® bestehen, weisen mit einigen Ausnahmen (auf die wir eingehen werden) in die gleiche Richtung. Der Wirkstoff, aus dem das Medikament Captagon® besteht, ist am wenigsten untersucht, vermutlich sind die Effekte aber sehr ähnlich. Die wissenschaftlichen Erkenntnisse aus einer Vielzahl von Studien zur Wirksamkeit von Psychostimulanzien können wie folgt zusammengefaßt werden:

- **Psychostimulanzien haben bei den meisten Kindern mit hyperkinetischen Störungen deutliche Wirkungen.** Zwischen 70% und 90% der

Kinder über dem Alter von vier Jahren sprechen auf die Behandlung positiv an. Bei Kindern unter fünf Jahren liegt der Anteil der Kinder, die von dem Medikament profitieren, deutlich darunter (ca. 50%). Der Anteil der Schulkinder mit ausgeprägten hyperkinetischen Störungen, deren Verhalten sich im Unterricht **normalisiert**, liegt bei 50% bis 70%. Die Haupteffekte beziehen sich auf eine Verbesserung der Konzentrationsfähigkeit und auf die Verminderung des hyperkinetischen, störenden, unangemessenen und impulsiven Verhaltens. Oppositionelles Verhalten gegenüber Erwachsenen kann sich vermindern und die Beziehungen zu Gleichaltrigen können sich verbessern, hauptsächlich aufgrund der Verminderung der aggressiven Verhaltensauffälligkeiten. Außerdem hat die Verminderung der hyperkinetischen Symptomatik häufig auch eine Verbesserung der schulischen Leistungen zur Folge, weil die Kinder mehr vom Unterricht mitbekommen und sich besser konzentrieren können.

- **Die Behandlung ist nur wirksam, solange sie durchgeführt wird.** Positive Veränderungen nach Absetzen der Medikation konnten nicht nachgewiesen werden. Eine Langzeitbehandlung (meist über mehrere Jahre) kann deshalb notwendig sein, um die positiven Effekte aufrechtzuerhalten.
- **Die Langzeiteffekte sind noch nicht gut untersucht.** Die bisherigen Studien weisen darauf hin, daß die ausschließliche Behandlung mit Medikamenten nur wirkt, solange die Medikamente gegeben werden. Die Kombination von Medikamenten und anderen psychologischen und pädagogischen Maßnahmen scheint hinsichtlich der Langzeiteffekte am wirkungsvollsten zu sein.
- **Die genaue Wirkung der Medikamente ist nicht bekannt.** Man weiß, daß die Medikamente den Hirnstoffwechsel beeinflussen und vor allem auf den Botenstoff Dopamin einen Einfluß haben, der bei der Entstehung hyperkinetischer Störungen vermutlich eine entscheidende Rolle spielt. Damit ist der Wissensstand hinsichtlich der Wirksamkeit dieser Medikamente mit dem Stand des Wissens bei vielen anderen Medikamenten vergleichbar: Man weiß, daß es wirkt, man kennt die Nebenwirkungen, aber man weiß nicht so genau, wie es wirkt.
- **Die Medikamente sind kein Wundermittel** für Kinder mit hyperkinetischen Störungen. Durch Medikamente lernt das Kind nichts hinzu. Sie vermindern lediglich die Auftretenswahrscheinlichkeit problematischer Verhaltensweisen und sie verbessern die Lernmöglichkeiten von Kindern. Fehler, soweit sie durch Aufmerksamkeitsprobleme bedingt sind, können weniger werden; die Regeln der deutschen Rechtschreibung

wird das Kind jedoch auch nach einer Medikamenteneinnahme nicht beherrschen, wenn es sie nicht schon vorher konnte. Aber vielleicht wird es die Regeln danach besser lernen können. Die vielfältigen Schwierigkeiten von Kindern mit hyperkinetischen Störungen erfordern zusätzliche Maßnahmen. Das Medikament kann jedoch die Wirksamkeit anderer Maßnahmen steigern, weil es dem Kind hilft, auf die Umwelt besser zu achten und erfolgreicher zu reagieren.

- **Die Ergebnisse gelten nur für Kinder mit ausgeprägten hyperkinetischen Störungen,** die ein hohes Maß an motorischer Unruhe, an Aufmerksamkeitsschwächen und an Impulsivität zeigen. Sie sind nicht für die große Gruppe der Kinder mit leichteren hyperkinetischen Auffälligkeiten gültig. In älteren wissenschaftlichen Studien wurden auch Kinder untersucht, die vermutlich keine eindeutigen hyperkinetischen Störungen hatten, so wie sie heute definiert werden, sondern die hyperkinetische Auffälligkeiten geringen Grades zeigten. Diese Studien weisen darauf hin, daß dann die Effekte der Medikamente weniger eindeutig sind.

Welche Nebenwirkungen können auftreten? Die Nebenwirkungen sind in der überwiegenden Zahl der Fälle gering. Sie treten häufig nur vorübergehend auf und verschwinden fast immer mit Absetzen der Medikation. Deshalb kann eine Überprüfung der Wirksamkeit einer Behandlung mit diesen Medikamenten fast immer ohne größeres Risiko erfolgen. Im einzelnen müssen folgende Nebenwirkungen beachtet werden:

- **Durchschlafstörungen und Appetitminderungen:** Die häufigsten Nebenwirkungen sind leichtere Durchschlafstörungen und eine Verminderung des Appetits. Ernsthafte Appetitminderungen sind bei etwa 6% bis 12% der Kinder und ernsthafte Schlafstörungen bei etwa 11% der Kinder zu beobachten. Es gibt jedoch auch Fälle, in denen sich vorhandene Schlafstörungen vermindern. Ernsthafte Appetitminderungen und Schlafstörungen treten nach klinischer Erfahrung jedoch hauptsächlich auf, wenn die Medikamente nicht nur vormittags, sondern auch nachmittags gegeben werden. Begrenzt man die Medikation auf den Vormittag (zur Verminderung der hyperkinetischen Probleme im Unterricht), dann haben die Kinder meist abends wieder einen größeren Appetit und Schlafstörungen werden kaum beobachtet. Kinder mit hyperkinetischen Störungen neigen allerdings zu einem geringen Körpergewicht. In diesen Fällen sollte das Gewicht des Kindes regelmäßig kontrolliert werden.
- **Bauch- und Kopfschmerzen**: Einige Kinder reagieren anfangs mit Bauch- und Kopfschmerzen, die jedoch im Verlauf der Therapie in der

Regel verschwinden. Manchmal tritt in Verbindung mit den Bauchschmerzen auch Übelkeit auf.

- **Tics:** In etwa 1–2% der Fälle treten sogenannte Tics auf. Tics sind unwillkürliche Zuckungen, meist im Gesicht, manchmal auch im Hals-Schulterbereich oder am gesamten Oberkörper. Es gibt auch vokale Tics, bei denen die Kinder unwillkürlich Laute ausstoßen und Geräusche machen. Viele Kinder mit Tics haben auch hyperkinetische Auffälligkeiten. Wenn Tics bereits vor Beginn der medikamentösen Behandlung vorhanden sind, können sich diese verschlimmern. In seltenen Fällen wurde auch von Tics berichtet, die sich nach Absetzen der Medikamente nicht mehr reduzierten. Wenn ein Kind Tics hat oder wenn bei Familienmitgliedern Tics schon einmal aufgetreten sind, dann muß die medikamentöse Behandlung mit besonderer Vorsicht durchgeführt werden. In solchen Fällen wird man eher psychologische Behandlungsalternativen noch stärker betonen oder mit geringeren Dosierungen bei den Medikamenten arbeiten. Wenn ausgeprägte Tics vorhanden sind, werden andere Medikamente eingesetzt, die auf die Verminderung der Tics abzielen und häufig auch zumindest eine Verminderung der motorischen Unruhe bewirken. Wenn Ihr Kind Tics hat, sollte die medikamentöse Behandlung am besten von einem Kinder- und Jugendpsychiater durchgeführt werden. Wenn das Kind im Verlauf einer medikamentösen Behandlung Tics entwickelt, dann kann es sinnvoll sein, zunächst die Dosierung der Medikamente zu vermindern und die weitere Entwicklung der Tics zu beobachten, weil sich dann die Tics häufig wieder vermindern.
- **Weinerlichkeit und Depressivität:** Wenige Kinder reagieren auf die Medikamente mit einer ausgeprägten Weinerlichkeit oder mit trauriger Verstimmung. Häufig können diese Nebenwirkungen durch eine Verminderung der Dosierung behoben werden. Einige Eltern berichten auch, daß ihr Kind jetzt sehr ernst wirke und viel von seiner Spontaneität und Ausgelassenheit verloren habe. In solchen Fällen sollte man genau beobachten, ob dieser Eindruck nicht dadurch entsteht, daß sich die Impulsivität und Hyperaktivität der Kinder vermindert hat, daß also das eingetreten ist, was man eigentlich erreichen wollte.
- **Blutdrucksteigerung**: Gelegentlich sind leichte Steigerungen des Blutdrucks und der Herzfrequenz zu beobachten, die jedoch meist im normalen Bereich bleiben. Eine gelegentliche Kontrolle des Blutdrucks ist sicherheitshalber empfehlenswert.
- **Wachstumsverzögerungen:** Frühere Untersuchungen legten den Verdacht nahe, daß bei jahrelanger Anwendung der medikamentösen

Therapie eine Verzögerung des Wachstums eintreten könne. In neuen gut kontrollierten Studien konnte dieser Verdacht jedoch weitgehend ausgeräumt werden. Hyperkinetisch Kinder, die über mehrere Jahre mit Ritalin® behandelt wurden, unterschieden sich in ihrer Körpergröße nicht von anderen Kindern mit diesem Störungsbild. Möglicherweise wird bei einigen Kindern das Längenwachstum vorübergehend verlangsamt, ohne daß die Endgröße vermindert wird. Bei hyperkinetischen Kindern mit geringer Körpergröße sollte man dennoch sicherheitshalber die Körpergröße in regelmäßigen Abständen überprüfen. Einige Untersuchungen zeigen, daß durch medikamentenfreie Intervalle, beispielsweise während der Sommerferien, das Wachstum beschleunigt werden kann. Insgesamt stellt diese Problematik jedoch keine ernsthafte Nebenwirkung dar.

- **Kinder mit Anfallsleiden**: Kinder mit einem Anfallsleiden (epileptischen Anfällen) haben gehäuft Aufmerksamkeitsschwächen und neigen auch zu impulsivem Verhalten und Unruhe. Meist bekommen diese Kinder Medikamente gegen das Anfallsleiden. Wenn eine medikamentöse Behandlung der hyperkinetischen Auffälligkeiten erwogen wird, muß bedacht werden, daß durch diese Medikamente möglicherweise Anfälle ausgelöst werden können. Es gibt jedoch auch wissenschaftliche Untersuchungen, die zeigen, daß sich bei manchen Kindern mit einem solchen Anfallsleiden die Anfälle sogar vermindern und das Hirnstrombild (EEG) sich verbessert. Dennoch kann eine solche Behandlung bei Kindern mit einem Anfallsleiden nur unter großer Vorsicht durchgeführt werden. Bevor man eine solche Behandlung durchführt, sollte man andere psychologische Behandlungsmöglichkeiten ausschöpfen.
- **Veränderung der Leberwerte:** Bei dem Wirkstoff, der in Hyperilex® und Tradon® enthalten ist, wurden in sehr seltenen Fällen Veränderungen der Leberwerte festgestellt, die in einzelnen Fällen sogar sehr gefährlich waren. Obwohl diese Nebeneffekte sehr unwahrscheinlich sind, ist bei diesem Medikament eine regelmäßige Kontrolle der Leberwerte notwendig. Bei Kindern, die eine Lebererkrankung haben oder früher hatten (z. B. Gelbsucht) sollte dieses Medikament nicht gegeben werden. Bei Ritalin® wurden diese Nebenwirkungen nicht beobachtet. Deshalb stellt Ritalin® das Medikament der ersten Wahl dar.

Machen diese Medikamente abhängig? Die immer wieder geäußerte Befürchtung, Kinder könnten von diesen Medikamenten körperlich abhängig werden, läßt sich wissenschaftlich nicht bestätigen. Es gibt keinen einzigen Bericht, der die Entwicklung einer Abhängigkeit von Stimulanzien belegt. Allerdings können diese Medikamente mißbräuchlich eingesetzt werden, weil sie bei entsprechender Dosierung die Wachheit vorübergehend steigern. Um der Gefahr des Medikamentenmißbrauchs zu begegnen, darf dieses Medikament nur auf einem speziellen Rezept für Betäubungsmittel verordnet werden.

Eine andere Frage ist die nach der sogenannten psychologischen Abhängigkeit, die durch Medikamente möglicherweise erzeugt werden kann. Wenn Menschen schon relativ früh in ihrem Leben die Erfahrung machen, daß sich Probleme durch Medikamente lösen oder zumindest vermindern lassen, dann kann sich dadurch möglicherweise eine Einstellung entwickeln, die dazu führt, daß auch später bei auftretenden psychischen Problemen eher zu Medikamenten gegriffen wird. Man würde erwarten, daß hyperkinetische Kinder, die mit Ritalin® behandelt wurden, später im Jugend- und Erwachsenenalter eher zu Drogen oder Medikamenten greifen als andere hyperkinetische Kinder. Die zu dieser Frage bisher vorliegenden Studien konnten dies jedoch nicht bestätigen. Dennoch sollte dieses Problem nicht außer acht gelassen werden. Wenn eine medikamentöse Behandlung durchgeführt wird, dann sollte man das Kind sorgfältig darauf vorbereiten und darauf achten, daß das Kind die eintretenden Veränderungen nicht ausschließlich auf die Medikamente zurückführt. Es sollte vielmehr erkennen, daß die Medikamente ihm helfen, sich noch stärker zu bemühen und anzustrengen (nach dem Motto: Wenn du willst, dann kannst du natürlich auch weiterhin trödeln, dazwischenreden und Quatsch machen. Es fällt dir aber leichter, solche Dinge zu unterlassen, wenn du es willst.).

Bei diesen Medikamenten ist es auch nicht notwendig, daß das Kind mit der Zeit zunehmend mehr Tabletten nehmen muß, um die gewünschten Effekte zu erzielen. Das Kind gewöhnt sich also nicht an die Medikamente. Allerdings kann es notwendig sein, daß die Dosierung erhöht werden muß, wenn das Kind deutlich gewachsen ist und an Gewicht zugenommen hat. Dadurch hat sich dann nämlich die relative Dosis vermindert, die in mg Wirkstoff pro kg Körpergewicht berechnet wird.

Wann sollte eine medikamentöse Behandlung durchgeführt werden?

Es gibt zwei Hauptkonstellationen, in denen eine medikamentöse Therapie sinnvoll ist:

1. Wenn die hyperkinetischen Auffälligkeiten sehr stark ausgeprägt sind und dadurch erhebliche Probleme in der Schule

oder in der Familie auftreten, welche die weitere Entwicklung des Kindes stark gefährden.
2. Wenn sich die hyperkinetischen Verhaltensauffälligkeiten durch andere Maßnahmen und Therapieformen nicht hinreichend vermindern ließen.

Im ersten Fall ist es sinnvoll, mit einer medikamentösen Therapie und einer begleitenden Beratung zu beginnen, bevor andere Behandlungen durchgeführt werden. Die hyperkinetischen Verhaltensauffälligkeiten treten in diesem Falle in allen Lebensbereichen sehr stark auf und es kommt zu einer krisenhafte Zuspitzung in der Schule oder in der Familie, die sich typischerweise darin zeigt, daß die weitere Beschulung des Kindes unmittelbar bedroht ist. Die Symptome sind also so massiv ausgeprägt, daß die Situation von der Klassenlehrerin nicht mehr bewältigt werden kann; Hausaufgaben lassen sich in der Familie dann oft nur noch mit höchstem Aufwand bewältigen. Solche Situationen erfordern eine möglichst rasche Verminderung der Verhaltensauffälligkeiten, die durch die medikamentöse Therapie am ehesten erreicht werden kann. Erfolge anderer Maßnahmen und Therapien sind mit einer größeren Zeitverzögerung verbunden und bei extremen Auffälligkeiten im allgemeinen auch schwerer zu erzielen. Glücklicherweise sind die Kinder mit diesem ausgeprägten Formen von hyperkinetischen Störungen eher selten. Bei höchstens einem Fünftel der Kinder, die in unserer Klinik mit einer hyperkinetischen Problematik vorgestellt werden, sehen wir die Notwendigkeit einer möglichst frühzeitigen medikamentösen Therapie, die dann durch andere Maßnahmen und Therapien, durch gezielte Hilfen für Eltern, für Lehrer und manchmal auch durch eine psychologische Behandlung des Kindes selbst ergänzt wird. Bei allen anderen Kindern sollten solche Maßnahmen in der Familie, im Kindergarten oder in der Schule und die Behandlung des Kindes selbst in erster Linie durchgeführt werden. Falls diese Maßnahmen die Problem nicht hinreichend vermindern, kann eine ergänzende medikamentöse Behandlung sinnvoll sein. Das ist nach unseren Untersuchungen etwa bei einem Drittel der Kinder mit hyperkinetischen Störungen der Fall. In seltenen Fällen kann eine medikamentöse Therapie bereits vor der Einschulung durchgeführt werden. Im Vorschulalter lassen sich aber häufig andere Lösungsmöglichkeiten finden oder die Probleme sind noch nicht so sehr zugespitzt. Meist wird mit einer medikamentösen Behandlung im Alter zwischen sechs und zwölf Jahren begonnen. Sie kann aber auch bei Jugendlichen noch durchgeführt werden, ist aber seltener notwendig, weil sich dann zumindest die sehr stark ausgeprägten Auffälligkeiten häufig schon vermindert haben.

Wie wird eine medikamentöse Behandlung durchgeführt? Bei Ritalin® tritt die Wirkung etwa 30 bis 45 Minuten nach Einnahme der Tabletten ein. Sie bleibt dann zwei bis vier Stunden auf maximalem Niveau. Nach drei bis sieben Stunden ist eine deutliche Verminderung der Wirkung zu beobachten. Bei den meisten Kindern bleibt die Wirkung bei einer einmaligen Einnahme der Tabletten am Morgen über den Schulvormittag hinweg erhalten. Bei älteren Kindern und wenn die Schule besonders lange geht, kann eine zweite Einnahme am späten Vormittag hilfreich sein. Bei ausgeprägt hyperkinetischem Verhalten in der Familie am Nachmittag kann eine erneute Einnahme um die Mittagszeit notwendig sein. Nach unseren Erfahrungen können die Verhaltensprobleme in der Familie in den meisten Fällen aber durch andere Maßnahmen soweit vermindert werden, daß eine erneute Tabletteneinnahme am Nachmittag nicht notwendig ist.

Bei Hyperilex® und Tradon® tritt die Wirkung etwa eine bis eineinhalb Stunden nach Einnahme der Tablette ein. Im Unterschied zu Ritalin® bleibt die Wirkung jedoch länger erhalten, in der Regel zumindest bis in den frühen Nachmittag hinein. Meist müssen deshalb nachmittags keine weiteren Tabletten eingenommen werden. Bei höheren Dosen wird manchmal nachmittags eine zweite Dosierung verabreicht. Da bei dem Wirkstoff Pemolin, der in Hyperilex® und Tradon® enthalten ist, in sehr seltenen Fällen Veränderungen von Leberwerten aufgetreten sind, ist dieses Medikament nur dann zu empfehlen, wenn Ritalin® nicht erfolgreich ist oder die Wirkungsdauer zu kurz ist und nicht durch eine erneute Medikamenteneinnahme verlängert werden kann (z. B. weil das Kind regelmäßig die Einnahme am späten Schulvormittag vergißt). Die Dosierungen werden im nächsten Absatz genauer beschrieben.

Wie wird die Wirksamkeit der medikamentösen Behandlung überprüft? Die medikamentöse Behandlung ist zwar bei der Mehrzahl der Kinder mit ausgeprägt hyperkinetischen Verhaltensstörungen wirkungsvoll, eine genaue Überprüfung der Wirksamkeit in einem kontrollierten Behandlungsversuch ist jedoch unbedingt erforderlich, weil die medikamentöse Behandlung sich nur dann rechtfertigen läßt, wenn Effekte eindeutig nachgewiesen werden können. Darüber hinaus reagieren die Kinder sehr unterschiedlich auf die Medikamente. Bei manchen Kindern genügen sehr niedrige Dosierungen, andere benötigen dagegen mehrere Tabletten.

Daher muß jedes Kind auf seine individuelle Dosierung eingestellt werden. Bei Ritalin® beginnt man bei jüngeren Kindern mit einer halben oder einer ganzen Tablette am Morgen; bei älteren Kindern beginnt man üblicherweise mit einer Tablette. Eine Tablette enthält 10 mg des Wirkstoffes Methylphenidat. Bei Kindern im Grundschulalter kann die Dosierung bis auf zwei bis zweieinhalb Tabletten pro Tag ohne Bedenken gesteigert werden. Bei Jugendlichen werden selten mehr als fünf Tabletten gegeben. Je höher die Dosierung ist, um so eher treten Nebenwirkungen auf.

Die systematische Überprüfung der Wirksamkeit muß in der Regel in Zusammenarbeit mit der Klassenlehrerin erfolgen. Mit der Lehrerin wird für mehrere Wochen vereinbart, daß das Verhalten des Kindes am Ende jeder Woche anhand eines *Wochen-Beurteilungsbogens* eingeschätzt wird, der speziell für die Austestung der medikamentösen Therapie entwickelt wurde. Man kann aber hierfür auch die *Tagesbeurteilungen für die Schule* nehmen, die auf der letzten Memo-Karte in Teil V dieses Buches zu finden sind. Ihre Anwendung wurde bereits im Kapitel 6.2 beschrieben. In den beiden ersten Wochen, in denen die Lehrerin das Kind beurteilt, erhält das Kind keine Medikamente. In der dritten und vierten Woche beginnt man mit der niedrigen Dosierung. Wenn das Kind weiterhin als hyperkinetisch auffällig beschrieben wird und wenn keine ausgeprägten Nebenwirkungen festzustellen sind, dann kann in den darauffolgenden Wochen schrittweise die Dosierung gesteigert werden. Die maximale Dosis darf jedoch nicht überschritten werden. Am Ende dieses kontrollierten Behandlungsversuches kann dann festgestellt werden, ob das Medikament Ihrem Kind hilft und welche Dosierung am besten ist.

Bei der Behandlung mit Hyperilex® oder Tradon® geht man ähnlich vor. Man kann im Abstand von zwei Wochen schrittweise die Dosierung steigern. Die maximale Dosis beträgt fünf Tabletten pro Tag.

Werden die Tabletten auch am Wochenende und in den Schulferien gegeben? Ob Ihr Kind auch am Wochenende und in den Schulferien Medikamente benötigt, hängt davon ab, welche Verhaltensprobleme durch die medikamentöse Behandlung verändert werden sollen. Falls Ihr Kind die Medikamente an den Schultagen einnimmt, um die hyperkinetischen Verhaltensprobleme während des Unterrichts zu vermindern, dann ist es nicht notwendig, daß das Kind auch am Wochenende oder in den Ferien die Tabletten einnimmt. Wenn durch die medikamentöse Behandlung auch Verhaltensprobleme in der Familie vermindert werden sollen, dann ist es sinnvoll, wenn das Kind auch an schulfreien Tagen die Tabletten einnimmt. Nach unserer Erfahrung genügt bei den meisten Kindern die

Einnahme der Tabletten an den Schultagen. Oft vermindern sich dann auch Verhaltensprobleme des Kindes in der Familie oder diese Schwierigkeiten können häufig gut mit anderen Mitteln vermindert werden.

Wie lange muß das Kind die Tabletten einnehmen? Wenn sich die medikamentöse Behandlung in dem kontrollierten Behandlungsversuch als wirkungsvoll erwiesen hat, dann sollte die Behandlung zunächst für einen Zeitraum von sechs bis neun Monaten durchgeführt werden. Danach sollte die Notwendigkeit der Weiterführung der Behandlung in einem Auslaßversuch von einer Woche bis zwei Wochen überprüft werden. Zu diesem Zeitpunkt wird der Arzt auch Blutdruck, Pulsfrequenz, Körpergröße und Körpergewicht prüfen sowie nach weiteren Nebenwirkungen fragen. Bei einem solchen Auslaßversuch geht man genauso vor, wie bei dem kontrollierten Behandlungsversuch. Hat Ihr Kind zwischenzeitlich deutlich an Gewicht zugenommen, dann kann eine entsprechende Erhöhung der Dosierung notwendig sein. Der Auslaßversuch kann aber auch zeigen, daß die gleichen Effekte schon mit einer niedrigeren Dosierung erzielt werden können. In der Regel ist jedoch die Fortführung der Langzeittherapie über mehrere Jahre notwendig. Mit Beginn der Pubertät kann die Behandlung häufig beendet werden. Allerdings gibt es dabei große Unterschiede zwischen den Kindern. Manchmal ist es notwendig, die Behandlung bis ins hohe Jugendalter fortzusetzen. In den Vereinigten Staaten werden in zunehmendem Maße auch Erwachsene mit dem Medikament behandelt. Auf jeden Fall sollte die Notwendigkeit einer Weiterführung der medikamentösen Therapie etwa einmal pro Jahr überprüft werden.

Bei der medikamentösen Behandlung mit Psychostimulanzien beachten:

- Die Medikamente sind bei der Mehrzahl der Kinder mit ausgeprägten hyperkinetischen Störungen, aber nicht bei allen wirksam. Sie sind nur solange wirksam, wie man sie gibt.
- Drei bis sechs Stunden nach der Einnahme läßt die Wirkung von Ritalin® nach. Bei den meisten Kindern reicht eine Morgengabe von Ritalin®, um Verhaltensprobleme in der Schule zu vermindern. Eine erneute Gabe am späten Vormittag oder am Nachmittag ist möglich.
- Bei Hyperilex® und Tradon® hält die Wirkung länger an. In der Regel genügt eine einmalige Gabe täglich.

- Bei Grundschulkindern liegt die übliche Dosis bei ein bis zweieinhalb Tabletten Ritalin®, im Jugendalter sind es selten mehr als fünf Tabletten pro Tag. Bei Hyperilex® und Tradon® liegt die Dosierung zwischen einer und fünf Tabletten.
- Die Nebenwirkungen sind meist gering und verschwinden fast durchweg mit dem Absetzen der Medikamente wieder. Häufigste Nebenwirkungen sind Schlafstörungen, Appetitminderungen, Bauch- und Kopfschmerzen, Weinerlichkeit und Depressivität.
- Eine genaue individuelle Einstellung auf die optimale Dosierung mit Überprüfung der Effekte und der Nebenwirkungen ist unbedingt erforderlich. Die Mitarbeit der Schule ist notwendig.
- Meist ist eine Langzeitbehandlung über mehrere Jahre hinweg notwendig. Einmal pro Jahr sollte in einem Auslaßversuch die Notwendigkeit einer weiteren Behandlung überprüft werden.
- Blutdruck, Gewicht und Körpergröße sollten regelmäßig kontrolliert werden, bei der Einnahme von Hyperilex® oder Tradon® auch Leberwerte.

Wer kann helfen?

Es gibt eine Vielzahl von Berufsgruppen und Einrichtungen, die Ihnen möglicherweise bei der Bewältigung der Probleme helfen können. Am wichtigsten ist jedoch:

Sie können selbst helfen. Trotz der vielen Hilfsangebote ist Ihre Selbsthilfe möglicherweise am wichtigsten. Den Schlüssel zur Lösung der Verhaltensprobleme Ihres Kindes in der Familie haben Sie vermutlich selbst in der Hand. In Teil II und Teil III dieses Buches werde wir Ihnen konkrete Anleitungen dazu geben, die Ihnen helfen können, die Verhaltensprobleme Ihres Kindes in der Familie zu vermindern. In vielen Fällen kann diese Selbsthilfe schon ausreichen. Wenn die Verhaltensprobleme allerdings sehr stark ausgeprägt sind, dann ist häufig Hilfe und Unterstützung notwendig. Aber auch in diesen Fällen kommt es entscheidend auf Ihre Mitarbeit an. Manchmal wünscht man sich, man könne die Lösung der Probleme an einen anderen delegieren. Das ist jedoch so gut wie immer ein Irrglaube.

Die Selbsthilfegruppe. Bei dem Versuch, die Probleme selbst zu lösen, kann eine Selbsthilfegruppe wirklich sehr hilfreich sein. Besonders für Kinder mit hyperkinetischen Störungen haben sich bundesweit solche Selbsthilfegruppen etabliert. Manchmal werden allerdings in solchen Gruppen immer noch sehr einseitige Sichtweisen vertreten. Sie sollten bei all jenen Gruppen vorsichtig sein, die nur eine einzige Erklärung für die Entstehung solcher Probleme zulassen und dementsprechend auch nur einen Behandlungsansatz als den einzig richtigen verkünden. In einigen Gruppen werden beispielsweise hauptsächlich Behandlungen mit speziellen Diäten propagiert. Die wissenschaftlichen Erkenntnisse lassen jedoch erhebliche Zweifel an der Wirksamkeit solcher Maßnahmen aufkommen. Erkundigen Sie sich nach entsprechenden Selbsthilfegruppen in Ihrer Region. Sie können sich auch an den Bundesverband der Elterninitiativen zur Förderung hyperaktiver Kinder e.V., Postfach 60, 31291 Forchheim wenden.

Die Erzieherin im Kindergarten. Wenn Ihr Kind noch in den Kindergarten geht, dann sollten Sie unbedingt das Gespräch mit der Erzieherin suchen.

Sie können dabei zunächst überprüfen, ob die Verhaltensprobleme, die Sie in der Familie beobachten können, auch im Kindergarten auftreten. Oppositionelle und aggressive Verhaltensprobleme treten in diesem Alter oft in der Familie stärker zutage als in anderen Situationen. Hyperkinetische Auffälligkeiten können dagegen im Kindergarten stärker auftreten, weil das Kind viel stärker von anderen Reizen abgelenkt werden kann. Häufig wird die Erzieherin auch einen konkreten Rat für Sie haben. Falls Ihr Kind auch im Kindergarten entsprechende Auffälligkeiten zeigt, können Sie der Erzieherin auch dieses Buch zur weiteren Information zur Verfügung stellen. Viele der in diesem Buch dargestellten Maßnahmen können auch im Kindergarten eingesetzt werden (siehe dazu Kapitel 6.2).

Die Lehrerin. Wenn Ihr Kind bereits die Schule besucht, dann sollten Sie mit der Klassenlehrerin Ihres Kindes Kontakt aufnehmen und sich ein Bild von dem Verhalten Ihres Kindes in der Klasse verschaffen. Wenn Ihr Kind Leistungsprobleme in der Schule hat, dann kann die Lehrerin Ihnen möglicherweise wichtige Hinweise geben. Bei Verhaltensproblemen ist eine enge Absprache und regelmäßige Rückmeldung ganz entscheidend. Hinweise dazu haben wir in Kapitel 6.2 gegeben.

Der Sportverein oder andere Freizeiteinrichtungen. Für viele Kinder mit den beschriebenen Verhaltensproblemen kann die Integration in einen Sportverein oder eine andere Freizeitgruppe (z. B. Pfadfinder) sehr hilfreich sein. Überlegen Sie, welche besonderen Stärken Ihr Kind hat. Es kann dann in einer entsprechenden Gruppe möglicherweise Erfolgserlebnisse bekommen, die ihm helfen können, mit dem Ärger und den Frustrationen in der Schule und zu Hause besser zurecht zu kommen. Wenn Ihr Kind mit anderen Kindern häufig in Streit gerät, kann das natürlich auch zu neuen Problemen führen. In solchen Fällen haben sich Sportarten bewährt, in denen Spielregeln ausgesprochen wichtig sind und entsprechend gut kontrolliert werden. Wenn der Sport für Ihr Kind attraktiv ist, dann wird es auch bereitwilliger Regeln akzeptieren als in der Familie oder in der Schule.

Der Kinderarzt. Der Kinderarzt ist für viele Eltern der erste Ansprechpartner. Er kann Ihnen häufig einen konkreten Rat geben und er kann Ihnen wichtige Anlaufstellen nennen, die Ihnen weiterhelfen können. Wenn Ihr Kind hyperkinetisch auffällig ist, können Sie mit Ihrem Kinderarzt auch die Möglichkeit einer medikamentösen Therapie besprechen. Viele Kinderärzte führen eine solche Therapie mittlerweile selbst durch. Wichtig dabei ist jedoch, daß Ihr Arzt genügend Zeit hat, die Wirksamkeit der Behandlung zu überprüfen und Sie auch bei der Bewältigung anderer Probleme mit dem Kind beraten kann. Häufig überweisen Kinderärzte zur weiteren Abklärung und zur Durchführung eines medikamentösen Behandlungsversuches an einen Kinder- und Jugendpsychiater.

Der Kinder- und Jugendpsychiater. Kinder- und Jugendpsychiater besitzen sowohl das medizinische als auch das psychologische Fachwissen, um eine genaue Diagnose zu stellen und um psychologische und medizinische Behandlungen durchzuführen. Besonders bei Kindern mit hyperkinetischen Verhaltensproblemen, die erhebliche Schwierigkeiten haben und bei denen bisherige Behandlungen nicht hinreichend erfolgreich waren, sollte ihre Hilfe in Anspruch genommen werden. Der Kinder- und Jugendpsychiater kann auch eine stationäre Behandlung oder eine tagesklinische Behandlung in einer kinder- und jugendpsychiatrischen Klinik veranlassen.

Die Erziehungsberatungsstelle. Erziehungsberatungsstellen oder psychologische Beratungsstellen gibt es fast in jeder Kleinstadt. Sie können bei vielen Verhaltensproblemen wichtige Hilfen anbieten. Die Mitarbeiter haben häufig eine fundierte Psychotherapieausbildung.

Der schulpsychologische Dienst. Wenn Ihr Kind Leistungsprobleme oder Verhaltensprobleme in der Schule hat, dann kann es hilfreich sein, den schulpsychologischen Dienst einzuschalten. Dort werden diagnostische Untersuchungen durchgeführt und Sie werden hinsichtlich der weiteren Beschulung Ihres Kindes beraten.

Der Psychotherapeut oder der Kinder- und Jugendlichenpsychotherapeut. Psychotherapeuten sind im Grundberuf Arzt oder Psychologe. Deshalb werden sie entweder ärztliche oder psychologische Psychotherapeuten genannt. Die meisten Psychotherapeuten bieten Therapie für Erwachsene an. Manche arbeiten aber auch mit Kindern und Jugendlichen. Die Kinder- und Jugendlichenpsychotherapeuten bieten ausschließlich Therapie für Kinder und Jugendliche an. Es gibt zwei verschiedene Arten von Psychotherapie, die von den Krankenkassen anerkannt sind: die tiefenpsychologisch fundierte Psychotherapie und die Verhaltenspsychotherapie oder Verhaltenstherapie. Bei Kindern mit hyperkinetischen oder mit oppositionellen Verhaltensauffälligkeiten hat sich die Verhaltenstherapie besonders bewährt. Die tiefenpsychologisch fundierte

Psychotherapie wird dagegen von den Fachverbänden für diese Verhaltensauffälligkeiten nicht als Therapie der ersten Wahl empfohlen. Tiefenpsychologisch fundierte Psychotherapie scheint eher bei Kindern mit emotionalen Störungen zu wirken. Wenn Sie also einen niedergelassenen Psychotherapeuten aufsuchen, sollten Sie ihm folgende Fragen stellen:

1. Bieten Sie eine Therapie für Kinder und Jugendliche an?
2. Führen Sie Verhaltenstherapie durch?
3. Sind Sie von der Krankenkasse anerkannt?

Wenn der niedergelassene Psychotherapeut alle drei Fragen mit ja beantworten kann, dann sind Sie an den richtigen geraten. Bevor der Psychotherapeut eine Therapie durchführen kann, wird er in einigen Sitzungen mit Ihnen über die Probleme sprechen und Ihr Kind psychologisch untersuchen. Danach können Sie bei Ihrer Krankenkasse einen Antrag auf Verhaltenstherapie für Ihr Kind stellen. Sie müssen die Bewilligung der Krankenkasse abwarten, bevor Sie sich sicher sein können, daß die Therapie auch von der Krankenkasse bezahlt wird. Die Krankenkasse wird immer nur eine bestimmte Anzahl von Sitzungen bewilligen. Bei einer Kurzzeittherapie sind das 25 Stunden. Die Therapie kann aber bei Bedarf und mit einem entsprechenden Antrag auch deutlich länger gehen. Der Verhaltenstherapeut wird sicher auch mit Ihnen intensiv arbeiten wollen und gemeinsamen mit Ihnen Lösungen für konkrete Verhaltensprobleme Ihres Kindes in der Familie erarbeiten. Es kann gut möglich sein, daß der Verhaltenstherapeut intensiver mit Ihnen als mit Ihrem Kind arbeitet. Möglicherweise setzt er dieses Elternbuch in seiner Arbeit mit Ihnen ein.

Falls Sie selbst eigene psychischer Probleme haben, z. B. Depressionen, Ängste oder Alkoholprobleme, oder falls Sie starke Probleme mit Ihrem Partner oder Ihrer Partnerin haben, dann kann es sinnvoll sein, wenn Sie für sich selbst eine Psychotherapie bei einem psychologischen oder ärztlichen Psychotherapeuten in Anspruch nehmen.

Die Heilpädagogin, die Sprachtherapeutin (Logopädin), die Mototherapeutin, die Ergotherapeutin. Wir haben bereits darauf hingewiesen, daß sowohl Kinder mit hyperkinetischen als auch mit oppositionellen Verhaltensauffälligkeiten gehäuft Rückstände in bestimmten Entwicklungsbereichen haben. Bei diesen Kindern können Behandlungen hilfreich sein, die darauf abzielen, diese Entwicklungsrückstände zu vermindern: Kinder mit Sprachstörungen benötigen eine Sprachbehandlung bei einer Logopädin; Kinder mit Problemen in der Körperkoordination und der motorischen Entwicklung benötigen Krankengymnastik oder Mototherapie; Kinder mit

Störungen in der Feinmotorik oder auch in der visuellen Wahrnehmungsfähigkeit können von Ergotherapie oder heilpädagogischen Behandlungen profitieren (vgl. Kapitel 6.3). Im Rahmen dieser Behandlungen lernen Kinder häufig auch, sich ausdauernder zu beschäftigen und Regeln und Grenzen einzuhalten. Man sollte jedoch nicht erwarten, daß sich durch solche Therapien die Verhaltensprobleme des Kindes in der Familie, im Kindergarten oder in der Schule ebenfalls automatisch vermindern.

Das Jugendamt. Das Jugendamt kann Ihnen in verschiedenen schwierigen Lebenslagen helfen. Wenn Sie sich beispielsweise in der Familie völlig überfordert fühlen, dann kann Ihnen unter bestimmten Bedingungen eine Familienhilfe zur Verfügung gestellt werden. Manchmal ist es hilfreich, wenn das Kind einen Hort oder eine andere Tageseinrichtung besucht. In einzelnen Fällen kann es für die weitere Entwicklung des Kindes notwendig sein, daß es eine spezielle Betreuung in einem Heim erhält. In solchen Situationen ist die Unterstützung durch das Jugendamt unerläßlich. Manchmal können über die Jugendhilfe auch Maßnahmen finanziert werden, die beispielsweise nicht von der Krankenkasse übernommen werden. In der Regel weiß der Kinderarzt oder der Therapeut über solche Möglichkeiten Bescheid. In Zeiten leerer öffentlicher Kassen sind der Finanzierung solchen Maßnahmen jedoch auch Grenzen gesetzt.

Was ist meist weniger hilfreich?

Es gibt noch viele andere Behandlungsformen und Hilfen, die bei Kindern und Jugendlichen mit hyperkinetischen und oppositionellen Verhaltensauffälligkeiten durchgeführt werden. Die Wirksamkeit dieser Maßnahmen wurde meist nicht genau untersucht oder haben sich nicht nachweisen lassen. Dies schließt allerdings nicht aus, daß solche Verfahren in Einzelfällen hilfreich sein können. Sie stellen jedoch auf jeden Fall nicht die Methoden der ersten Wahl dar.

Krankengymnastik, Psychomotorik, Mototherapie und Ergotherapie werden manchmal auch zur Behandlung von hyperkinetischen oder oppositionellen Verhaltensauffälligkeiten durchgeführt. Wie bereits dargestellt, können durch solche Verfahren häufig Defizite in bestimmten Entwicklungsbereichen vermindert werden. Die Wirksamkeit dieser Methoden bei der Verminderung der hyperkinetischen oder oppositionellen Verhaltensprobleme ist dagegen nicht belegt.

Spieltherapie stellt meist eine Form der tiefenpsychologischen Behandlung dar oder wird auch als sogenannte nondirektive Spieltherapie durchgeführt. Sie ist vermutlich bei der Behandlung emotionaler Probleme oder von geringem Selbstwertgefühl hilfreich, jedoch weniger bei der Behandlung von oppositionellen oder hyperkinetischen Verhaltensauffälligkeiten.

Diät. Seit längerem gibt es auch in der Wissenschaft die Vorstellung, daß hyperkinetische Verhaltensauffälligkeiten möglicherweise durch Nahrungsmittelzusätze (z. B. Farbstoffe oder Konservierungsstoffe) oder durch normale Bestandteile der Nahrung wie Zucker, Phosphat oder auch Milcheiweiß ausgelöst werden können (siehe Kapitel 4). Wissenschaftliche Studien dazu weisen darauf hin, daß allergische Reaktionen auf bestimmte Nahrungsmittel möglicherweise bei einzelnen Kindern eine Rolle spielen können. Allerdings scheint der Anteil der Kinder sehr gering zu sein, der positiv auf eine Diät anspricht. Manche Eltern berichten davon, daß sich die hyperkinetischen Auffälligkeiten vermindern, wenn die Kinder weniger Süßigkeiten essen. Es ist ja grundsätzlich nicht schlecht, wenn man die Menge an Süßigkeiten begrenzt, die Kinder zu sich nehmen, und in einzelnen Fällen kann das auch günstige Auswirkungen auf das hyperkinetische Verhalten haben. Bei anderen Diäten kann eine ausgewogene Ernährung gefährdet sein und die Diät erfordert ein extremes Maß an Kontrolle des Kindes, das von den allerwenigsten Familien durchgehalten werden kann. Insgesamt muß eine Behandlung mit einer Diät nach dem gegenwärtigen Stand der Erkenntnis als wenig erfolgversprechend eingeschätzt werden. Wir empfehlen daher eine solche Diät zumindest nicht als Mittel der ersten Wahl.

Familientherapie wird von Beratungsstellen und auch von niedergelassenen Psychotherapeuten angeboten. In der Familientherapie werden die familiären Beziehungen zwischen den einzelnen Familienmitgliedern analysiert und verändert, wodurch sich Verhaltensprobleme von Kindern verändern können. Die Wirksamkeit von Familientherapie bei Kindern mit hyperkinetischen und oppositionellen Verhaltensauffälligkeiten ist bislang kaum untersucht worden. Außerdem gibt es viele verschiedene Formen von Familientherapie. Falls ausgeprägte Probleme in den familiären Beziehungen bestehen, kann eine Familientherapie möglicherweise hilfreich sein, sie zählt jedoch bei der Behandlung der hyperkinetischen und der oppositionellen Verhaltensprobleme von Kindern nicht zu den Methoden der ersten Wahl.

Kuraufenthalte stellen für Eltern, die den Familienstress kaum noch aushalten können, manchmal ein Hoffnungsschimmer dar. Es gibt auch Kurkliniken, die Kuraufenthalte speziell für Kinder mit Verhaltensauffälligkeiten anbieten. Diese Kuraufenthalte sind jedoch in der Regel nicht dafür geeignet, wirklich dauerhafte Veränderungen zu bewirken. Sie stellen meist nur eine kurzfristige Entlastung dar.

Entspannungsverfahren wie autogenes Training oder auch progressive Muskelentspannung werden mitunter durchgeführt, um unruhige Kinder zu beruhigen oder auch um Anspannungen bei oppositionellen Kindern zu vermindern. Die Wirksamkeit solcher Verfahren wurde jedoch bislang nicht überzeugend nachgewiesen. Möglicherweise können sie im Rahmen von umfassenden Behandlungsprogrammen hilfreich sein.

2 Elternleitfaden

Wie benutze ich den Elternleitfaden?

- Wenn Sie den Elternleitfaden **im Rahmen einer Behandlung** des Kindes durch einen Arzt/Therapeuten benutzen, dann sprechen Sie mit dem Arzt/Therapeuten ab, wie Sie den Elternleitfaden bearbeiten.
- Wenn Sie den Elternleitfaden als **Selbsthilfeprogramm** nutzen, dann sollten Sie die einzelnen Stufen Schritt für Schritt bearbeiten. Wir wollen Ihnen einen kurzen Überblick über die einzelnen Stufen des Elternleitfadens sowie einige Hinweise zur Anwendung dieser Schritte als Selbsthilfeprogramm geben.

Der Elternleitfaden besteht aus 14 Stufen, in denen wir Ihnen Möglichkeiten an die Hand geben wollen, um die Verhaltensprobleme Ihres Kindes zu vermindern. Sie werden mehrere Wochen benötigen, um die Stufen des Elternleitfadens zu erproben. Es ist sinnvoll, sich zunächst für jede Stufe mindestens eine Woche Zeit zu nehmen. Einzelne Stufen können jedoch auch viele Wochen in Anspruch nehmen. Wir geben am Ende jeder Stufe einen kurzen Hinweis auf die Durchführungsdauer.

In Teil III des Buches finden Sie Anwendungsbeispiele für einzelne Stufen des Elternleitfadens, in denen die Anwendung der Regeln des Elternleitfadens für die typischen Problemsituationen dargestellt sind. Zudem werden in den Anwendungsbeispielen noch weitere praktische Hilfen für die Bewältigung der jeweiligen Probleme gegeben. Bevor Sie den Elternleitfaden intensiv durcharbeiten, sollten Sie sich einen kurzen Überblick über die Anwendungsbeispiele verschaffen, weil diese Ihnen bei der Umsetzung der Stufen des Elternleitfadens hilfreich sein können. Am besten Sie lesen dazu das Einführungskapitel zu den Anwendungsbeispielen (Wie benutze ich die Anwendungsbeispiele?).

In jeder einzelnen Stufe des Elternleitfadens machen wir Ihnen Vorschläge, die Ihnen helfen sollen, die entsprechenden Ziele der Stufe zu erreichen. Nach unserer Erfahrung kann es jedoch schwierig sein, diese Vorschläge regelmäßig im Alltag zu beachten. Deshalb haben wir drei Hilfsmittel entwickelt, die Sie dabei unterstützen sollen, die Probleme zu lösen:

- **Regeln**: Die Vorschläge sind in den einzelnen Stufen des Elternleitfadens in Form von möglichst konkreten Regeln abgefaßt. Natürlich können wir dabei nicht immer die vielen Besonderheiten in den Familien berücksichtigen. Verstehen Sie bitte diese Regeln als wichtige Orientierungspunkte und Hinweise, die im Einzelfall mehr oder weniger gut umsetzbar sind und manchmal auch abgewandelt werden müssen.
- **Memo-Karten** sollen Sie immer wieder an die wichtigsten Punkte der einzelnen Stufen erinnern. Sie finden diese Memo-Karten auf den letzten Seiten dieses Buches. Sie können die jeweilige Karten an einer für Sie gut sichtbaren Stelle befestigen, so daß die Karte Ihnen täglich ins Auge springt. Bei den meisten Memo-Karte kann die Rückseite als Protokoll benutzt werden, in das Sie Ihre konkreten Erfahrungen eintragen können. Ein solches Kurztagebuch hilft Ihnen, die Regeln umzusetzen und Veränderungen im Verhalten Ihres Kindes auch genau wahrzunehmen.
- **Arbeitsblätter** helfen Ihnen in einigen Stufen des Elternleitfadens, die einzelnen Maßnahmen konkret für Ihr Kind zu erarbeiten und umzusetzen. Meist ist es hilfreich, wenn Sie sich von den Arbeitsblättern Kopien herstellen, weil Sie diese dann auch mehrfach nutzen können. Die Arbeitsblätter sind in Kapitel IV abgedruckt.

Die 14 Stufen des Elternleitfadens möchten wir Ihnen im folgenden kurz beschreiben:

- In den ersten drei Stufen möchten wir mit Ihnen die konkreten Verhaltensprobleme Ihres Kindes und mögliche andere Probleme in der Familie herausarbeiten. Außerdem wollen wir Ihnen einen Teufelskreis vorstellen, in den die meisten Familien mit Kindern geraten, die hyperkinetische oder oppositionelle Verhaltensprobleme haben. Ihre Aufgabe ist es zu überprüfen, ob Sie in Ihrer Familie ebenfalls in diesen Teufelskreis geraten sind. Im einzelnen sind die ersten drei Stufen des Elternleitfadens wie folgt bezeichnet:

1. Stufe:	Welche Probleme hat mein Kind?
2. Stufe:	Probleme, Belastungen und Stärken in unserer Familie
3. Stufe:	Der Teufelskreis

Diese drei Stufen können Sie unmittelbar hintereinander bearbeiten.

- In den beiden folgenden Stufen möchten wir Ihnen Möglichkeiten vermitteln, die positive Beziehung zu Ihrem Kind zu stärken. Diese beiden Stufen sind deshalb von großer Bedeutung, weil in den meisten Familien mit Kindern, die hyperkinetische oder oppositionelle Verhaltensprobleme haben, negative Erfahrungen überwiegen und positive Erfahrungen mit dem Kind nur noch selten stattfinden.

4. Stufe: Was mögen Sie an Ihrem Kind?
5. Stufe: Die *Spaß & Spiel-Zeit*

  In der Regel ist es sinnvoll, diese beiden Stufen mehrere Wochen lang durchzuführen.
- In den Stufen 6 bis 9 wollen wir mit Ihnen besprechen, wie Sie problematische Verhaltensweisen bei Ihrem Kind dadurch verändern können, indem Sie konsequent darauf achten, daß wichtige Regeln in der Familie eingehalten werden und indem Sie positive bzw. negative Konsequenzen bei der Beachtung bzw. der Übertretung der Regeln erfolgen lassen.

6. Stufe: Familienregeln
7. Stufe: Geben Sie wirkungsvolle Aufforderungen
8. Stufe: Loben Sie Ihr Kind, wenn es Aufforderungen und Regeln befolgt
9. Stufe: Setzen Sie natürliche Konsequenzen, wenn Ihr Kind Aufforderungen und Regeln nicht befolgt

  In der Regel werden Sie pro Stufe mindestens ein bis zwei Wochen benötigen.
- In den Stufen 10 bis 12 des Elternleitfadens machen wir Sie mit Methoden vertraut, die sich bei der Veränderung von Verhaltensproblemen als besonders wirksam erwiesen haben. Im Kern handelt es sich dabei um Hilfsmittel, die Ihr Kind besonders anspornen werden, sein Verhalten zu ändern.

10. Stufe: Wenn Lob alleine nicht ausreicht: Der *Punkte-Plan*
11. Stufe: Wie man einen *Punkte-Plan* verändert und beendet
12. Stufe: *Der Wettkampf um lachende Gesichter*

Die Durchführung dieser besonderen Methoden kann mehrere Monate dauern.

- In den letzten beiden Stufen des Elternleitfadens gehen wir darauf ein, was Sie tun können, wenn neue Probleme auftreten, und wir geben Ihnen einige Hinweise, die Ihnen helfen können, wenn sich die Probleme nicht in dem Maße haben lösen lassen, wie Sie es erwartet haben.

13. Stufe: Wenn neue Probleme auftauchen
14. Stufe: Wenn sich Probleme nicht lösen lassen

Elternleitfaden, Stufe 1:
Welche Probleme hat mein Kind?

Ziele der Stufe:

Häufig haben Eltern von Kindern mit Verhaltensproblemen den Eindruck, daß ihr Kind überall Schwierigkeiten hat und alles irgendwie schief läuft! Wenn man sie fragt, was bei ihrem Kind das Problem ist, dann sagen sie oft spontan: „Alles, es gibt nur Schwierigkeit von morgens bis abends!". Dieser Eindruck ist oft verständlich, weil die problematischen Situationen so sehr im Vordergrund stehen und überhand nehmen, daß es den Eltern schwer fällt, einzelne Probleme genauer zu beschreiben und zwischen verschiedenen Problembereichen zu unterscheiden. Aber wenn Sie Veränderungen im Verhalten Ihres Kindes erreichen möchten, dann ist es unbedingt notwendig, daß Sie sich genau klar machen, **was** sich genau **wie** ändern muß. Dafür müssen Sie für sich zunächst klären, wo genau die Schwierigkeiten und Probleme liegen. Die erste Stufe des Elternleitfadens soll Ihnen dabei helfen, daß Sie für sich herausfinden, welche Probleme Ihr Kind hat, und daß Sie diese möglichst genau beschreiben. Sie können damit keine Diagnose stellen, anhand der Sie feststellen könnten, ob Ihr Kind eine hyperkinetische Störung oder eine oppositionelle Verhaltensstörung nach den diagnostischen Kriterien hat. Das können Sie nicht und das brauchen Sie auch nicht. Für unsere Zwecke ist eine konkrete Beschreibung der Verhaltensprobleme des Kindes viel wichtiger als eine allgemeine Diagnose.

Diese Punkte können Ihnen dabei helfen!

1. **Bearbeiten Sie den** *Beurteilungsbogen: Hyperkinetische Auffälligkeiten und den Beurteilungsbogen: Oppositionelle und aggressive Verhaltensauffälligkeiten.* Nehmen Sie den *Beurteilungsbogen: Hyperkinetische Auffälligkeiten* (Arbeitsblatt 1) und den *Beurtei-*

lungsbogen: Oppositionelle und aggressive Verhaltensauffälligkeiten (Arbeitsblatt 2) zur Hand und bearbeiten Sie beide Bögen für Ihr Kind. In den beiden Beurteilungsbögen sind die Verhaltensauffälligkeiten aufgelistet, die einem Arzt oder einem Psychologen als Kriterien für die Diagnose von hyperkinetischer Störung und von oppositionellen Verhaltensstörungen dienen. Wir wollen anhand dieser Bögen keine Diagnosen stellen. Sie sollen Ihnen lediglich dabei helfen, die Verhaltensprobleme Ihres Kindes möglichst genau zu beschreiben. Kreuzen Sie bitte für jede einzelne Beschreibung auf diesen Bögen die Zahl an, die angibt, wie zutreffend die Beschreibung für Ihr Kind ist. Sie können auch eine Kopie dieser Bögen Ihrem Partner geben, damit Sie und Ihr Partner das Kind unabhängig voneinander beurteilen können. Bitte wundern Sie sich nicht, wenn sich größere Unterschiede in der Beurteilung Ihres Kindes zwischen Ihnen und Ihrem Partner ergeben. Das ist nicht ungewöhnlich. In diesem Falle sollten Sie miteinander über die Unterschiede sprechen.

2. **Bearbeiten Sie den** *Elternfragebogen über Problemsituationen in der Familie*. Anhand des *Elternfragebogens über Problemsituationen in der Familie* (Arbeitsblatt 3) können Sie sich darüber Klarheit verschaffen, welche typischen Situationen in der Familie besonders problematisch sind. Geben Sie für jede einzelne Situation zunächst an, ob diese Situation problematisch ist oder nicht. Wenn Sie die Situation als problematisch erleben, dann können Sie in der letzten Spalte des Fragebogens einschätzen, wie stark das Problem für Sie ist. Sehr wahrscheinlich gibt es auch andere Situationen außerhalb der Familie, die schwierig sind, beispielsweise in der Schule oder mit Gleichaltrigen. Da Sie aber auf diese Situationen einen geringeren Einfluß haben, wollen wir uns hier auf die familiären Situationen beschränken.

3. **Nehmen Sie nun höchstens drei Verhaltensprobleme oder Problemsituationen heraus, die Sie als belastend erleben!** Gehen Sie nun die drei Fragebogen noch einmal durch und wählen Sie höchstens drei Verhaltensprobleme oder Problemsituationen in der Familie aus, die Sie im folgenden genauer betrachten und verändern möchten. Sie sollten sich für den Anfang Verhaltensprobleme oder Problemsituationen auswählen, die möglichst klar zu umschreiben sind und die für Sie oder Ihr Kind sehr belastend sind.

4. **Analysieren Sie die Verhaltensprobleme Ihres Kindes.** Nehmen Sie den *Analysebogen: Verhaltensauffälligkeiten meines Kindes* (Arbeitsblatt 4) zur Hand. Fertigen Sie so viele Kopien an, wie Sie Probleme analysieren wollen. Indem Sie schrittweise die Fragen auf dem Analysebogen beantworten, können Sie die ausgewählten Verhaltensprobleme Ihres Kindes genauer betrachten (Beispiele in Klammern):
   - Beschreiben Sie das Problemverhalten konkret: Was genau macht Ihr Kind?
     (Peter reagiert nicht, wenn ich etwas sage.)
   - Beschreiben Sie konkret die Sitution(en), in der (in denen) das Problemverhalten auftritt.
     (Vor allem in folgenden Situationen: wenn ich ihn auffordere, mit den Hausaufgaben zu beginnen; oder sein Zimmer aufzuräumen.)
   - Wie reagieren Sie üblicherweise auf das Problemverhalten Ihres Kindes?
     (Hausaufgaben: ich werde immer lauter und ärgerlicher.)
   - Was macht das Kind dann üblicherweise?
     (Hausaufgaben: er überhört es zunächst, dann fängt er an zu schimpfen, manchmal auch richtig laut zu schreien.)
   - Wie geht die Situation meistens zu Ende?
     (Hausaufgaben: meistens brülle ich ihn so an und drohe mit Zimmerarrest, daß er schließlich mit den Hausaufgaben beginnt.)
   - Wie oft tritt dieses Problemverhalten auf – immer, in mehr als der Hälfte der Situationen, in weniger als der Hälfte der Situationen?
     (Fast täglich.)
   - Kommt es vor, daß das Problemverhalten gar nicht oder nur in schwächerer Form auftritt?
     (Wenn wenig Hausaufgaben auf sind oder wenn keine Rechenaufgaben gemacht werden müssen.)
   - Wie reagieren Sie, wenn sich Ihr Kind in solchen Situationen weniger problematisch oder angemessen verhält?
     (Hausaufgaben: Ich sage entweder nichts oder „Warum denn nicht gleich so?")

Wenn es Ihnen schwer fällt, die Fragen zu beantworten, kann dies daran liegen, daß das ausgewählte Problem zu vielschichtig ist. Versuchen Sie das Problem in diesem Fall in mehrere Einzelprobleme aufzuteilen oder Teilprobleme herauszugreifen (z. B. statt „schimpft und mault bei allen Gelegenheiten" besser: „Wenn ich ihn um etwas bitte, dann überhört er es."). In dem bei den einzelnen Punkten beschriebenen Beispiel ist das auch so gewesen.

5. **Übertragen Sie die von Ihnen ausgewählten Verhaltensprobleme in die Problemliste.** In die *Problemliste: Verhaltensprobleme meines Kindes in der Familie* (Arbeitsblatt 5) können Sie bis zu vier konkrete Verhaltensprobleme in die Spalte „Problemverhalten" eintragen. In den beiden nächsten Spalten können Sie beurteilen, wie häufig das Problemverhalten in der vergangenen Woche aufgetreten ist und wie belasten für Sie das Problem war. Führen Sie einmal pro Woche eine solche Beurteilung durch, nach Möglichkeit immer am gleichen Tag (z. B. am Sontagabend, für die vergangene Woche). Sie können in dem Arbeitsblatt Ihre Beurteilungen für acht Wochen eintragen. Meist ist es sinnvoll, solche Beurteilungen noch länger durchzuführen. Machen Sie sich deshalb am besten gleich mehrere Kopien. Mit der Zeit können Sie natürlich auch noch andere Verhaltensprobleme eintragen und beurteilen. In der letzten Spalte der Problemliste („Bemerkung") können Sie Besonderheiten der Woche vermerken, die möglicherweise mit den Verhaltensänderungen Ihres Kindes in Beziehung stehen (z. B.: Katastrophale Woche, das Wohnzimmer wurde neu gestrichen und ich hatte häufig Auseinandersetzungen mit meinem Mann). Die Beurteilungen in der Problemliste sollen Ihnen helfen, einen Überblick über Veränderungen im Verlauf der Durchführung des Elternleitfadens zu bekommen. Oft verändern sich Verhaltensprobleme langsam und schrittweise und dann ist es schwierig, den Überblick zu behalten, weil man dann nicht mehr weiß, wie stark das Problemverhalten vor fünf oder sechs Wochen ausgeprägt war.

Durchführungsdauer für diese Stufe:
Sie können unmittelbar mit der nächsten Stufe beginnen.

Materialien für diese Stufe:

Arbeitsblatt 1:	Beurteilungsbogen: Hyperkinetische Auffälligkeiten
Arbeitsblatt 2:	Beurteilungsbogen: Oppositionelle und aggressive Verhaltensauffälligkeiten
Arbeitsblatt 3:	Elternfragebogen über Problemsituationen in der Familie
Arbeitsblatt 4:	Analysebogen: Verhaltensauffälligkeiten meines Kindes
Arbeitsblatt 5:	Problemliste: Verhaltensprobleme meines Kindes in der Familie

Elternleitfaden, Stufe 2:
Probleme, Belastungen und Stärken in unserer Familie

Ziele der Stufe:

Sie können das Verhalten Ihres Kindes vor allem dadurch beeinflussen und verändern, indem Sie die Situation verändern, in der das Verhalten auftritt, und indem Sie positive und negative Konsequenzen folgen lassen. Das werden wir mit Ihnen in den nächsten Schritten des Elternleitfadens erarbeiten. Aber Verhaltensprobleme von Kindern hängen nicht nur von Ihrem konkreten Verhalten in den einzelnen Situationen ab und Ihr eigenes Verhalten wird auch durch viele Faktoren beeinflußt. Diese Zusammenhänge sind in der folgenden Grafik dargestellt.

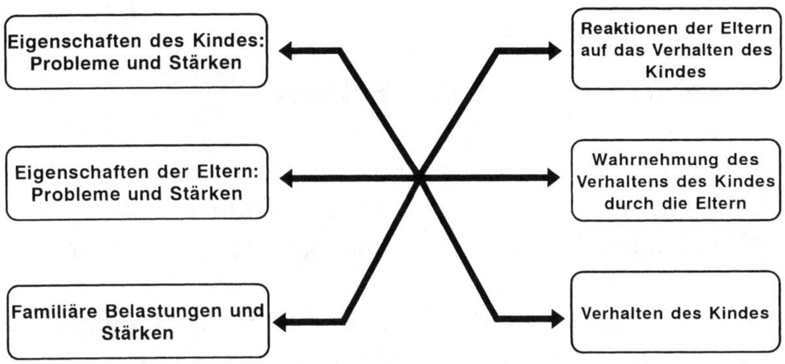

Abbildung 7: Beziehungen zwischen Eigenschaften des Kindes und der Eltern sowie von familiären Belastungen und den Verhaltensauffälligkeiten des Kindes

Auf der rechten Seite stehen die konkreten Verhaltensprobleme Ihres Kindes, die unter anderem dadurch beeinflußt werden, wie Sie diese Probleme wahrnehmen und erleben und auch dadurch, wie Sie auf diese Probleme reagieren. Wir werden vor allem in der nächsten Stufe des Elternleitfadens darauf noch näher eingehen. Auf der linken Seite der

Grafik sind wichtige Faktoren aufgezeichnet, die sowohl das Verhalten Ihres Kindes als auch Ihre eigene Wahrnehmung dieses Verhaltens und Ihre Reaktionen auf das Verhalten Ihres Kindes beeinflussen:

- Grundeigenschaften Ihres Kindes, seine Probleme und seine Stärken,
- Probleme und Stärken der Eltern und
- Belastungen und Stärken der Familie.

Diese drei Faktoren wollen wir in dieser Stufe näher beleuchten und mit Ihnen gemeinsam die möglichen Zusammenhänge zwischen diesen Faktoren und den Verhaltensproblemen Ihres Kindes herausarbeiten. In jeder Familie gibt es nicht nur Probleme und Belastungen, die zu den konkreten Verhaltensproblemen des Kindes beitragen; es gibt auch Stärken und Fähigkeiten, die auch zur Bewältigung von Problemen und Belastungen genutzt werden können. Manchmal sind diese Stärken und Fähigkeiten gerade die Kehrseite der gleichen Medaille, auf deren anderer Seite Probleme und Belastungen stehen. So kann Impulsivität von Kindern oder auch von Eltern nicht nur als problematisch betrachtet werden; sie kann sich auch in Witz und Einfallsreichtum oder in der Fähigkeit äußern, andere zu begeistern oder anderen schnell zu verzeihen.

Diese Punkte können Ihnen dabei helfen!

Schreiben Sie im folgenden alles auf, was Ihnen zu den einzelnen Punkten einfällt, unabhängig davon, ob Sie glauben, daß diese Punkte mit den Verhaltensschwierigkeiten Ihres Kindes im Zusammenhang stehen oder nicht.

1. **Eigenschaften Ihres Kindes: Probleme und Stärken.** Überlegen Sie sich zunächst, welche Grundeigenschaften Ihres Kindes mit den konkreten Verhaltensproblemen Ihres Kindes möglicherweise in Verbindung stehen könnten. Schreiben Sie diese Eigenschaften auch dann auf, wenn Sie sich nicht ganz sicher sind, ob sie etwas mit den konkreten Verhaltensproblemen zu tun haben. Wir haben Sie im ersten Teil dieses Buches (1 Fragen und Antworten) bereits über typische Grundprobleme von Kindern mit hyperkinetischen und mit oppositionellen Verhaltensauffälligkeiten sowie über deren mögliche Ursachen informiert. Wenn wir von Grundeigenschaften reden, dann ist damit nicht gemeint, daß diese unveränderbar sind oder daß sie mit einer ganz bestimmten Ursache in Verbindung

stehen. Es geht viel mehr um allgemeine Eigenschaften, die Sie bei Ihrem Kind feststellen können und die in vielfältigen Lebenssituationen auftreten. So zeigen beispielsweise viele hyperkinetische Kinder eine nahezu durchgängige körperliche Unruhe oder viele oppositionelle Kinder neigen zu sehr schnellen und impulsiven Handlungen, ohne dabei die Folgen zu bedenken. Solche Merkmale lassen sich, wie gesagt, durchaus beeinflussen; sie lassen sich aber häufig nicht völlig verändern, sondern prägen auch die Persönlichkeit Ihres Kindes. In diesem Elternleitfaden kann es nicht darum gehen, Ihr Kind völlig „umzukrempeln", das kann niemand. Es geht darum, konkrete Probleme zu vermindern und Ihnen und Ihrem Kind zu helfen, mit einigen Grundmerkmalen besser zurechtzukommen.

Wir haben Ihnen einige Grundprobleme aufgeschrieben, die häufiger mit konkreten Verhaltensproblemen von Kindern in Beziehung stehen. Schreiben Sie bitte auf, welche Eigenschaften für Ihr Kind gelten. Schreiben Sie die Eigenschaften auch dann auf, wenn sie Ihrer Meinung nach nicht für die Verhaltensprobleme Ihres Kindes verantwortlich sind:

- Gesundheitsprobleme (z. B. Allergien, Asthma usw.),
- äußeres Erscheinungsbild (z. B. zu groß für sein Alter, körperlich ungeschickt),
- Entwicklungsverzögerungen; Leistungsschwächen (z. B. Sprachschwierigkeiten, Koordinationsstörungen, schulische Teilleistungsschwächen),
- Überaktivität, ständige Unruhe,
- Konzentrationsprobleme,
- impulsives Verhalten (das Kind handelt erst, bevor es überlegt),
- leichte Erregbarkeit; „hitziges" Temperament („geht schnell an die Decke!"),
- egoistisch, nur auf eigenen Vorteil bedacht; zeigt geringe soziale Einstellung,
- emotionale Probleme: Ängste, Unsicherheit, Selbstwertprobleme,
- Eß-, Verdauungs-, Schlafprobleme.

Schreiben Sie sich auch die Stärken Ihres Kindes auf, hier nur einige Beispiele:

- Einfallsreichtum,
- witzig, lebendig, aktiv, temperamentvoll,
- starker Gerechtigkeitssinn,

- läßt sich nicht leicht entmutigen,
- ist an vielem interessiert,
- sportlich.

Schreiben Sie hier die zutreffenden Eigenschaften Ihres Kindes auf!

Probleme	Stärken
1.	1.
2.	2.
3.	3.
4.	4.
5.	5.
6.	6.

2. **Eigenschaften der Mutter: Probleme und Stärken.** Überlegen Sie sich, welche Eigenschaften Sie sich selbst als Mutter (Sie Ihrer Partnerin) zuschreiben und welche Probleme Sie selbst (Ihre Partnerin) haben (hat). Auch hier haben wir Ihnen zur Hilfe einige Beispiele aufgeschrieben. Beachten Sie alle Ihre Eigenschaften, auch diejenigen, die Sie auf keinen Fall für die Verhaltensprobleme Ihres Kindes verantwortlich machen.
   - Gesundheitsprobleme (z. B. häufige Kopfschmerzen, Rückenschmerzen, Allergien);
   - emotionale Probleme (z. B. Mutter fühlt sich von Familie alleine gelassen, Stimmungsschwankungen, Gefühle von Hilflosigkeit, Hoffnungslosigkeit oder Ängste);
   - eigene Unruhe, Überaktivität, Nervosität, allgemeine Anspannung;
   - eigene Konzentrationsschwierigkeiten, Probleme den Tagesablauf zu strukturieren;
   - impulsives Verhalten (z. B. bei der Erziehung, Handlungen werden später wieder bereut);
   - leichte Erregbarkeit, „hitziges" Temperament;
   - andere Eigenschaften oder Probleme (z. B. Probleme mit Alkohol oder mit Medikamenten).

   Schreiben Sie sich auch Ihre Stärken auf, die Ihnen möglicherweise bei der Bewältigung von Problemen helfen können. Hier nur einige Beispiele:
   - witzig, lebendig, aktiv, temperamentvoll;
   - lasse mich nicht leicht entmutigen;

- bin nicht nachtragend;
- habe bisher schon einige Probleme gemeistert; lasse mich nicht unterkriegen;
- kann Probleme ansprechen;
- bin eher optimistisch;
- habe vielseitige Interessen, auch außerhalb der Familie;
- kann gut abschalten.

Schreiben Sie hier die für Sie (Ihre Partnerin) zutreffenden Eigenschaften auf!

Probleme	Stärken
1.	1.
2.	2.
3.	3.
4.	4.
5.	5.
6.	6.

3. **Eigenschaften des Vaters: Probleme und Stärken.** Überlegen Sie nun, welche Eigenschaften Sie sich selbst als Vater (Sie Ihrem Partner) zuschreiben. Sie können als Hilfe die oben aufgeführte Liste der Eigenschaften der Mutter durchgehen. Schreiben Sie auch hier alle Eigenschaften auf, auch wenn Sie keinen Zusammenhang zwischen diesen Eigenschaften und den Verhaltensproblemen Ihres Kindes sehen. Schreiben Sie sich auch Ihre Stärken als Vater auf, die möglicherweise bei der Bewältigung von Problemen hilfreich sein können.

Schreiben Sie hier die für Sie (Ihren Partner) zutreffenden Eigenschaften auf!

Probleme	Stärken
1.	1.
2.	2.
3.	3.
4.	4.
5.	5.
6.	6.

4. **Belastungen und Stärken der Familie!** Überlegen Sie, welche anderen Belastungen und Schwierigkeiten in Ihrer Familie bestehen. Auf viele Familien treffen einige der unten aufgeführten Probleme zu. Notieren Sie auch hier wieder alle Belastungen, auch wenn sie Ihrer Meinung nach keinen Grund für die Verhaltensprobleme Ihres Kindes darstellen.
   - Gesundheitsprobleme von anderen Familienmitgliedern (von Geschwistern, Großeltern);
   - Eheprobleme (z. B. Meinungsverschiedenheiten in der Erziehung; Mutter fühlt sich in der Erziehung vom Vater allein gelassen; Trennungsabsichten);
   - finanzielle Schwierigkeiten (z. B. finanzielle Belastungen durch Hausbau; Verschuldung);
   - Probleme mit anderen Kindern in der Familie (z. B. Schulschwierigkeiten von Geschwistern; andere emotionale oder Verhaltensprobleme);
   - Probleme am Arbeitsplatz (z. B. Konflikte mit Kollegen; Doppelbelastung der Mutter durch Beruf und Haushalt; Unzufriedenheit mit der Arbeit; Überbeanspruchung);
   - Probleme mit Verwandten (z. B. Kritik von Verwandten an der Erziehung; Schwierigkeiten sich von eigenen Eltern/Schwiegereltern abzugrenzen; Belastung durch pflegebedürftige Verwandte);
   - Probleme mit Freunden oder Nachbarn (z. B. Kritik durch Freunde; Konflikte mit Nachbarn; Isolation der Familie);
   - andere Probleme (z. B. Schwierigkeiten mit der Freizeitgestaltung).

   Schreiben Sie sich auch die Stärken Ihrer Familie auf, die Ihnen möglicherweise bei der Bewältigung von Problemen helfen können. Hier nur einige Beispiele:
   - Familie hält zusammen;
   - Familie hat auch schon schwierige Zeiten erfolgreich durchstanden;
   - es gibt gute Freunde der Familie, auf die man sich verlassen kann;

Schreiben Sie hier die Belastungen und Stärken Ihrer Familie auf!

Belastungen	Stärken
1.	1.
2.	2.
3.	3.
4.	4.
5.	5.
6.	6.

5. **Überlegen Sie, in welchem Zusammenhang Ihrer Meinung nach die verschiedenen Probleme miteinander stehen!** Um einzelne Schwierigkeiten besser verstehen zu können, ist es meist sinnvoll, sie in Verbindung mit den anderen Schwierigkeiten zu betrachten. Dabei geht es nicht um die Frage der „Schuld" (z. B. die Mutter hat das Kind „verzogen"), sondern vielmehr darum zu sehen, wie sich die verschiedenen Bedingungen gegenseitig beeinflussen. Der Vater, der grundsätzlich ein eher heftiges Temperament hat und gerade Ärger in seinem Beruf hat, wird die Verhaltensprobleme seines Kindes viel massiver wahrnehmen und auch gereizter reagieren als in Zeiten, in denen beruflich keine Probleme vorhanden sind. Die Mutter kann sicherlich viel gelassener mit den Verhaltensproblemen ihres Kindes umgehen, wenn sie sich von ihrem Partner unterstützt fühlt, körperlich gesund ist und keine anderen Sorgen hat. Eine Mutter, die in finanziellen Schwierigkeiten ist, sich vor kurzem von ihrem Partner getrennt hat und mit der Doppelbelastung von Haushalt und Beruf zurechtkommen muß, wird es viel schwerer haben, bei Verhaltensproblemen ihres Kindes mit der nötigen Ruhe und Konsequenz zu reagieren. Dies wird dann wiederum die Verhaltensprobleme des Kindes verstärken, die dann die Mutter noch mehr belasten. Versuchen Sie gemeinsam mit Ihrem Partner anhand Ihrer Aufzeichnungen sich die Zusammenhänge zwischen den verschiedenen Problemen vor Augen zu führen.

6. **Überlegen Sie zusammen mit Ihrem Partner mögliche Lösungsansätze und nutzen Sie die Stärken in der Familie.** Gehen Sie die Probleme und Belastungen durch, die auf Ihre Familie zutreffen und überlegen Sie bei jedem einzelnen Punkt, ob Sie Entlastungen schaffen können. Denken Sie dabei auch an mögliche Unterstützungen von Freunden, Verwandten und Nachbarn oder an Hilfs-

und Therapieangebote von Kinderärzten, Psychologen oder Paartherapeuten. Nutzen Sie Ihre Stärken, die Ihres Partners und Ihres Kindes. Häufig lassen sich Probleme nicht völlig lösen, aber schon eine Verminderung der Probleme kann eine deutliche Entlastung bedeuten. Wenn Sie selbst oder Ihr Partner erhebliche psychische Probleme haben oder wenn die Partnerschaft sehr belastet ist, dann sollten Sie auch die Möglichkeit einer eigenen Therapie oder einer Paartherapie bedenken.

Durchführungsdauer für diese Stufe:
Sie können unmittelbar mit der nächsten Stufe beginnen.

Materialien für diese Stufe:
keine

Elternleitfaden, Stufe 3:
Der Teufelskreis

Ziele der Stufe:

Viele Familien geraten bei der Erziehung Ihrer Kinder häufiger in einen sogenannten „Teufelskreis". Je mehr Verhaltensprobleme Kinder haben, desto häufiger finden sich Familien in diesem Teufelskreis wieder. In dieser Stufe geht es darum, Ihnen zunächst einmal den Teufelskreis zu erklären und anschließend eine Vorstellung davon zu geben, wie man aus diesem Teufelskreis wieder ausbrechen kann. Die weiteren Stufen dieses Elternleitfadens sind einzelne Hilfen, um aus dem Teufelskreis wieder herauszukommen.

Diese Punkte können Ihnen helfen!

In der folgenden Grafik ist der Teufelskreis dargestellt, in den typischerweise Familien mit Kindern geraten, die oppositionelle oder hyperkinetische Verhaltensauffälligkeiten haben. Diesen Teufelskreis werden wir im folgenden näher erklären.

I. Der Teufelskreis!

1. **Die Eltern stellen dem Kind eine Aufforderung.** In ganz vielen alltäglichen Situationen stellen Eltern ihren Kindern eine Aufforderung, die sehr unterschiedlich sein kann. Das Kind kann diese Aufforderung der Eltern befolgen oder auch nicht befolgen. Wenn das Kind tut, was die Eltern gesagt haben, dann achten die meisten Eltern nicht weiter auf ihr Kind, sondern machen etwas anderes, wie Essen kochen, Bügeln oder auch Zeitung lesen. Wenn das Kind der Aufforderung nicht nachkommt, dann beginnt die nächste Stufe des Teufelskreises.

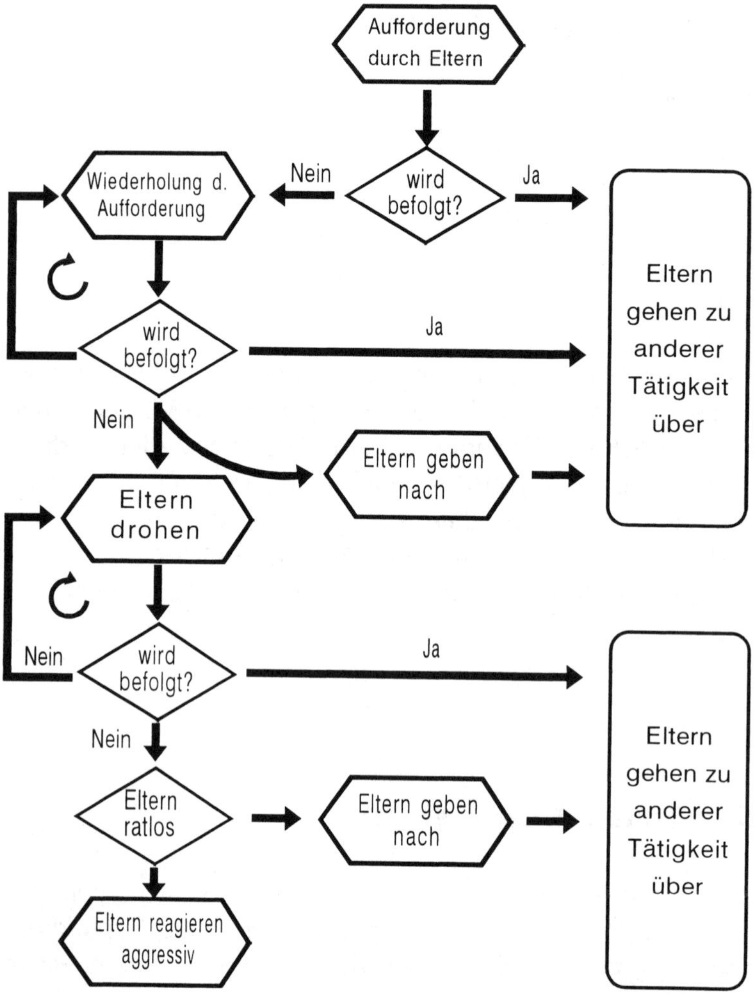

Abbildung 8: Der *Teufelskreis*

2. **Die Eltern wiederholen ihre Aufforderung.** Die Eltern wiederholen zunächst ihre Aufforderung. Dies kann je nach Familie fünf- bis zehnmal oder auch noch häufiger erfolgen. In der Regel werden die Eltern bei jeder Wiederholung der Aufforderung immer ärgerlicher und die Stimme wird immer lauter und gereizter. Auch hier hat das Kind wieder die Möglichkeit, irgendwann doch das zu tun, was die Eltern gesagt haben oder weiterhin nicht „zu hören". Wenn das Kind jetzt tut, was die Eltern sagen, wenden sich die Eltern – meist sehr ärgerlich und wütend – wieder anderen Beschäf-

tigungen zu, oft mit Worten wie: „Warum nicht gleich so?“ Tut das Kind immer noch nicht, was die Eltern sagen, dann geht der Teufelskreis weiter.

3. **Die Eltern drohen.** Meist gehen die Eltern dann dazu über, ihren Kinder zu drohen, d. h., ihnen anzudrohen, was passiert, wenn sie nicht tun, was ihnen gesagt wird. Weil die Eltern zu diesem Zeitpunkt schon sehr ärgerlich sind, werden diese Drohungen oft sehr impulsiv ausgestoßen und sind nicht gut überlegt. Auch diese Drohungen können mehrfach wiederholt werden bzw. immer stärker ausfallen. Beispielsweise: „Wenn du nicht sofort das tust, was ich dir sage, darfst du heute nicht mehr raus ... hast du gehört? Jetzt habe ich aber die Nase voll, dann kannst du direkt die ganze Woche drin bleiben ... und Fernsehschauen kannst du dir auch von der Backe putzen!“ Auch hier hat das Kind die Möglichkeit, nach jeder ausgesprochenen Drohung das zu tun, was die Eltern gesagt haben, und diese werden dann wiederum wütend das Zimmer verlassen und etwas anderes tun. Tut das Kind immer noch nicht, was die Eltern gesagt haben, dann geht der Teufelskreis weiter.

4. **Die Eltern sind ratlos.** Meist wissen die Eltern dann an dieser Stelle nicht weiter! Weder eine freundliche Aufforderung, noch eine ärgerliche Aufforderung, noch Androhungen von Strafen scheint das Kind zu bewegen, das zu tun, was die Eltern wollen. Jetzt haben die Eltern zwei Möglichkeiten zu reagieren:
   - Entweder sie geben nach und fordern von ihrem Kind nicht mehr das, was sie eigentlich wollten. So bleibt beispielsweise das Kinderzimmer unaufgeräumt, die liegengebliebenen Schuhe trägt die Mutter selbst weg oder das Kind kommt trotz dreckiger Finger an den Essenstisch. Oft denken sich Eltern an so einem Punkt: „Mach doch, was du willst, mir ist es egal!“ und entscheiden sich, daß es weniger Arbeit ist, das selbst zu tun, was das Kind tun sollte, oder darauf ganz zu verzichten.
   - Oder die Eltern reagieren aggressiv auf das Nicht-Hören ihres Kindes. Das heißt, das Kind bekommt von den Eltern eine Ohrfeige oder auch eine Tracht Prügel!

5. **Welche Erfahrungen macht das Kind im Teufelskreis?** In diesem Teufelskreis macht das Kind vielfältige ungünstige Erfahrungen, die

eher dazu beitragen, daß die Verhaltensprobleme weiter zunehmen.

- Geben die Eltern am Ende des Teufelskreises nach, macht das Kind die Erfahrung, daß es die „Nörgeleien" der Eltern nur lange genug aushalten muß, denn dann muß es (meist) doch nicht das tun, was es tun sollte. Es macht die Erfahrung, daß die Drohungen der Eltern meist nicht ernst zu nehmen sind. Dies verringert die Wahrscheinlichkeit, daß das Kind bei der nächsten Aufforderung der Eltern direkt oder nach einer kurzen Zeit tut, was die Eltern gesagt haben. Die Eltern erziehen ihr Kind dazu, immer häufiger „nein" zu sagen!
- Reagieren die Eltern am Ende aggressiv und schlagen ihr Kind, lernt das Kind, wie man sich zumindest als körperlich Stärkerer durchsetzen kann. Die Eltern bieten ihm ein aggressives Modell! Das Kind bekommt vorgelebt, daß gutes Zureden und auch Drohungen oft nichts nutzen, sondern im Endeffekt nur der körperlich Stärkere gewinnt! Dies wird vielleicht dazu führen, daß das Kind das nächste Mal (aus Angst vor Schlägen) der Aufforderung nachkommt, aber außerhalb der Familie oder kleineren Geschwistern gegenüber wird es seine Erfahrung anwenden, daß der Stärkere siegt und die Wahrscheinlichkeit zu aggressivem Verhalten wird größer!
- Auch wenn das Kind zu irgendeinem Zeitpunkt in dem Teufelskreis das tut, was die Eltern gesagt haben, macht es häufig ungünstige Erfahrungen. Die Eltern wenden sich dann meist den liegengebliebenen Tätigkeiten zu. Dies ist sehr verständlich! Denn diese Kinder kosten oft soviel Kraft, Zeit und Nerven, daß die Eltern froh sind, wenn sie endlich das tun können, was sie eigentlich die ganze Zeit schon vor hatten. Das Kind macht aber die Erfahrung, daß sein angemessenes oder weniger problematisches Verhalten gar nicht weiter beachtet wird und die mangelnde Aufmerksamkeit wird dazu führen, daß das Kind in Zukunft eher seltener das tut, was die Eltern sagen. Außerdem führt dies dazu, daß Eltern und Kind schießlich fast nur noch negativ – ermahnend, schimpfend, schreiend, drohend, weinend – miteinander umgehen und positive Erfahrungen immer mehr in den Hintergrund treten. Eltern sagen dann oft, daß sie den Eindruck haben, daß sie mit ihrem Kind nur noch schimpfen, und die Kinder erleben ihre Eltern nur noch als permanente Nörgler.

II. Überlegen Sie, wann Sie in den Teufelskreis geraten

Gehen Sie den Teufelskreis in Ruhe durch und überlegen Sie, ob Sie ähnliche Situationen auch in Ihrer Familie kennen. Es geht hierbei nicht um die Frage der Schuld oder darum, Ihnen als Eltern zu zeigen, wo und wie Sie sich falsch verhalten! Es handelt sich hierbei um eine ganz „normale Erziehungsfalle“, in die in der Regel alle Eltern von Zeit zu Zeit geraten. Wenn das Kind aber keine größeren Verhaltensprobleme zeigt, hat dies meist nicht so ungünstige Auswirkungen wie bei den „schwierigen“ Kindern. Und durch die Verhaltensprobleme der Kinder gerät man als Elternteil auch öfter in diesen Teufelskreis als andere Eltern, da die Impulsivität, Aufmerksamkeitsprobleme und oppositionelle Tendenzen des Kindes von vornherein dazu führen, daß Aufforderungen häufiger nicht beachtet werden. Gehen Sie in Gedanken vor allem die Situationen oder Verhaltensprobleme durch, die Sie in der ersten Stufe des Elternleitfadens näher beschrieben haben und die Sie verändern wollen. Geraten Sie in diesen Situationen öfter in den oben beschriebenen Teufelskreis?
In einen solchen Teufelskreis geraten übrigens nicht nur die Eltern mit ihren Kindern, auch im Kindergarten oder in der Schule dreht sich dieser Teufelskreis häufig sehr heftig: Die Lehrerin ermahnt ständig das Kind, wird schließlich ärgerlich und weiß nicht mehr, was sie tun soll. Wenn es dem Kind aber gelegentlich gelingt, den Aufforderungen der Lehrerin nachzukommen, dann ist die Lehrerin so froh darüber, daß sie jetzt endlich wieder mit dem Unterricht weitermachen kann, und kommt deshalb kaum dazu, das Kind zu loben und ihm ihre Aufmerksamkeit zu schenken.

III. Ausbruch aus dem Teufelskreis!

Ziel dieses Elternleitfadens ist es, Ihnen zu helfen, aus diesem Teufelskreis auszubrechen. Dazu ist es im Allgemeinen notwendig, an mehreren Stellen des Teufelskreises anzusetzen. Dies werden wir in den nächsten Stufen zusammen mit Ihnen Schritt für Schritt machen. Hier wollen wir Ihnen einen kurzen Überblick über die Grundprinzipien geben, um den Teufelskreis zu sprengen.

1. **Sorgen Sie dafür, daß Sie gemeinsam mit Ihrem Kind wieder vermehrt positive Erfahrungen machen können.** Wenn Sie in dem

Teufelskreis gefangen sind, machen Sie in hohem Maße negative Erfahrungen. Dies belastet Ihre Beziehung zu Ihrem Kind. Deshalb ist es besonders wichtig, daß Sie sich und Ihrem Kind wieder vermehrt Chancen zu positiven Erfahrungen einräumen. Konkrete Hinweise dazu geben wir Ihnen in den Stufen 4 und 5 des Elternleitfadens.

2. **Stellen Sie eindeutige Regeln auf und geben Sie Ihrem Kind wirkungsvolle Aufforderungen.** Die meisten Kindern mit hyperkinetischen und auch mit oppositionellen Verhaltensauffälligkeiten können sich nicht in dem Maße selbst steuern, wie das andere Kinder in diesem Alter normalerweise schon können. Deshalb sind klare und eindeutige Familienregeln und wirkungsvolle Aufforderungen sehr wichtig. Damit erhöhen Sie die Wahrscheinlichkeit, daß Ihr Kind Ihre Aufforderungen auch tatsächlich befolgt. In den Stufen 6 und 7 werden wir Ihnen dazu weitere Hinweise geben.

3. **Positive Konsequenzen kommen vor negativen Konsequenzen.** Wenn Ihr Kind Aufforderungen und Regeln befolgt, dann hat es auch verdient, daß es dafür gelobt wird. Wenn Sie mit uns der Meinung sind, daß das Nichtbefolgen von Regeln und Aufforderungen eine negative Konsequenz zur Folge haben muß, dann müssen Sie auch eine positive Konsequenz erfolgen lassen, wenn Ihr Kind Aufforderungen und Regeln befolgt. Ihr Kind wird dann schrittweise immer mehr Regeln und Aufforderungen einhalten können. In Stufe 8 aber auch in den Stufen 10 bis 12 geben wir Ihnen Hinweise zur Umsetzung dieser Grundregel.

4. **Positive und negative Konsequenzen müssen unmittelbar erfolgen.** Viele Eltern geraten deshalb immer tiefer in den Teufelskreis, weil sie Aufforderungen geben, ohne jedoch auf deren Einhaltung zu achten. Bei Kindern mit hyperkinetischen und oppositionellen Verhaltensauffälligkeiten ist es aber besonders wichtig, daß die Konsequenzen auf das Befolgen oder das Mißachten von Regeln sofort erfolgen und daß sie immer erfolgen. Das ist für Eltern besonders schwer umzusetzen. Konkrete Hilfestellungen geben wir Ihnen in den Stufen 6 bis 12.

5. **Verlangen Sie nicht zu viel von Ihrem Kind und von sich selbst.** Es wird Ihrem Kind sicher nicht gelingen, immer alle Regeln und

Aufforderungen zu befolgen. Sie dürfen daher nicht enttäuscht sein, wenn Probleme immer wieder einmal auftauchen. Unser Ziel ist es, Ihnen mit diesem Elternleitfaden zu helfen, daß einige Probleme seltener auftreten und daß sie weniger heftig auftreten. Sicher werden auch Sie nicht alle Ratschläge umsetzen und immer beherzigen können. Verlangen Sie also auch von sich selbst nicht zu viel. Wenn es Ihnen gelingt, an wichtigen Punkten im Alltag einige Probleme auf eine andere Weise anzupacken, dann haben Sie möglicherweise schon viel erreicht und sind aus dem Teufelskreis ausgebrochen.

Durchführungsdauer für diese Stufe:
Sie können unmittelbar mit der nächsten Stufe beginnen.

Materialien für diese Stufe:
keine

Elternleitfaden, Stufe 4:
Was mögen Sie an Ihrem Kind?

Ist das bei Ihnen auch so?

Schon morgens hat die Mutter von Peter die Nase voll. Sie weiß, schon beim Wecken wird Peter mürrisch reagieren und das geht dann den ganzen Tag über so weiter: Die Mutter fühlt sich gezwungen, nur noch zu schimpfen und ihn zu ermahnen, weil er ständig irgendeinen Unfug macht und nervt. Obwohl Peter ein Wunschkind war, hat sie das Gefühl, daß sie sich kaum noch über ihn freuen kann und er sich nur noch daneben benimmt.

In Familien mit schwierigen Kindern haben Eltern häufig das Gefühl, daß sie ihr Kind fast nur noch ermahnen, begrenzen und bestrafen müssen. Negative Erfahrungen mit ihrem Kind nehmen überhand und sie teilen kaum noch schöne Erlebnisse miteinander. Den Kindern geht es meist ebenso. Sie haben das Gefühl, daß die Eltern eigentlich nur noch mit ihnen schimpfen und unzufrieden sind. Das kann sich so weit steigern, daß Eltern und Kinder nur noch sehen, was daneben geht und die guten Erfahrungen, die es auch noch gibt, verlieren sie aus den Augen.

In der dritten Stufe des Elternleitfadens wurde der Teufelskreis erklärt, in den Eltern und Kinder geraten. Wer in einem solchen Teufelskreis gerät, achtet meist nur noch auf die Probleme und denkt nicht mehr an die schöne Erlebnisse mit seinem Kind.

Was können Sie tun?

Wir möchten Ihnen einige Ratschläge geben, die Ihnen helfen sollen, auch wieder die angenehmen Erlebnisse mit Ihrem Kind zu beachten. Damit wollen wir nicht die Probleme, die da sind, einfach schönreden. Es geht vielmehr darum, die einseitige negative Sichtweise ein wenig zu korrigieren. Denn neben den ganzen Problemen gibt es immer noch Dinge, die Ihr Kind gut macht und die Sie an ihm mögen. Das ist ein erster Schritt, den Teufelskreis aufzubrechen. Damit werde sich sicher nicht alle Probleme lösen lassen, aber es ist wichtig, daß Sie wieder die guten Erfahrungen sehen und auch mit Ihrem Kind darüber sprechen können. Nach unseren Erfahrungen kann sich dadurch das Klima und die Stimmung in der Familie verbessern und festgefahrene Spannungen lösen sich langsam wieder auf.

Diese Regeln können Ihnen helfen!

1. **Achten Sie auf das, was Ihnen an Ihrem Kind gefällt.** In welchen Situationen sind Sie mit Ihrem Kind zufrieden? Wann freuen Sie sich über Ihr Kind oder sind auf Ihr Kind stolz? Denken Sie auch an Eigenschaften Ihres Kindes, die Sie gut finden, wie:
   - ist sehr sportlich,
   - ist Fremden gegenüber freundlich,
   - schmust mit mir gerne,
   - kann gut Lego bauen.

   Was gefällt Ihnen an Ihrem Kind? Bitte eintragen.

   1.
   2.
   3.
   4.

2. **Beachten Sie auch Kleinigkeiten und „Selbstverständlichkeiten".** Überlegen Sie, was im Alltag gut läuft. Denken Sie dabei besonders an Kleinigkeiten und an Dinge, die eigentlich selbstverständlich sind, wie:

- ist morgens gut gelaunt und begrüßt mich freudig,
- macht morgens sein Frühstück selbständig,
- freut sich über ein bestimmtes Essen,
- zieht schmutzige Schuhe aus.

Was lief mit Ihrem Kind in den letzten Tagen gut? Bitte eintragen.

1.
2.
3.
4.

3. **Achten Sie darauf, wenn üblicherweise schwierige Situationen besser laufen als sonst.** Wenn eine sonst schwierige Situation, z. B. das Aufräumen, mal besser klappt, dann übersehen das viele Eltern oder sagen nur kritisch: „Warum nicht immer so?" Dies erlebt das Kind als Tadel. Obwohl es diesmal etwas gut gemacht hat, erntet es nur Kritik!
Deshalb sollten Sie bewußt auf Situationen achten, die weniger problematisch ablaufen. Oft glauben Eltern, daß ihr Kind ein problematisches Verhalten *immer* zeigt. Das trifft allerdings in den seltensten Fällen zu. In der Regel kommt es immer wieder vor, daß eine schwierige Situationen einmal besser abläuft, z. B. daß Ihr Kind bei den Hausaufgaben weniger schimpft als sonst. Das ist nicht selbstverständlich! Deshalb sollten Sie diese Ausnahmen auch positiv sehen.

Welche schwierigen Situationen laufen auch manchmal besser? Bitte eintragen.

1.
2.
3.
4.

4. **Zeigen Sie Ihrem Kind, wenn Sie etwas gut finden.** Je mehr Probleme es mit Ihrem Kind gibt, um so wichtiger ist es, daß Sie ihm zeigen, was Sie gut an ihm finden. Sie müssen nicht bei jeder Kleinigkeit in `Lobgesänge´ ausbrechen. Es genügt, wenn Sie Ihrem

Kind ermunternd zunicken, ihm über die Haare streichen oder einfach „gut" oder „schön" sagen.
Da Sie Ihrem Kind verständlicherweise auch mitteilen, was Sie nicht so gut an ihm finden, hat es auch ein Recht zu erfahren, was Sie gut an ihm finden!

5. **Schreiben Sie abends auf, was gut gelaufen ist.** Nehmen Sie sich abends zehn Minuten Zeit und gehen Sie dabei den abgelaufenen Tag noch einmal in Gedanken durch. Überlegen Sie, was an diesem Tag mit Ihrem Kind gut oder besser als üblich gelaufen ist oder worüber Sie sich gefreut haben. Tragen Sie diese Ereignisse in das **„Positiv-Tagebuch"** ein. Notieren Sie auch, was Sie selbst daraufhin gemacht haben.

6. **Sprechen Sie mit Ihrem Kind über die positiven Ereignisse des Tages.** Nehmen Sie sich abends einige Minuten Zeit, um mit Ihrem Kind darüber zu sprechen, was an diesem Tag gut gelaufen ist und worüber Sie sich gefreut haben. Setzen Sie sich am besten abends zu Ihrem Kind ans Bett und reden Sie mit ihm kurz darüber. Achten Sie aber darauf, daß Sie nicht damit beginnen, die negativen Ereignisse des Tages aufzulisten oder diese mit den positiven Ereignissen aufzurechnen. Wenn es Probleme gab, dann können Sie in einem Satz sagen, daß ja manches nicht so gut gelaufen ist und dann ausführlich auf die positiven Ereignisse eingehen. Wenn Sie abends einmal zu ärgerlich sind, dann sollten Sie dieses kleine Gespräch lieber ganz ausfallen lassen.

7. **Erwarten Sie keine Wunder!** Diese Regeln können helfen, das Klima in Ihrer Familie zu verbessern. Manchmal vermindern sich auch die Probleme ein wenig oder Sie lernen, manche Dinge in einem anderen Licht zu sehen. Eine starke Verminderung der Probleme dürfen Sie durch diese Regeln aber nicht erwarten. Sie sind aber dennoch wichtig, weil sie eine gute Grundlage für spätere Maßnahmen darstellen. Manchmal fällt es den Kindern auch schwer, Lob anzunehmen. Die meisten Kinder freuen sich aber über ein Lob, selbst, wenn sie es zunächst nicht zeigen können. Deshalb sollten Sie das Kind auch dann loben, wenn es sich nicht offen darüber freut.

Durchführungsdauer für diese Stufe:
Mindestens eine Woche. Wenn Sie die Regeln gut umsetzen können, dann können Sie in der darauffolgenden Woche mit der nächsten Stufe beginnen. Sie sollten dann die Regeln dieser Stufe aber noch mehrere Wochen weiter gezielt beachten und das Positiv-Tagebuch auch so lange weiterführen. Wenn es Ihnen schwer fällt, die Regeln umzusetzen, dann sollten sie sich mehrere Wochen auf diesen Schritt konzentrieren, bevor Sie zu dem nächsten übergehen.

Materialien für diese Stufe:
- *Memo-Karte*
- Arbeitsblatt 6: Positiv-Tagebuch

Elternleitfaden, Stufe 5:
Die *Spaß & Spiel-Zeit*

Ist das bei Ihnen auch so?

Wenn die Mutter von Peter an die letzten Tage denkt, stellt sie fest, daß sie überhaupt keine schöne Zeit mehr mit Peter verbracht hat. Den ganzen Tag über gibt es nur Ärger und sie muß Peter ständig ermahnen oder mit ihm schimpfen. Früher haben sie oft miteinander gespielt oder sich einfach nur etwas erzählt. Die Zeiten, in denen sie miteinander Spaß haben und lachen, kommen jetzt aber kaum noch vor. Angenehme Stunden sind selten geworden. Die Mutter erlebt Peter nur noch als „Teufel" und „Trotzkopf" und Peter kennt seine Mama nur noch schimpfend.

In der dritten Stufe dieses Elternleitfadens wurde der Teufelskreis bereits dargestellt, in den Eltern und Kinder geraten: schwierige Situationen in der Familie nehmen überhand. Die Eltern klagen, daß das Kind nur noch Probleme bereitet und angenehme Stunden immer seltener werden. Die Eltern

haben das Gefühl, daß sie mit ihrem Kind nur noch schimpfen müssen und sich kaum noch über es freuen können. Dem Kind geht es aber genauso: es erlebt die Eltern nur noch als begrenzend und ermahnend und kann den Eindruck bekommen, daß die Eltern es gar nicht mehr gern haben.

Die Eltern erleben das Kind als sehr anstrengend und wenn es sich einmal unproblematisch verhält, dann wenden sich die Eltern Tätigkeiten zu, die bisher liegengeblieben sind. Doch dies ist eine **Falle**! Sie beschäftigen sich hauptsächlich dann mit dem Kind, wenn es Probleme bereitet und immer seltener, wenn es gut geht. Der Teufelskreis kann sich soweit zuspitzen, daß das Kind nur die Aufmerksamkeit seiner Eltern gewinnen kann, wenn es sich „daneben benimmt".

Deshalb ist es sehr wichtig, daß Sie wieder mehr Zeit mit Ihrem Kind verbringen, die schön und angenehm ist. So macht Ihr Kind wieder die Erfahrung, daß Sie sich nicht nur dann Zeit nehmen, wenn es Probleme gibt.

Was können Sie tun?

Wir schlagen Ihnen eine besondere *Spaß & Spiel-Zeit* vor, in der Sie Situationen schaffen, die Sie und Ihr Kind als angenehm erleben. Damit lassen sich natürlich nicht alle Probleme lösen. Aber die *Spaß & Spiel-Zeit* kann Ihnen helfen, eine angenehmere Atmosphäre in Ihrer Familie zu schaffen. Sie können Ihrem Kind zeigen, daß Sie Zeit haben und sich für Ihr Kind interessieren. Nach unseren Erfahrungen wird durch die *Spaß & Spiel-Zeit* die Beziehung zwischen Eltern und Kind verbessert und beide haben die Chance, sich auch wieder von der angenehmen Seite kennen zu lernen. Durch die *Spaß & Spiel-Zeit* wird darüber hinaus eine wichtige Grundlage für die weiteren Stufen dieses Leitfadens gelegt, in denen die von Ihnen ausgewählten Verhaltensprobleme des Kindes direkt verändert werden sollen.

Diese Regeln können Ihnen helfen!

1. **Sammeln Sie zusammen mit Ihrem Kind Spielideen für die** *Spaß & Spiel-Zeit.* Setzen Sie sich mit Ihrem Kind zusammen und schlagen Sie vor, daß Sie mit ihm in nächster Zeit eine besondere Spielzeit verbringen wollen. Erklären Sie ihm, daß Sie mit ihm wieder vermehrt schöne Zeit verbringen wollen, anstatt ständig mit ihm schimpfen zu müssen. Sammeln Sie gemeinsam Vorschläge für Spiele, die Ihnen Spaß machen. Häufig sind bei Eltern Tisch- und

Regelspiele sehr beliebt. Bei diese Spielen kommt es jedoch häufiger zu Schwierigkeiten, da sich das Kind an Spielregeln halten muß. Aus diesem Grunde haben sich Konstruktionsspiele (Lego, Bauklötze usw.), Rollenspiele (mit Puppen oder Autos spielen) und kreative Spiele (malen, basteln usw.) als besonders geeignet für die *Spaß & Spiel-Zeit* erwiesen. Gemeinsames Fernsehen gehört nicht in die *Spaß & Spiel-Zeit*. Computerspiele können Sie zulassen, doch sollte sich die *Spaß & Spiel-Zeit* nicht darauf beschränken. Denken Sie daran, daß es in dieser Spielzeit nicht um richtig und falsch geht, sondern alleine darum, miteinander Spaß zu haben!

Tragen Sie hier bitte Spielideen für Ihre Spaß & Spiel-Zeit ein.

1.
2.
3.
4.
5.
6.
7.
8.

2. **An der *Spaß & Spiel-Zeit* dürfen andere Kinder nicht teilnehmen**. Diese *Spaß & Spiel-Zeit* sollten Sie alleine mit Ihrem „Problemkind" verbringen. Wichtig ist, daß Ihr Kind Sie in dieser Zeit ganz für sich alleine hat und Sie sich nur um Ihr Kind und sein Spiel kümmern. Wenn Sie noch andere Kinder haben, sollten diese währenddessen in einem anderen Zimmer spielen oder von einer anderen Person betreut werden. Falls dies nicht möglich ist, sollten Sie die *Spaß & Spiel-Zeit* dann durchführen, wenn Störungen durch andere Kinder unwahrscheinlich sind. Älteren Geschwistern sollten Sie erklären, warum sie an der *Spaß & Spiel-Zeit* nicht teilnehmen können. Die *Spaß & Spiel-Zeit* kann aber auch während des Schulbesuchs der Älteren durchgeführt werden. Bei jüngeren Geschwistern eignet sich häufig die Mittagsruhe zur Durchführung der Spielzeit. Damit sich Geschwisterkinder nicht zurückgesetzt fühlen, können Sie mit ihnen auch eine eigene *Spaß & Spiel-Zeit* verbringen.

3. **Wählen Sie sich einen Zeitpunkt aus, an dem die** *Spaß & Spiel-Zeit* **stattfindet.** Eine *Spaß & Spiel-Zeit* sollte etwa 20 Minuten dauern. Nach Möglichkeit sollten Sie die *Spaß & Spiel-Zeit* täglich durchführen. Überlegen Sie, ob Sie etwa 20 Minuten im Tagesablauf einplanen können, in denen Sie mit Ihrem Kind zusammen spielen. In dieser Zeit soll Ihre Aufmerksamkeit *ausschließlich* Ihrem Kind zukommen. Wenn eine tägliche Spielzeit nicht möglich ist, dann überlegen Sie, in welchen Abständen Sie zusammen spielen können (z. B. Montag, Mittwoch und Samstag). Ihr Kind sollte sich auf die verabredete Zeit verlassen können. Sie sollten aber die Spielzeit nicht durchführen, wenn Sie verärgert, wütend oder in Hektik sind. Dann können Sie Ihrem Kind nicht genügend Aufmerksamkeit und Geduld schenken. Ihr Kind kann dann den Eindruck gewinnen, daß „seine" Zeit für die Mutter oder den Vater nur eine lästige Pflicht ist. Besprechen Sie in einer solchen Situation mit Ihrem Kind, wann die *Spaß & Spiel-Zeit* nachgeholt werden kann.

4. **Ihr Kind bestimmt, was und wie gespielt wird!** Beginnen Sie die Spielzeit etwa so: „Jetzt ist unsere *Spaß & Spiel-Zeit*. Was möchtest du gerne tun?" Dazu können Sie auch das Schild „*Spaß & Spiel-Zeit* – Bitte nicht stören" an die Tür hängen. Das Auf- und Abhängen zeigt den Beginn und das Ende der Spielzeit an und verdeutlicht, daß es sich hier um eine besondere Spielzeit handelt, in der andere „Regeln" als sonst gelten. Wenn also der Zeitpunkt für die *Spaß & Spiel-Zeit* gekommen ist, sollte **Ihr Kind grundsätzlich ein Spiel eigener Wahl bestimmen** dürfen. Falls Ihr Kind zunächst keine Spielidee entwickelt, können Sie ihm etwas vorschlagen. In jedem Fall dürfen Sie aber **keine Kontrolle über den Spielablauf** übernehmen. Ihr Kind bestimmt, was und wie gespielt wird!

5. **Entspannen Sie sich und lassen Sie sich auf das Spiel Ihres Kindes ein!** Indem Sie sich entspannen und Ihr Kind für kurze Zeit zunächst nur beobachten, können Sie von Ihren anderen Aufgaben etwas Abstand gewinnen und sich auf Ihr Kind einstellen. Vielleicht möchte Ihr Kind auch nur, daß Sie ihm beim Spiel zuschauen. Das Kind darf bestimmen, ob und wie Sie mitspielen!

6. **Nun beschreiben Sie, was Ihr Kind macht.** Indem Sie das Spiel Ihres Kindes beschreiben, zeigen Sie ihm, daß Sie Interesse an sei-

nem Spiel haben. Es zeigt Ihr Engagement und macht die *Spaß & Spiel-Zeit* lebendig und spannend. Achten Sie dabei darauf, daß Sie keine Anordnungen geben. Sie sollten lediglich das Spiel kommentieren wie „Ach, das wird wohl ein Turm von einer Burg, den du da gerade malst!" oder „Was für ein Legostein brauchst du denn? Ich helfe dir suchen!".

7. **Stellen Sie keine Fragen und sagen Sie Ihrem Kind nicht, was es tun soll.** Achten Sie darauf, daß Sie keinen Einfluß auf den Spielverlauf nehmen und Ihr Kind nicht dirigieren oder korrigieren. In der *Spaß & Spiel-Zeit* gibt es kein richtig oder falsch und es gibt keine Spielregeln, an die sich Ihr Kind halten muß. Daher darf Ihr Kind in dieser besonderen Spielzeit auch jederzeit Spielregeln verändern, wenn es möchte. So darf Ihr Kind auch „Mensch ärgere Dich nicht mit Schummeln" spielen. Wenn Sie dies merken, können Sie das entsprechend feststellen: „O.K., jetzt spielen wir ‚Mama verliert'!". Wenn Sie mit solchen willkürlichen Abänderung von Regeln nicht gut zurechtkommen, sollten Sie Regelspiele in der *Spaß & Spiel-Zeit* vermeiden.
Die Spielzeit gehört Ihrem Kind, **es darf spielen und soll nicht lernen!!** Es soll ein spannungsfreies und angenehmes Beisammensein mit Ihnen erleben, anstatt belehrt und kontrolliert zu werden! Allerdings ist es natürlich zulässig, Ihrem Kind dann Fragen zu stellen, wenn Sie sich z. B. nicht darüber im klaren sind, was Ihr Kind gerade spielt.

8. **Loben Sie Ihr Kind gelegentlich oder sagen Sie ihm etwas, worüber es sich freut.** Dies soll Ihrem Kind verdeutlichen, daß Ihnen sein Spiel und das Beisammensein gefällt. Ihr Lob muß aufrichtig gemeint und darf kein künstliches Schmeicheln sein. Hier einige Beispiele, wie ein solches Loben aussehen könnte:
   - „Mir gefällt es, wenn wir beide so schön miteinander spielen."
   - „Ich finde die *Spaß & Spiel-Zeit* mit dir sehr schön."
   - „Schau mal, wie gut dir das ... gelungen ist."
   - „Das geht ja prima, wie du ..."
   - „Super ..."

   Wann immer Sie Ihr Kind loben, sollten Sie dies sehr persönlich tun. Benutzen Sie „Ich" und „Du". Damit drücken Sie aus: „Du bist mir wichtig!" Vermeiden Sie es, von Ihrem Kind und sich selbst in der dritten Person (Peter soll ..., Mama möchte ...) zu sprechen. Aber nicht nur durch Sprache kann man Gefühle ausdrücken. Sie können Ihr Kind auch in den Arm nehmen, es anlächeln, seine Haare streicheln oder ihm einen Kuß geben, wenn es das mag.

9. **Drehen Sie sich um und schauen Sie für eine kurze Zeit in eine andere Richtung, wenn Ihr Kind sich problematisch verhält!** Unruhiges Spielen, Abänderung der Spielregeln oder Schummeln sollte nicht als „schlechtes Benehmen" angesehen werden. Unter problematischem Verhalten ist vielmehr aggressives Verhalten zu verstehen – ein Spiel zerstören oder lautes Herumbrüllen (es sei denn, es ist Teil eines Spiels). In diesem Fall sollten Sie auf das Verhalten Ihres Kindes zunächst nicht eingehen und einfach wegschauen. Wenn sich Ihr Kind weiterhin problematisch verhält, dann fordern Sie Ihr Kind auf, das Verhalten zu beenden. Sagen Sie ihm in einem sachlichen und ruhigen Ton, daß Sie die *Spaß & Spiel-Zeit* beenden werden, wenn es sich weiter so verhält. Ist das Problemverhalten dadurch nicht zu beenden, dann verlassen Sie den Raum. Wenn Sie am Anfang das Türschild *„Spaß & Spiel-Zeit* – Bitte nicht stören!" aufgehangen haben, nehmen Sie es wieder ab. Sagen Sie Ihrem Kind außerdem, daß Sie beim nächsten Mal wieder miteinander spielen können. Falls Ihr Kind während der Spielzeit außergewöhnlich wütend oder zerstörerisch wird, sollten Sie es natürlich begrenzen. Was sie in solchen Fällen tun können, werden wir in den nächsten Stufen noch genauer besprechen.

10. **Notieren Sie Ihre Eindrücke vom Spielablauf**. Anhand der **Memo-Karte** können Sie Ihre Eindrücke für sich noch einmal zusammenfassen und sich Klarheit über den Verlauf der *Spaß & Spiel-Zeit* verschaffen. Notieren Sie kurz, wie gut es Ihnen gelungen ist, die Regeln zur Durchführung der Spielzeit umzusetzen und wieviel Spaß Ihnen und Ihrem Kind die Spielzeit bereitet hat.

Diese *Spaß & Spiel-Zeit* klingt sehr einfach, ist aber manchmal schwierig durchzuführen. Sie werden, wie die meisten Eltern, „Fehler" begehen. Viele Eltern geben anfangs noch zu viele Anordnungen, stellen zu viele Fragen oder loben ihr Kind zu wenig. Aber nur aus diesen Fehlern kann man lernen. Es ist also wichtig, daß Sie nicht nur Ihr Kind beobachten, sondern auch sich selbst. Versuchen Sie einfach das nächste Mal, es besser zu machen und Ihrem Kind noch mehr Aufmerksamkeit zu schenken.

Denken Sie daran: das Wichtigste ist, daß Sie und Ihr Kind an der Spielzeit Spaß haben. Es geht vor allem darum, daß Sie und Ihr Kind eine Zeit miteinander verbringen, die Sie beide als angenehm erleben. Wenn Ihnen mit der Zeit diese Aufgabe gut gelingt, können Sie die Spielzeit auch zusammen mit Geschwistern durchführen. Sie werden sehen, daß dies schöne Stunden sind und die Möglichkeit besteht, sich wieder etwas näher zu kommen.

Durchführungsdauer für diese Stufe:
Mindestens drei Wochen. Wenn es Ihnen leicht fällt, die Regeln umzusetzen, dann können Sie danach mit der nächsten Stufe beginnen. Sie sollten dann die Regeln dieser Stufe aber noch mehrere Wochen weiter gezielt beachten und die *Spaß & Spiel-Zeit* weiterführen. Danach sollten Sie in größeren Abständen immer wieder einmal eine *Spaß & Spiel-Zeit* durchführen. Wenn es Ihnen schwer fällt, die Regeln umzusetzen, dann sollten Sie sich mehrere Wochen auf diesen Schritt konzentrieren, bevor Sie zu dem nächsten übergehen.

Materialien für diese Stufe:
- *Memo-Karte* mit Protokoll
- Arbeitsblatt 7: Türschild: Spaß & Spiel-Zeit

Elternleitfaden, Stufe 6:

Familienregeln

Ist das bei Ihnen auch so?

Eigentlich hat Peters Mutter ganz bestimmte Vorstellungen davon, was Kinder dürfen und was nicht. Aber die Tage sind eben immer anders und ihre Nerven auch und deshalb achtet sie nicht immer in gleicher Weise auf die Regeln. So gibt es Tage, an denen will Peters Mutter unbedingt, daß alle mit sauberen Händen am Tisch sitzen und dann wiederum ist es ihr nicht so wichtig. Aber auf Pünktlichkeit legt sie immer großen Wert. Und wenn Peter nur fünf Minuten zu spät nach Hause kommt, dann wird sie ganz ärgerlich und es gibt Fernsehverbot für eine Woche. Doch dann gibt es wiederum auch Tage, da sagt sie gar nichts, wenn Peter eine halbe Stunde später nach Hause kommt.

Erziehung ist wirklich nicht immer leicht und gerade Eltern von schwierigen Kindern geraten häufig in Situationen, in denen sie mal so und mal so reagieren. Mal gelten bestimmte Regeln und es gibt harte Strafen, wenn sie nicht eingehalten werden; mal wird auf die Einhaltung der Regeln nicht geachtet. Teilweise gibt es Eltern, die zu strenge Regeln zu Hause aufstellen und den Kindern zu wenig Freiheit lassen. Dann wiederum gibt es Eltern, die eigentlich gar keine Regeln in der Familie haben und auf jede Situation anders reagieren.

Regeln und Grenzen in vernünftiger Weise zu setzen ist aber bei der Erziehung sehr wichtig! Kinder brauchen Regeln, denn Regeln geben Halt, Orientierung und Sicherheit.

Kinder brauchen und genießen die Freiheit, aber wenn Freiheit grenzenlos ist, überfordert sie die Kinder und bietet keine Orientierung zum Erwachsen werden. Unser (erwachsenes) Leben besteht aus Freiheiten, aber auch aus vielen Regeln und Grenzen und Kinder müssen in ihrer Entwicklung lernen, ihre Freiheiten zu nutzen und sich trotzdem an die Regeln zu halten. Dies ist einer der wichtigsten Aufgaben, die Erziehung erfüllen sollte. Die Grenzen, die Eltern ihren Kindern bieten, sind für sie wichtige Orientierungshilfen, die ihren freien Spielraum (den alle Kinder brauchen) begrenzen. Diese Grenzen des eigenen Spielraums bieten den Kindern eine klare Linie und damit Sicherheit, Geborgenheit und auch Verläßlichkeit. Die Welt bekommt Strukturen und wird für die Kinder überschaubar und berechenbar! Diese klaren Regeln und Grenzen sind vor allem bei Kindern mit hyperkinetischen und oppositionellen Verhaltensproblemen wichtig.

Aber Regeln und Grenzen können auch einengen und Kindern „die Luft zum Atmen nehmen". Handlungsspielräume und Freiheiten auf der einen Seite sind daher genauso wichtig für die seelische Entwicklung der Kinder wie klare Grenzen auf der anderen Seite! Es geht nicht darum, Kinder in allen Situationen zu begrenzen und ihnen keine Entscheidungsfreiräume zu geben. Wahlmöglichkeiten und die Freiheit, selbst entscheiden zu dürfen, sind für Kinder sehr wichtig. In vielen Situationen ist es ganz entscheidend, daß Kinder das Recht haben, „nein" zu sagen oder etwas abzulehnen. Kinder sollen mit Regeln und Grenzen nicht zu „willenlosen, stromlinienförmigen Ja-Sagern" erzogen werden, sondern sie sollen bzw. müssen lernen, sich an wichtige Regeln in der Familie und in der Gesellschaft zu halten.

Aber wie also soll man Grenzen sinnvoll setzen? Welche Grenzen und Regeln sind wichtig? Was ist zu streng, was zu weich? Dürfen Ausnahmen gemacht werden? Was soll passieren, wenn sich das Kind nicht an die Regeln hält?

Was können Sie tun ?

Es kommt nicht so sehr auf die einzelnen Regeln selbst an und Regeln können sowohl zu weit gesteckt als auch zu eng sein. Es ist sinnvoll, daß Sie sich selbst einmal Gedanken über die Regeln machen, die Sie wirklich für wichtig halten. In diesen Punkten sollten die Eltern auch einer Meinung sein bzw. sich auf bestimmte Punkte gemeinsam einigen. Unterschiedliche Ansichten und Meinungen im alltäglichen Leben sind natürlich, aber in den Grundregeln sollten die Eltern eine Linie vertreten. Daher ist es besonders wichtig, wenn dieses Kapitel von beiden Elternteilen gemeinsam bearbeitet wird.

Diese Punkte können Ihnen helfen!

1. **Unterscheiden Sie zwischen Regeln bzw. Aufforderungen und Bitten.** Wenn Sie Regeln erstellen oder Aufforderungen geben, dann ist es dem Kind nicht freigestellt zu entscheiden, ob es sich daran hält oder nicht. Wenn es sich nicht daran hält, dann müssen Konsequenzen erfolgen. Stellen Sie dagegen Ihrem Kind eine Bitte, dann darf es selbst entscheiden, ob es die Bitte erfüllt oder nicht und Sie müssen seine Entscheidung akzeptieren. Sie sollten daher genau zwischen Regeln oder Aufforderungen einerseits und Bitten andererseits unterscheiden. In dieser Stufe geht es ausschließlich um Regeln und Aufforderungen. Es ist aber auch wichtig, daß Sie Ihr Kind immer wieder um einen Gefallen bitten (z. B. den Mülleimer raus zu bringen), bei dem es auch „Nein" sagen kann.

2. **Erstellen Sie eine Liste der Regeln, die in letzter Zeit zu Auseinandersetzungen führten.** Nehmen Sie das Arbeitsblatt 8 (Liste der Familienregeln) zur Hand und tragen Sie alle Familienregeln ein, die Ihr Kind oder auch Ihre anderen Kinder oft nicht eingehalten haben oder die zu Meinungsverschiedenheiten zwischen Ihnen als Eltern führten. Versuchen Sie dabei, die Regeln möglichst genau zu beschreiben. Überlegen Sie, ob die Regeln nur für eine bestimmte Zeit gilt (z. B. an Wochentagen). Sie sollten sich für diesen Punkt mindestens eine halbe Stunde in Ruhe Zeit nehmen. Sie können dazu den typischen Tagesablauf durchgehen und überlegen, welche Regeln zu Auseinandersetzungen führten. Überprüfen Sie danach Regeln, die generell gelten und die ebenfalls Probleme bereiten. Sie können dazu folgende Liste zuhilfe nehmen. Diese Liste beinhaltet lediglich eine Reihe von Beispielen. Für Ihre Familie können natürlich völlig andere Regeln wichtig sein. Nur Sie selbst können festlegen, wo für Ihr Kind und Ihre Familie die richtigen Grenzen sind.

Liste: Beispiele für Familienregeln, die häufig Schwierigkeiten bereiten

Morgens (für Schultage):

- Mein Kind soll nach dem ersten Wecken aufstehen.
- Mein Kind soll bis 7.30 Uhr gewaschen und angezogen sein.
- Mein Kind soll mindestens eine Tasse Milch trinken und ein bißchen essen.
- Mein Kind soll pünktlich um 7.45 Uhr das Haus verlassen.

Mittags:

- Mein Kind soll unmittelbar von der Schule nach Hause kommen.
- Mein Kind soll seine Jacke und seine Schultasche wegräumen.
- Mein Kind soll vor dem Essen Hände waschen.
- Mein Kind soll beim Essen von allem probieren (Ausnahmen: bestimmte Speisen, die es gar nicht mag).
- Mein Kind soll eine halbe Stunde nach dem Mittagessen mit den Hausaufgaben beginnen.

Abends (Uhrzeiten gelten, wenn am nächsten Tag Schule ist)

- Mein Kind soll um 19.00 Uhr zu Hause sein.
- Mein Kind soll bis 20.00 Uhr ausgezogen und gewaschen sein und in sein Zimmer gehen.
- Mein Kind soll spätestens um 20.30 Uhr das Licht ausmachen.

Allgemeine Regeln:

- Mein Kind soll seine Geschwister nicht schlagen.
- Mein Kind soll Eltern nicht anschreien und nicht beschimpfen.
- Mein Kind soll nicht länger als zwei Stunden fernsehen (am Wochenende drei Stunden).
- Einmal in der Woche räumt mein Kind sein Zimmer gründlich auf.

3. **Überlegen Sie, für welche Familienmitglieder die Regel gilt.** Manche Regeln sind für ein einzelnes Kind sehr wichtig, andere Regeln können für alle Kinder oder für die ganze Familie gelten. So mag beispielsweise die Regel: „Peter beginnt mit den Hausaufgaben eine halbe Stunde nach dem Essen“ nur für Peter gelten, weil seine Geschwister die Hausaufgaben ohne spezielle Regeln gut bewältigen können. Manche Regeln gelten zwar für alle Kinder, aber in einer anderen Form. So gilt für Peter die Regel, daß er um 20.00 Uhr ins Bett soll, während der ältere Bruder erst um

21.00 Uhr zu Bett gehen muß. Andere Regeln gelten dagegen für alle Kinder (z. B. Geschwister werden nicht geschlagen) oder sogar für alle Familienmitglieder in gleicher Weise (z. B. zur verabredeten Zeit pünktlich zu Hause zu sein). Tragen Sie bitte jetzt in die entsprechende Spalte des Arbeitsblattes „Liste der Familienregeln" ein, für wen die Regel gilt.

4. **Überlegen Sie, warum Ihnen diese Regel wichtig ist.** Gehen Sie Ihre Liste von Familienregeln durch und versuchen Sie für sich zu begründen, warum Ihnen diese Regel wichtig ist. Beantworten Sie sich dabei folgende Fragen:
   - Warum halten Sie diese Regel für sinnvoll und nötig?
   - Was würde Negatives passieren, wenn Ihr Kind diese Regel nicht befolgt?
   - Was wollen Sie durch die Regel erreichen?

   Hier einige Beispiele von Regeln und ihren Begründungen:
   - „Vor dem Essen werden die Hände gewaschen!" (Hygienische Gründe.)
   - „Um 20.00 Uhr gehst du in dein Zimmer und um 21.00 Uhr wird das Licht ausgemacht!" (Ab 20.00 Uhr wollen die Eltern den Abend für sich alleine haben und die Kinder brauchen ab 21.00 Uhr ihren Schlaf.)
   - „Ihr dürft bis 19.00 Uhr draußen bleiben!" (Später ist es zu dunkel und wir wollen um kurz nach 19.00 Uhr gemeinsam Abendbrot essen.)
   - „Pünktlichkeit ist wichtig!" (Wir müssen uns aufeinander verlassen können und unsere Zeit planen können. Wenn einer aus der Familie mehr als 15 Minuten später als vereinbart noch nicht da ist, machen wir uns Sorgen und denken, es ist was passiert.)

5. **Können Sie für die Einhaltung der Regel sorgen? Sind Sie bereit, Konsequenzen folgen zu lassen, wenn die Regeln nicht eingehalten werden?** Häufig werden von Eltern Regeln festgelegt und Aufforderungen gestellt, ohne daß die Eltern hinreichend darauf achten, daß sie auch eingehalten werden. Dadurch lernt das Kind jedoch, daß Regeln eigentlich nicht so ernst zu nehmen sind. Stellen Sie daher nur Regeln auf, wenn Sie bereit und in der Lage sind, auch auf deren Einhaltung zu bestehen. Überlegen Sie nun bei jeder Regel, die Sie in das Arbeitsblatt 8 aufgenommen haben, ob

Sie dafür sorgen können, daß diese Regel auch wirklich beachtet wird, und tragen Sie Ihre Antwort in die entsprechende Spalte ein. Wenn Sie das für die meisten Situationen nicht gewährleisten können, dann sollten Sie die Regel besser ganz fallen lassen. Konzentrieren Sie sich zunächst auf jene Regeln, deren Einhaltung Sie am besten gewährleisten können. Falls Sie bei einigen Regeln nicht wissen, wie Sie diese durchsetzen können oder welche Konsequenzen eine Regelverletzung nach sich zieht, dann stellen Sie diese Regel zunächst zurück. Wir werden in den nächsten Stufen dieses Thema anschneiden.

6. **Beschränken Sie sich auf wenige Familienregeln, die Ihnen wirklich wichtig sind.** Zu viele Familienregeln engen den Tagesablauf und die Freiheiten der einzelnen Familienmitglieder zu sehr ein. Stellen Sie daher lieber weniger Regeln auf, auf deren Einhaltung Sie dann aber auch achten. Unterstreichen Sie auf dem Arbeitsblatt 8 die Regeln, die Ihnen besonders wichtig sind.

7. **Gehen Sie mit Ihrer Familie die Familienregeln gemeinsam durch und erklären Sie Ihren Kindern, warum die Regeln wichtig sind.** Planen Sie einen „Familienrat“, in dem Sie in Ruhe den Kindern erklären, warum bestimmte Regeln in einer Familie wichtig und sinnvoll sind. An diesem Rat sollen alle Familienmitglieder teilnehmen, ausgenommen Kleinkinder. Gehen Sie dann die einzelnen Regeln durch und begründen Ihre eigene Meinung. Lassen Sie die Kinder dazu Stellung nehmen und nehmen Sie die Meinung Ihrer Kinder ernst. Diskutieren Sie über die Regeln und hören Sie sich die Einwände der Kinder an. Sie können die Regeln auch abändern, wenn Ihnen dies sinnvoll erscheint. Legen Sie am Ende jedoch die Regeln fest und machen Sie deutlich, daß Ihnen die Einhaltung dieser Regeln wichtig ist und daß die Regeln akzeptiert werden müssen, auch wenn die Kinder sie eventuell immer noch nicht als sinnvoll oder wichtig erleben. Regeln werden von Kindern dann eher akzeptiert, wenn nicht alle Regeln ausschließlich für Kinder gelten. Machen Sie daher den Kindern auch deutlich, welche Familienregeln auch für die Eltern gelten. Sprechen Sie mit Ihrer Familie über Ausnahmen der Regeln. Wichtig ist, daß Sie und Ihr Partner sich über diese Regeln einig sind. Gerade bei Kindern mit hyperkinetischen und oppositionellen Verhaltensauffälligkeiten ist es besonders problematisch, wenn zwischen den Partnern sehr

unterschiedliche Auffassungen über wichtige und weniger wichtige Regeln existieren. Diskutieren Sie also die Regeln mit Ihrem Partner aus. Es ist weniger wichtig, auf welche Regeln Sie sich einigen, sondern daß Sie sich überhaupt einigen und dies auch in der Praxis umsetzen können.

Übertragen Sie die wichtigsten Familienregeln auf ein Blatt, das Sie an einer zentralen Stelle in der Wohnung (z. B. Küchentüre) aufhängen.

Wenn Sie die Regeln im Familienrat gut begründet haben, dann fällt es Ihnen später auch leichter, keine Grundsatzdiskussion über die Familienregel zu führen, wenn Ihr Kind sich später nicht an die Regel hält. Sie können aber den Familienrat von Zeit zu Zeit wiederholen und die Regeln prinzipiell noch einmal überprüfen.

Durchführungsdauer für diese Stufe:
Sie können unmittelbar mit der nächsten Stufe beginnen.

Materialien für diese Stufe:
- Arbeitsblatt 8: Liste der Familienregeln

Elternleitfaden, Stufe 7:

Geben Sie wirkungsvolle Aufforderungen!

Ist das bei Ihnen auch so?

Wie oft kommt es vor, daß Peters Mutter Aufforderungen gibt und sich Peter nicht daran hält. Sie ist in der Küche beschäftigt, Peter rennt in sein Zimmer und die Mutter schreit ihm hinterher: „Jetzt liegen schon wieder deine Schuhe im Flur! Ich habe dir schon tausendmal gesagt, daß die unter die Treppe gehören, hier wird doch alles dreckig!". Aber Peter kümmert sich nicht darum und spielt einfach weiter. Und die Mama wird sauer. Manchmal räumt Peter dann auch die Schuhe weg und mault, aber auch dann ist niemand wirklich zufrieden.

Ganz häufig stellen Eltern Aufforderungen, ohne darauf zu achten, wie sie die Aufforderungen stellen. Meist werden die Aufforderungen „in den Raum" gerufen oder dem Kind hinterhergerufen. Oft werden die Aufforderungen dann so lange wiederholt, bis die Eltern entnervt aufgeben oder wütend werden. Im Teufelskreis (Stufe 3) wurde diese „Falle" ausführlich beschrieben. Diese Stufe ist ein weiterer Schritt, um aus diesem Teufelskreis auszubrechen.

Was können Sie tun ?

In unserer Arbeit haben wir festgestellt, daß Kinder schon dann Aufforderungen eher beachten und Grenzen häufiger einhalten, wenn die Eltern die Art und Weise verändern, in der sie Aufforderungen stellen und Verbote aussprechen.

Diese Regeln können Ihnen helfen!

1. **Stellen Sie nur dann Aufforderungen, wenn Sie bereit sind, sie auch durchzusetzen.** Häufig geben Eltern ihren Kindern viel zu viele Aufforderungen und achten nicht darauf, daß sie auch eingehalten werden. Kinder machen dann die Erfahrung, daß Aufforderungen gar nicht so wichtig zu nehmen sind. Vergewissern Sie sich deshalb, daß Sie wirklich wollen, was Sie von Ihrem Kind verlangen, bevor Sie die Aufforderung stellen. Fordern Sie nie etwas, wenn Sie nicht bereit oder in der Lage sind, Ihre Forderung auch durchzusetzen. Vor allem bei Aufforderungen, die Ihr Kind häufig nicht befolgt, ist es wichtig, daß Sie schon vorher darüber nachdenken, was Sie machen werden, wenn Ihr Kind der Aufforderung nicht nachkommt. Wenn Sie in einer konkreten Situation nicht dafür sorgen können, daß Ihr Kind Ihrer Aufforderung nachkommt, dann ist es besser, diese Aufforderung erst gar nicht zu stellen. In einer solchen Situation können Sie aber auch statt einer Aufforderung eine Bitte stellen, die Ihr Kind dann freiwillig erfüllen kann oder auch nicht.

2. **Sorgen Sie dafür, daß Ihr Kind aufmerksam ist, wenn Sie die Aufforderung geben.** Gehen Sie zu Ihrem Kind, gehen Sie auf seine Höhe herunter, legen Sie eventuell Ihren Arm auf seine Schultern und halten Sie Blickkontakt zu Ihrem Kind. Wenn es nötig ist, drehen Sie sein Gesicht ruhig dem Ihren zu, um sicher zu gehen, daß es Ihre Aufforderungen hört und aufmerksam ist. Damit machen Sie Ihrem Kind auch deutlich, daß Ihnen die Aufforderung wirklich wichtig ist. Wenn Sie statt dessen Ihre Aufforderung von weitem zurufen, dann können Sie sich nicht der Aufmerksamkeit Ihres Kindes sicher sein.

3. **Äußern Sie die Aufforderung eindeutig und nicht als Bitte.** Durch Ihre Aufforderung sollte Ihr Kind erkennen, daß es ihm nicht frei steht, ob es der Aufforderung Folge leistet oder nicht. Sprechen Sie die Aufforderung einfach und in einem neutralen Ton aus. Machen Sie Ihrem Kind durch Ihre Stimme deutlich, daß Ihnen die Aufforderung wichtig ist, jedoch ohne einen strafenden oder zu strengen Tonfall.

4. **Geben Sie immer nur eine Aufforderung.** Die meisten Kinder sind nur in der Lage, eine oder höchstens zwei Aufforderungen auf

einmal zu behalten. Wenn es sich um eine umfangreichere Aufgabe handelt, zerlegen Sie diese in kleinere Schritte, die Ihr Kind hintereinander erledigen kann. Dies ist um so wichtiger je jünger Ihr Kind ist. Bedenken Sie, daß Sie mit einfachen Aufforderungen Ihrem Kind eine größere Chance geben, die Aufforderung auch zu erfüllen und sich damit erwünscht zu verhalten. Geben Sie daher anfangs kleine, leichte und schnell zu erfüllende Aufforderungen. Bei jüngeren oder sehr aufmerksamkeitsschwachen Kindern kann es auch sinnvoll sein, daß Sie die Aufforderung wiederholen lassen. Damit gehen Sie sicher, daß Ihr Kind die Aufforderung wirklich verstanden hat und Sie betonen noch einmal die Wichtigkeit der Aufforderung.

5. **Überprüfen Sie, ob Ihr Kind der Aufforderung nachkommt.** Bleiben Sie in unmittelbarer Nähe Ihres Kindes, um sicher zu gehen, daß Ihr Kind der Aufforderung nachkommt. Wenn Ihr Kind nach kurzer Zeit nicht die Aufforderung befolgt, wiederholen Sie die Aufforderung noch einmal eindringlicher. Versuchen Sie jedoch, dabei nicht ärgerlich zu reagieren. Diese zweite Aufforderung sollte dann von Ihrem Kind auf jeden Fall noch einmal wiederholt werden.

6. **Konzentrieren Sie sich zunächst nur auf wenige Aufforderungen.** Eingeschliffene Gewohnheiten zu verändern, fällt besonders schwer. Konzentrieren Sie sich deshalb auf jene Aufforderungen, die Sie am wichtigsten finden. Wählen Sie höchstens drei Aufforderungen aus und schreiben Sie diese auf Ihre *Memo-Karte*, die Sie an einem gut sichtbaren Platz anbringen. Natürlich können Sie nicht erwarten, daß Ihr Kind die Aufforderungen immer befolgt. Allerdings werden Sie schon nach kurzer Zeit einige Veränderungen bei Ihrem Kind feststellen können, wenn Sie diese Punkte beachten. Protokollieren Sie Ihre Erfahrungen auf der Rückseite der *Memo-Karte*.

Durchführungsdauer für diese Stufe:
Mindestens eine Woche. Wenn es Ihnen leicht fällt, die Regeln umzusetzen, dann können Sie danach mit der nächsten Stufe beginnen. Sie sollten dann die Regeln dieser Stufe aber auch noch während der

Durchführung der Stufen 8 und 9 gezielt beachten. Danach sollten diese Regeln in Fleisch und Blut übergegangen sein. Wenn es Ihnen schwer fällt, die Regeln umzusetzen, dann sollten Sie sich mehrere Wochen auf diesen Schritt konzentrieren, bevor Sie zu dem nächsten übergehen.

Materialien für diese Stufe:

- *Memo-Karte* mit Protokoll

Elternleitfaden, Stufe 8:

Loben Sie Ihr Kind, wenn es Aufforderungen und Regeln befolgt!

Ist das bei Ihnen auch so?

Wenn Peter endlich einmal das macht, was seine Mutter sagt, dann läßt sie sich oft ganz erschöpft in den Sessel fallen, fertig vom ewigen „Peter hier, Peter da!". Oder sie muß sich ganz schnell um etwas Wichtiges kümmern, zu dem sie bis dahin noch nicht gekommen ist: das Abendessen vorbereiten, die Wäsche aufhängen, das Bad putzen ... und sie beachtet Peter gar nicht weiter. Peter bekommt dann das Gefühl, daß es der Mutter eigentlich egal ist, ob er die Aufforderungen und Regeln einhält oder nicht.

Bei Kindern mit solchen Verhaltensproblemen müssen Eltern sehr viel Zeit für die Erziehung aufbringen. Dann ist es nur verständlich, daß die Eltern ganz erleichtert sind und etwas anderes machen, das bislang liegengebliebenen ist, wenn ihr Kind – vielleicht nach vielen Ermahnungen – endlich einer Aufforderung nachkommt. Manchmal sagen die Eltern in einer solchen Situation ihrem Kind fast ärgerlich: „Warum denn nicht gleich so?" und das Kind fühlt sich eher noch bestraft als ermuntert! Das Kind macht die Erfahrung, daß es sich nicht lohnt, das zu tun, was die Eltern sagen.

Was können Sie tun ?

Langfristig werden Sie dann Veränderungen im Verhalten Ihres Kindes bewirken können, wenn Sie nicht nur wirkungsvolle Aufforderungen stellen, sondern Ihrem Kind auch zeigen, daß Sie sich freuen, wenn es Ihren Aufforderungen nachkommt, und es entsprechend beachten.

Diese Regeln können Ihnen helfen!

1. **Denken Sie daran, wirkungsvolle Aufforderungen zu stellen.** Denken Sie daran, daß Sie Aufforderungen nur dann stellen, wenn Sie bereit sind, sie auch durchzusetzen. Stellen Sie Aufforderungen eindeutig, vergewissern Sie sich der Aufmerksamkeit Ihres Kindes und achten Sie auf die Durchführung der Aufforderung. Schauen Sie sich noch einmal die Stichpunkte auf der *Memo-Karte* zu Stufe 7 an.

2. **Loben Sie Ihr Kind, sobald es eine Aufforderung befolgt!** Wenn Ihr Kind eine Aufforderung befolgt, dann ist es wichtig, daß Sie ihm **sofort** eine Rückmeldung geben. Gehen Sie also nicht einfach weg, nachdem Sie eine Aufforderung gestellt haben, sondern warten Sie und loben Sie Ihr Kind, wenn es beginnt, Ihrer Aufforderung nachzukommen. Manche Eltern meinen, daß ein Lob in einer solchen Situation nicht angebracht ist, weil sie eigentlich doch nur Selbstverständliches von ihrem Kinder erwarten. Wir sind jedoch der Meinung: Als Grundregel sollte gelten, daß man ein erwünschtes Verhalten immer dann loben sollte, wenn man das unerwünschte Verhalten auch tadelt. Damit vermeiden Sie auch, daß Sie nicht nur negativ durch Ermahnungen und Bestrafungen auf Ihr Kind reagieren, sondern auch positive Rückmeldungen geben.

   Sie können Ihr Lob mit Worten oder/und durch Ihr Verhalten ausdrücken. Einige **Beispiele** hierfür sind:
   - Sie klopfen Ihrem Kind auf die Schultern.
   - Sie streichen Ihrem Kind über die Haare.
   - Sie sagen einfach „Danke“.
   - Sie sagen: „Es ist schön, wenn du tust, was ich dir sage.“

Überlegen Sie, welche Art und Weise der Anerkennung Ihr Kind mag, und geben Sie Ihrem Kind diese Anerkennung. Nehmen Sie das Arbeitsblatt 8 (Liste der Familienregeln) zur Hand und tragen Sie für jede einzelne Regel in die Spalte „Positive Konsequenz" ein, auf welche Weise Sie Ihrem Kind zeigen können, daß Sie sich freuen, wenn es die jeweilige Regel/Aufforderung einhält.

3. **Besprechen Sie abends zusammen mit Ihrem Kind noch einmal, welche Aufforderungen und Regeln es tagsüber befolgt hat.** Wenn Sie abends zusammen mit Ihrem Kind besprechen, welche Regeln und Aufforderungen es tagsüber gut befolgen konnte, dann können Sie Ihrem Kind noch einmal zeigen, wie wichtig es Ihnen ist und wie sehr Sie es schätzen, wenn es sich an Aufforderungen und Regeln halten kann. Sie können das beispielsweise beim Abendessen machen oder wenn Sie Ihr Kind ins Bett bringen. Dabei ist es günstig, wenn auch der Vater in das Gespräch einbezogen werden kann. Die Anwesenheit von Geschwistern ist dagegen oft weniger günstig. Sie sollten sich hauptsächlich auf das konzentrieren, was gelungen ist. Kommen Aufforderungen und Regeln zur Sprache, die Ihr Kind nicht befolgt hat, dann sollten Sie es ermuntern, beim nächsten Mal auch darauf zu achten.

4. **Loben Sie Ihr Kind ganz besonders, wenn es eine Aufgabe erfüllt hat, ohne daß Sie es darum direkt gebeten haben.** Sollten Sie feststellen, daß Ihr Kind eine Aufgabe ohne Aufforderung aus freien Stücken ausgeführt hat, so hat es sich hier natürlich ein **Extra-Lob** verdient. Dies kann dazu beitragen, daß Ihr Kind auch einmal eine Aufgabe zu Hause übernimmt, ohne dafür eine ausdrückliche Aufforderung erhalten zu haben. Wenn Sie bei Ihrem Kind den Eindruck haben, daß es nahezu immer mit „Nein" reagiert, dann ist dieser Punkt besonders wichtig.

5. **Konzentrieren Sie sich zunächst nur auf wenige Aufforderungen.** Wählen Sie aus dem Arbeitsblatt 8 zunächst zwei oder drei Aufforderungen aus, die Ihr Kind häufig nicht beachtet. Konzentrieren Sie sich für die nächste Zeit auf diese Aufforderungen und versuchen Sie, die hier genannten Punkte umzusetzen. Tragen Sie diese ausgewählten Aufforderungen in die *Memo-Karte* ein. Sie können natürlich auch Aufforderungen auf die *Memo-Karte* schreiben, die nicht in der Liste der Familienregeln aufgeführt sind. Erwarten Sie

nicht, daß Ihr Kind sofort alle Aufforderungen befolgt. Sie können aber meist schon nach kurzer Zeit einige Veränderungen bei Ihrem Kind feststellen. Protokollieren Sie Ihre Erfahrungen auf der Rückseite der *Memo-Karte*.

Durchführungsdauer für diese Stufe:
Mindestens zwei Wochen. Wenn es Ihnen leicht fällt, die Regeln umzusetzen, dann können Sie danach mit der nächsten Stufe beginnen. Sie sollten dann die Regeln dieser Stufe aber auch noch während der Durchführung der Stufe 9 gezielt beachten. Danach sollten diese Regeln in Fleisch und Blut übergegangen sein. Wenn es Ihnen schwer fällt, die Regeln umzusetzen, dann sollten Sie sich mehrere Wochen auf diesen Schritt konzentrieren, bevor Sie zu dem nächsten übergehen.

Materialien für diese Stufe:
- *Memo-Karte* mit Protokoll
- Arbeitsblatt 8: Liste der Familienregeln

Elternleitfaden, Stufe 9:

Setzen Sie natürliche Konsequenzen, wenn Ihr Kind Aufforderungen und Regeln nicht befolgt!

Ist das bei Ihnen auch so?

Peter weiß oft gar nicht, wo er bei seiner Mutter dran ist. Manchmal gibt es Tage, da passiert überhaupt nichts, wenn er sein Saftglas beim Mittagessen umfallen läßt. Seine Mutter steht nur wortlos auf und wischt den Saft weg. Dann wiederum, nur einen Tag später, kann sie bei der gleichen Situation richtig sauer werden, schreit und brüllt und schickt ihn für den Rest des Nachmittages auf sein Zimmer. Meist darf er aber dann doch schon wieder nach einer halben Stunde aus dem Zimmer kommen.

Viele Eltern von Kindern mit Verhaltensproblemen finden es schwer, auf die häufigen Regelverstöße ihrer Kinder regelmäßig und angemessen zu reagieren. Die Reaktion der Eltern auf den Regelverstoß hängt meist davon ab, wie sehr sich die Eltern darüber geärgert haben. So kommt es vor, daß Eltern manchmal keine Konsequenz auf das Verhaltensproblem folgen

lassen und zu einem anderen Zeitpunkt auf dasselbe Problem sehr streng reagieren. Häufig drohen Eltern auch Konsequenzen an, die sie dann gar nicht oder nur teilweise umsetzen.

Was können Sie tun ?

Die folgenden Punkte sollen Ihnen dabei helfen, auf die Verhaltensprobleme Ihres Kindes mit sogenannten „natürlichen" Konsequenzen zu reagieren und diese regelmäßig durchzuführen. Hier soll Ihnen eine Idee davon vermittelt werden, wie solche natürliche Konsequenzen aussehen können.

Diese Regeln können Ihnen helfen!

1. **Loben Sie Ihr Kind, wenn es Aufforderungen und Regeln einhält.** Vergessen Sie nicht, Ihr Kind für das Einhalten von Regeln und Aufforderungen zu loben (siehe Stufe 8). Wenn Sie auf unangemessenes Verhalten mit negativen Konsequenzen reagieren, dürfen Sie nicht vergessen, das gute Verhalten auch entsprechend anzuerkennen. Nur dadurch kann sich das gewünschte Verhalten wirklich festigen.

2. **Achten Sie bei der Auswahl negativer Konsequenzen darauf, daß sie auch durchführbar sind.** Negative Konsequenzen müssen folgende Eigenschaften haben:
   - **Negative Konsequenzen müssen durchführbar sein!** Sie sollten immer nur solche negativen Konsequenzen aussprechen, die Sie auch durchführen können. Überlegen Sie sich, welche negative Konsequenzen für Sie wirklich durchführbar sind.
   - **Negative Konsequenzen müssen sofort erfolgen!** Negative Konsequenzen sind umso wirksamer, je näher sie zeitlich mit dem Problemverhalten in Verbindung stehen. Falls einmal eine unmittelbare Konsequenz nicht sofort erfolgen kann (zum Beispiel, weil Sie selbst das Haus verlassen müssen), so sollten

Sie jedoch unmittelbar Ihrem Kind die negative Konsequenz ankündigen und zum nächstmöglichen Zeitpunkt auch durchführen.

- **Negative Konsequenzen müssen regelmäßig erfolgen!** Die Regelmäßigkeit der Konsequenz ist die entscheidende Voraussetzung dafür, daß sich Ihr Kind angemessen verhält und nicht die Härte der Konsequenz. Nur durch die regelmäßige und konstante negative Konsequenzen lernt Ihr Kind, daß sein unangemessenes Verhalten nicht geduldet wird.

3. **Beachten Sie verschiedene Formen von natürlichen negativen Konsequenzen.** Natürliche negative Konsequenzen lassen sich in folgende Formen unterscheiden:

- **Wiedergutmachung**: Der Schaden, der durch das Problemverhalten entstanden ist, muß wiedergutgemacht werden:
  - das Kind baut den dem Bruder zerstörten Turm wieder auf;
  - das Kind putzt den verschütteten Tee auf;
  - das Kind hebt das heruntergeworfene Spiel auf.
- **Ausschluß aus der Situation**: Das Kind wird aus der Situation kurzzeitig ausgeschlossen, in der sich das Problemverhalten entwickelt hat:
  - das Kind verläßt das Zimmer, in dem es den Bruder ärgert;
  - das Kind wird aus dem gemeinsamen Spiel ausgeschlossen, weil es sich nicht an die Spielregeln hält;
  - das Kind wird vom gemeinsamen Essen ausgeschlossen, weil es laut rülpst.

  Durch den Ausschluß kann das Problemverhalten zunächst unterbrochen werden. Wirksam ist dies als negative Konsequenz jedoch nur dann, wenn der Ausschluß von Ihrem Kind auch als unangenehm erlebt wird. Die Dauer des Ausschlusses braucht nicht lange zu sein und sollte vorher von Ihnen festgelegt werden. Zudem sollte das Kind die Möglichkeit haben, von sich aus den Ausschluß zu beenden, wenn es der Meinung ist, daß es die Regel/Aufforderung jetzt einhalten kann.
- **Entzug von Privilegien**: Sie können Ihrem Kind Dinge entziehen, die es besonders gerne mag oder besonders gerne hat. Der Entzug solcher Privilegien sollte im günstigsten Falle mit dem Problemverhalten in Verbindung stehen:
  - das Kind bekommt nur Nachtisch, wenn es den Teller leergegessen hat, den es sich selbst geschöpft hat;

  - das Kind kann seinen Freund nicht besuchen, bevor die Hausaufgaben fertig sind;
  - die Spielmaterialien, die trotz Aufforderung zum Aufräumen noch auf dem Fußboden liegen (und daher nicht gesaugt werden kann), werden in einen Sack gesteckt und für eine Zeit lang im Keller verwahrt.

  Am häufigsten werden fernsehen und Computer spielen als Privilegien entzogen. Entziehen Sie Ihrem Kind bei problematischem Verhalten lieber „alltägliche" Privilegien, die in nicht zu großem zeitlichem Abstand zum Problemverhalten stehen (nicht direkt den Kinobesuch nächsten Monat streichen).
- **Einengung des Handlungsspielraums**: Setzen Sie die negative Konsequenz nicht durch Worte, sondern durch eigene Handlungen. Dies ist vor allem bei jüngeren Kindern sinnvoll:
  - Sie führen die Hand Ihres Kindes zu den Schuhen, die es aufräumen soll;
  - Sie führen Ihrem Kind die Hand beim Aufräumen;
  - Sie nehmen Ihrem Kind das Spielzeug aus der Hand, das es dem Bruder weggenommen hat.

4. **Erarbeiten Sie für jede einzelne Regel und Aufforderung die natürliche negative Konsequenz.** Nehmen Sie das Arbeitsblatt 8 (Liste der Familienregeln) zur Hand und tragen Sie für jede einzelne Regel in die entsprechende Spalte die natürliche negative Konsequenz ein. Denken Sie daran, daß natürliche Konsequenzen:
   - sich möglichst direkt aus dem Problemverhalten ergeben;
   - durchführbar sein müssen;
   - sofort erfolgen sollen;
   - regelmäßig erfolgen müssen.

5. **Durchführung der negativen Konsequenz.** Wenn Ihr Kind sich an eine Regel oder Aufforderung nicht hält, dann gehen Sie folgendermaßen vor:
   1. Benennen Sie zunächst die Regelverletzung und kündigen Sie die negative Konsequenz an (z. B.: „Du darfst deinen Bruder nicht schlagen, du mußt jetzt in dein Zimmer!").
   2. Geben Sie Ihrem Kind eine Chance, falls das Problemverhalten noch andauert (z. B. Ihr Kind räumt sein Zimmer nicht auf). Kommt Ihr Kind jetzt der Aufforderung nach, so loben Sie es dafür.

3. Geben Sie Ihrem Kind die Möglichkeit, sich zu der Regelverletzung zu äußern („Ich habe meinen Bruder gehauen, weil er mir mein Spielzeug weggenommen hat.").
4. Begründen Sie, wenn nötig, noch einmal kurz die Regel („Das ist trotzdem kein Grund zu schlagen!").
5. Führen Sie die negative Konsequenz durch („Du entschuldigst dich bei ihm, er gibt dir dein Spielzeug wieder und ihr bleibt beide für zehn Minuten in euren Zimmern!").

6. **Führen Sie keine langen Diskussionen mit Ihrem Kind.** Ihr Kind sollte zwar die Möglichkeit haben, sich zu der Situation zu äußern, um Mißverständnisse und Ungerechtigkeiten zu vermeiden, führen Sie aber keine Grundsatzdiskussionen um die Regel selbst! Sollte dies einmal nötig sein, dann führen Sie solche Gespräche in einer ruhigen Atmosphäre (z. B. in einem Familienrat, siehe Stufe 6) durch und nicht unmittelbar nach dem Problemverhalten.

7. **Führen Sie die negative Konsequenz möglichst ruhig durch.** Es ist sicher nicht immer leicht, negative Konsequenzen ruhig durchzuführen. Bedenken Sie aber, daß lautes Schreien in der Regel keine hilfreiche Erziehungsmaßnahme darstellt, sondern nur der eigenen Ärgerabfuhr dient. Wenn Sie die negative Konsequenz ruhig durchführen, wird sie meist wirksamer sein. Falls Sie sehr ärgerlich sind oder zu impulsiven Handlungen neigen, versuchen Sie zunächst, Ihren Ärger zumindest ein wenig zu vermindern. Dabei kann es hilfreich sein, einfach etwas Zeit verstreichen zu lassen, einige Male tief durchzuatmen oder kurz aus dem Raum zu gehen.

8. **Wählen Sie zwei Aufforderungen oder Familienregeln aus.** Konzentrieren Sie sich zunächst nur auf ein oder zwei Aufforderungen, bei denen Sie die natürlichen negativen Konsequenzen anwenden. Tragen Sie diese ausgewählten Aufforderungen und die entsprechenden natürlichen Konsequenzen in die **Memo-Karte** ein. Protokollieren Sie Ihre Erfahrungen auf der Rückseite der *Memo-Karte*.

Durchführungsdauer für diese Stufe:
Mindestens drei Wochen. Wenn es Ihnen leicht fällt, die Regeln umzusetzen, dann können Sie danach mit der nächsten Stufe beginnen. Da-

nach sollten diese Regeln in Fleisch und Blut übergegangen sein. Wenn es Ihnen schwer fällt, die Regeln umzusetzen, dann sollten Sie sich mehrere Wochen auf diesen Schritt konzentrieren, bevor Sie zu dem nächsten übergehen.

Materialien für diese Stufe:
- *Memo-Karte* mit Protokoll
- Arbeitsblatt 8: Liste der Familienregeln

Elternleitfaden, Stufe 10:
Wenn Lob alleine nicht ausreicht:
Der Punkte-Plan

Ist das bei Ihnen auch so?

Obwohl Peters Mutter sehr darauf achtet, Peter zu loben, wenn er das getan hat, was sie gesagt hat, bleiben manche Situationen einfach schwierig. Viele von den Problemen gibt es jetzt schon so lange und sind so festgefahren, daß weder Peter noch seine Mutter es schaffen, aus diesem Teufelskreis herauszukommen. Immer wieder geraten sie in solchen Situationen aneinander, und sie bleiben schwierig.

Viele Eltern loben ihr Kind, wenn es etwas gut gemacht hat. Doch trotzdem kommt es noch häufig vor, daß das Kind den Aufforderungen und seinen Aufgaben nicht nachkommt. Manchmal genügt es nicht, das Kind durch Lob zu motivieren, seine Aufgaben zu erfüllen und Regeln oder Aufforderungen zu befolgen. Vor allem dann nicht, wenn sich das problematische Verhalten

schon sehr lange entwickelt hat und daher sehr stabil ist. Anderen Eltern fällt es schwer, ihr Kind regelmäßig zu loben, obwohl sie es sich fest vorgenommen haben. Auch in diesen Fällen kann ein *Punkte-Plan* hilfreich sein, weil die Eltern dabei angeleitet werden, regelmäßig auf ein bestimmtes Verhalten positiv zu reagieren.

Was können Sie tun?

Wir möchten Ihnen eine besondere Hilfe vorschlagen, um das Verhalten Ihres Kindes zu verändern. Eine solche Hilfe, die sich nach unserer Erfahrung häufig als sehr erfolgreich erwiesen hat, ist der *Punkte-Plan*. Dabei bekommt Ihr Kind regelmäßig Punkte, wenn es ein bestimmtes erwünschtes Verhalten zeigt. Diese Punkte kann es später in Belohnungen eintauschen. Wir werden Ihnen zunächst helfen, einen solchen Punkte-Plan mit Ihrem Kind zu entwickeln, und anschließend erklären, wie Sie diesen Plan durchführen können.

Diese Regeln können Ihnen helfen!

I. Die Entwicklung des *Punkte-Plans:*

1. **Beschreiben Sie das Problemverhalten möglichst genau.** Wählen Sie zunächst das Problemverhalten aus, das Sie verändern wollen. Für die Entwicklung eines ersten *Punkte-Plans* ist es leichter, wenn Sie nicht direkt das schwierigste Problemverhalten auswählen, aber dennoch eines, das Ihnen wichtig ist. Beschreiben Sie dann das Problemverhalten und die Situation, in der das Verhalten auftritt, möglichst genau. Schreiben Sie also nicht einfach auf: „ist unfolgsam" oder „ist ein Störenfried", sondern beispielsweise „stört seine Schwester bei den Hausaufgaben, indem er in ihr Zimmer geht oder in dieser Zeit zuviel Krach macht". Weniger konkrete Probleme lassen sich häufig in mehrere Probleme in verschiedenen Situationen aufteilen.

   Beschreiben Sie das Problemverhalten und die Situation, in der das Verhalten auftritt, möglichst genau:

2. **Beschreiben Sie, wie das unproblematische Verhalten in dieser Situation aussehen müßte.** Beschreiben Sie, wie sich Ihr Kind in

der Situation verhalten müßte, damit Sie das Verhalten als unproblematisch einschätzen. Versuchen Sie dabei wieder, das gewünschte Verhalten möglichst genau zu beschreiben. Bei dem oben genannten Beispiel könnte das erwünschte Verhalten so lauten: „Mein Kind bleibt während der Hausaufgabenzeit außerhalb des Zimmers seiner Schwester und verhält sich entsprechend leise, damit die Schwester nicht gestört wird." Die genaue Definition des erwünschten Verhaltens ist für die spätere Punkte-Vergabe wichtig.

Beschreiben Sie, wie das unproblematische Verhalten in dieser Situation aussehen müßte:

3. **Wählen Sie die Art der Punkte aus, die Ihr Kind bekommt, wenn es sich angemessen verhält.** Überlegen Sie gemeinsam mit Ihrem Kind, was es als unmittelbare Belohnung bekommt, wenn es sich in der Situation unproblematisch verhält. Dabei haben sich einfache Klebepunkte oder auch Klebebildchen bewährt, die Ihr Kind auf sein *Punkte-Konto* (Arbeitsblatt 10) kleben kann. Sie können die Punkte aber auch einfach aufmalen, als Sterne, Blumen oder was Ihrem Kind gefällt!

4. **Bestimmen Sie die Verhaltensweisen, für die es einen Punkt gibt.** Legen Sie gemeinsam mit Ihrem Kind fest, für welche Verhaltensweisen es einen Punkt bekommen kann. In dem genannten Beispiel könnte das Kind einen Punkt bekommen, wenn es sich in der Hausaufgabenzeit der Schwester ruhig verhält und nicht in ihr Zimmer geht. Es hat sich jedoch als wirkungsvoller herausgestellt, das Kind zunächst schon dann zu belohnen, wenn Teile seines Verhaltens unproblematisch sind. Sie könnten also mit Ihrem Kind vereinbaren, daß es jeweils einen Punkt bekommt, wenn es erstens während der Hausaufgabenzeit nicht in das Zimmer der Schwester geht und wenn es zweitens keinen Lärm macht. Möglicherweise müssen Sie noch genau festlegen, was unter „Lärm" zu verstehen ist. Dann könnte das Kind jeden Tag bis zu zwei Punkten bekommen.

Diese Aufteilung von umfangreichen Situationen in mehrere kleine Schritte ist wichtig, damit das Kind für jedes angemessene Verhalten einzeln belohnt wird. Tragen Sie das erwünschte Verhalten und die Anzahl der Punkte, die sich Ihr Kind verdienen kann, in die Spielregeln für den *Punkte-Plan* (Arbeitsblatt 9) ein.

5. **Legen Sie gemeinsam mit Ihrem Kind eine Wunschliste für Sonderbelohnungen an.** In der Regel reicht es nicht aus, wenn Sie Ihrem Kind als Belohnung Punkte geben, um sehr eingefahrenes Problemverhalten zu verändern. Deshalb ist es sinnvoll, mit Ihrem Kind für eine bestimmte Anzahl von Punkten eine Sonderbelohnung zu vereinbaren. Machen Sie zunächst gemeinsam mit Ihrem Kind eine Wunschliste, in die Sie möglichst viele Dinge eintragen, über die sich Ihr Kind freuen würde. Schreiben Sie zunächst alle möglichen Vorschläge für Sonderbelohnungen auf, auch jene, mit denen Sie nicht ganz einverstanden sind. Die ganz großen Wünsche, wie ein neues Fahrrad oder ein Computer, sollten dabei allerdings nicht auftauchen. Wichtig sind kleinere Belohnungen, die häufiger gegeben werden können. Denken Sie dabei nicht nur an materielle Dinge, sondern vor allem an Vergünstigungen und gemeinsame Aktivitäten.
Hier einige Beispiele:
   - Mit den Eltern ein Tischspiel spielen;
   - etwas vorgelesen bekommen;
   - mit dem Vater Fußballspielen oder zu einem Fußballspiel gehen;
   - Schwimmen gehen;
   - ins Kino gehen;
   - etwas länger aufbleiben dürfen;
   - einen bestimmten Film im Fernsehen sehen dürfen;
   - zum Hamburger-Essen gehen;
   - Belohnungen, die Ihrem Kind schrittweise gegeben werden können, wie Legosteine für ein Lego-Schiff oder -Flugzeug oder Puzzle-Teile.

   Ihr Kind sollte möglichst viele Vorschläge machen. Achten Sie darauf, daß mindestens fünf bis zehn Sonderbelohnungen aufgeschrieben werden, die alle unterschiedlichen Belohnungswert haben sollten, d. h., die Liste sollte sowohl kleinere als auch größere Belohnungen enthalten.

Wunschliste für Sonderbelohnungen:

1.
2.
3.
4.
5.
6.
7.
8.

6. **Bestimmen Sie die Anzahl der Punkte, die für die Sonderbelohnungen notwendig sind.** Wählen Sie nun die Sonderbelohnungen aus, mit denen Sie und Ihr Kind gemeinsam einverstanden sind. Achten Sie bitte darauf, sowohl kleinere als auch etwas größere Sonderbelohnungen auszuwählen. Sie sollten mindestens vier verschieden große Belohnungen auswählen. Besprechen Sie dann gemeinsam mit Ihrem Kind, wieviele Punkte es für die einzelnen Belohnungen eintauschen muß. Die Anzahl der Punkte, die eingetauscht werden müssen, hängt von der Zahl der Punkte ab, die Ihr Kind an einem Tag erhalten kann. Die kleinste Belohnung sollte Ihr Kind bekommen können, wenn es an einem Tag etwas mehr als die Hälfte der möglichen Punkte erreicht hat. Je höher der Wert der Sonderbelohnungen ist, desto höher sollte natürlich auch die notwendige Punktezahl dafür sein. Schreiben Sie die für jede Belohnung notwendige Punktzahl auf das Arbeitsblatt 9: Mein Punkte-Plan: Spielregeln.

II. Die Durchführung des *Punkte-Plans:*

1. **Befestigen Sie den *Punkte-Plan* an einer gut sichtbaren Stelle in der Wohnung.** Häufig eignet sich eine Stelle im Kinderzimmer (z. B. die Tür) oder in der Küche (z. B. am Kühlschrank), um die Spielregeln des *Punkte-Plans* (Arbeitsblatt 9) und das Punkte-Konto (Arbeitsblatt 10) aufzuhängen. Manche Kinder wünschen allerdings nicht, daß der *Punkte-Plan* auch für Besucher sichtbar ist. Besprechen Sie deshalb mit Ihrem Kind die Stelle, an der der *Punkte-Plan* festgemacht werden soll. Bei jüngeren Kindern, die

noch nicht zählen können, eignet sich statt des Punkte-Kontos das Arbeitsblatt 11: Meine Punkte-Schlange. Hier kann sich das Kind jeweils einen Punkt nach dem anderen anmalen, wenn es sich entsprechend verhalten hat. Sie können an der Punkte-Schlange die Stelle markieren, an der es die Sonderbelohnungen bekommen kann (z. B. ein Zeichen für ein Buch nach dem dritten Punkt, als Hinweis, daß es an dieser Stelle eine besonders lange Geschichte vorgelesen bekommt).

2. **Erinnern Sie Ihr Kind an den *Punkte-Plan*.** Erinnern Sie Ihr Kind zu Beginn der üblicherweise problematischen Situation an den *Punkte-Plan* und machen Sie ihm Mut. Sagen Sie Ihrem Kind noch einmal kurz, bei welchem Verhalten es einen Punkt bekommen kann.

3. **Geben Sie die Punkte sofort, nachdem sich Ihr Kind unproblematisch verhalten hat.** Wenn Ihr Kind sich in der Situation unproblematisch verhalten hat, dann geben Sie ihm sofort einen Punkt, damit es den Punkt an der entsprechenden Stelle einkleben oder aufmalen kann. Loben Sie Ihr Kind dafür, daß es sich so angestrengt hat und zeigen Sie ihm, daß Sie sich mit ihm freuen. Wenn Ihr Kind keinen Punkt erhalten konnte, dann erklären Sie Ihrem Kind in neutralem Ton kurz, warum es nun keinen Punkt bekommen kann. Ermutigen Sie es aber trotzdem, sich beim nächsten Mal noch mehr anzustrengen und machen Sie an der entsprechenden Stelle im *Punkte-Plan* einen Strich.

4. **Besprechen Sie abends mit Ihrem Kind, wie gut es den *Punkte-Plan* erfüllen konnte.** Besprechen Sie zusammen mit Ihrem Kind abends, zum Beispiel beim Zubettgehen, wie gut der *Punkte-Plan* an diesem Tag über geklappt hat. Loben Sie Ihr Kind noch einmal für seine Erfolge und machen Sie ihm Mut für den nächsten Tag, wenn es nicht so gut gelaufen ist. Häufig ist es günstig, den Vater in die Besprechung mit einzubeziehen. Ihr Kind hat dann die Möglichkeit, ihm anhand des *Punkte-Plans* zu zeigen, was alles gut gegangen ist.

5. **Keine Punkte entziehen.** Wenn sich Ihr Kind im Verlaufe des Tages in anderen Situationen problematisch verhält, dann dürfen Sie ihm dafür keine Punkte entziehen. Einmal „verdiente" Punkte dürfen

auf keinen Fall wieder weggenommen werden. Sonst kann der Punkte-Plan nicht erfolgreich werden. Sie dürfen nicht erwarten, daß mit dem *Punkte-Plan*, der auf ganz bestimmte Verhaltensänderungen abzielt, sich gleich auch alle anderen Probleme erledigen.

6. **Keine zu hohen Erwartungen!** Sie dürfen nicht erwarten, daß Ihr Kind von Anfang an alle Punkte bekommen wird. Erfahrungsgemäß erreichen die meisten Kinder in der ersten Woche etwa die Hälfte aller möglichen Punkte. Das ist schon ein großer Fortschritt! Wenn Ihr Kind innerhalb der ersten drei Tage keinen einzigen Punkt erreicht, dann wurde ein Fehler bei der Entwicklung des *Punkte-Plans* gemacht und der *Punkte-Plan* muß verändert werden. Häufig liegt der Fehler darin, daß die Sonderbelohnungen nicht wirklich attraktiv sind oder daß die für einen Punkt nötige Verhaltensänderung zu schwer ist. Wenn der Plan nicht in den ersten Tage schon Erfolge zeigt, wird er in aller Regel auch in den nächsten Tage nicht mehr erfolgreich werden. Die Erfahrung zeigt, daß sichtbare Verhaltensänderungen sehr schnell oder gar nicht eintreten.

7. **Tauschen Sie die Punkte in Sonderbelohnungen ein.** Ihr Kind darf entscheiden, welche Sonderbelohnungen es für seine erreichten Punkte eintauschen will. Es darf entweder eine geringere Punktzahl in eine kleine Belohnung umtauschen oder auf eine größere „sparen". Hat Ihr Kind die Sonderbelohnung erhalten, werden die dafür eingetauschten Punkte auf dem *Punkte-Plan* abgehakt. Denken Sie daran, daß Sie Ihrem Kind die Sonderbelohnung auf jeden Fall geben müssen, wenn es die Punkte dafür zusammen hat. Auch dies ist eine wichtige Abmachung in diesem Plan!

8. **Aller Anfang ist schwer!** Der *Punkte-Plan* sieht zwar wie eine recht einfache Maßnahme aus, es verlangt aber meist eine Umstellung fester Gewohnheiten nicht nur bei Ihrem Kind, sondern auch bei Ihnen selbst und ist deshalb oft anstrengender als zunächst vermutet. Vor allem ist es wichtig, daß Sie den *Punkte-Plan* möglichst genau führen und daß Sie Ihrem Kind den Punkt sofort geben, wenn es ihn verdient hat.

Durchführungsdauer für diese Stufe:
Durch *Punkte-Pläne* lassen sich meist bereits in der ersten Woche Veränderungen erzielen. Falls Ihr Kind innerhalb einer Woche keine Punkte

bekommt, sind die Verhaltensweisen, für die Ihr Kind einen Punkt bekommen soll, möglicherweise zu schwer zu erreichen oder die Sonderbelohnungen sind nicht interessant genug. Versuchen Sie in einem solchen Fall den *Punkte-Plan* entsprechend zu korrigieren. Auch wenn der *Punkte-Plan* sehr erfolgreich verläuft, müssen Sie ihn mehrere Wochen durchführen. Bearbeiten Sie die Stufe 11, die Ihnen Hinweise gibt, wie man *Punkte-Pläne* verändert und beendet. Falls ein Punkte-Plan nicht erfolgreich ist, kann ein *Wettkampf um lachende Gesichter* möglicherweise wirkungsvoller sein.

Materialien für diese Stufe:
- Arbeitsblatt 9: Mein Punkte-Plan: Spielregeln
- Arbeitsblatt 10: Mein Punkte-Plan: Konto
- Arbeitsblatt 11: Meine Punkte-Schlange

Elternleitfaden, Stufe 11:

Wie man einen *Punkte-Plan* verändert und beendet

Ist das bei Ihnen auch so ?

Peters Mutter führt schon seit vielen Wochen einen *Punkte-Plan* durch. Peter steht jetzt morgens besser auf, aber das Anziehen und Waschen ist immer noch ein Problem, obwohl Peter auch dafür Punkte bekommen kann. Zu Beginn der *Punkte-Planes* klappte das allerdings auch besser. Doch jetzt ist irgendwie die Luft raus.

Was können Sie tun ?

Wenn ein *Punkte-Plan* über Wochen und Monate durchgeführt wird, verliert er gelegentlich an Attraktivität. Manchmal kann es auch schwierig sein, einen *Punkte-Plan* zu beenden. Die folgenden Regeln zeigen Ihnen, wie Sie einen *Punkte-Plan* verändern und schrittweise beenden können. Denn schließlich wollen Sie mit Ihrem Kind nicht bis ans Lebensende *Punkte-Pläne* durchführen!

Diese Regeln können Ihnen helfen !

1. **Ergänzen Sie von Zeit zu Zeit die Sonderbelohnungen.** Gelegentlich kann es vorkommen, daß der *Punkte-Plan* an Attraktivität verliert. Dies liegt häufig daran, daß die Sonderbelohnungen für das Kind nicht mehr interessant sind. Ergänzen Sie deshalb von Zeit zu Zeit den Belohnungsplan. Meist ist es sinnvoll, mit der Zeit größere Sonderbelohnungen aufzunehmen, für die auch eine größere Anzahl an Punkten eingetauscht werden muß. Das ist außerdem ein guter Einstieg in die Beendigung des Plans, weil Ihr Kind dann länger auf Belohnungen sparen muß und nicht mehr täglich eine Sonderbelohnung bekommt. Sie sollten aber dennoch nicht vergessen, Ihr Kind dafür zu loben und Ihre Freude zu zeigen, wenn es sich erwünscht verhält. Denken Sie bei den größeren Sonderbelohnungen vor allem auch an besondere gemeinsame Aktivitäten (z. B. in einen Freizeitpark gehen).

2. **Erweitern Sie den Plan auf andere problematische Verhaltensweisen.** Sie können den Plan auf andere problematische Verhaltensweisen erweitern, wenn das problematische Verhalten, für das Sie ursprünglich den *Punkte-Plan* eingesetzt haben, nur noch selten auftritt.

3. **Beenden Sie die *Punkte-Pläne* nicht zu schnell!**
   Manchmal lassen sich durch die *Punkte-Pläne* relativ rasch Veränderungen erreichen. Sie dürfen dann aber nicht zu schnell mit dem *Punkte-Plan* aufhören. Bedenken Sie, daß das problematische Verhalten, das Sie durch den *Punkte-Plan* verringert haben, oft seit

vielen Jahren bestand. Das unproblematische Verhalten sollte mehrere Wochen andauern (mindestens zwei Monate), bevor Sie an eine Beendigung des *Punkte-Planes* denken können.

4. **Vermindern Sie die Punktzahl für unproblematisches Verhalten.** Ein weiterer Weg zur Beendigung des *Punkte-Planes* ist die Verminderung der Punktzahl für das unproblematische Verhalten. In unserem Beispiel eines *Punkte-Planes* zur Verminderung des Störens der Schwester während der Hausaufgabenzeit konnte der Junge insgesamt zwei Punkte täglich verdienen. Wenn der Junge über einige Wochen hinweg alle oder fast alle Punkte erreicht hat, dann kann der *Punkte-Plan* so verändert werden, daß er nur noch einen Punkt oder ein Klebebild bekommt, wenn er die Schwester während der Hausaufgabenzeit nicht stört. Dann sollten jedoch auch die Punktzahlen für die Sonderbelohnungen neu überdacht werden.

5. **Beendigung des *Punkte-Planes* durch „natürliches Vergessen".** Die meisten *Punkte-Pläne* verlieren mit der Zeit an Attraktivität. Die Kinder vergessen, ihre Punkte einzutauschen, die Eltern vergessen die Punkte zu vergeben; der *Punkte-Plan* „schläft" sozusagen von selbst ein. Diese Entwicklung ist erwünscht, wenn das problematische Verhalten nur noch selten oder überhaupt nicht mehr auftritt. Der *Punkte-Plan* hat dann seinen Zweck erfüllt und kann beendet werden. Wichtig ist aber, daß Sie weiterhin Ihr Kind dafür loben, daß es sich in der Situation unproblematisch verhält und Sie ihm Ihre Freude darüber zeigen. Ansonsten schleichen sich die „alten" Verhaltensmuster langsam wieder ein.

6. **Verzichten Sie einmal probeweise auf den *Punkte-Plan*.** Wenn der *Punkte-Plan* auf die oben beschriebene Weise mit der Zeit nicht einfach „einschläft", dann müssen gezielte Maßnahmen unternommen werden, um das System langsam zu beenden. Eine Möglichkeit ist es, auf den Plan einmal probeweise zu verzichten. Besprechen Sie mit Ihrem Kind, daß der *Punkte-Plan* aufgrund seiner Bemühungen nun nicht mehr notwendig ist und eine Belohnung in ein paar Wochen erfolgt, wenn es weiterhin so gut geht. Sie können dann gemeinsam mit Ihrem Kind überlegen, ob die Vergabe der Punkte oder Bilder weiterhin notwendig ist. Nach unserer Erfahrung ist es meist sinnvoll, die Punktevergabe noch eine Zeitlang

weiterzuführen, auch wenn sie nicht mehr in Sonderbelohnungen umgetauscht werden. Vergessen Sie nicht, Ihr Kind weiterhin zumindest gelegentlich für das erwünschte Verhalten zu loben!

Durchführungsdauer für diese Stufe:
Siehe Hinweis in Stufe 10.

Materialien für diese Stufe:
keine

Elternleitfaden, Stufe 12:
Der Wettkampf um lachende Gesichter

Ist das bei Ihnen auch so?

Beim Mittagessen kann Peter einfach nicht sitzen bleiben. Ständig steht er auf – 'mal fehlt ein Löffel, dann muß er auf die Toilette, dann fällt ihm ein, daß sein Game-boy noch läuft und dann muß er unbedingt sofort seinen Freund anrufen. Die Mutter könnte an die Decke gehen, wenn er andauernd aufsteht. Peters Mutter ist ganz ratlos und weiß nicht, was sie machen soll. Sie hat schon alles probiert: Schimpf, loben, nicht beachten – nichts hat geholfen. Ab und zu aufstehen, findet sie O. K. und deshalb will sie auch nicht jedesmal schimpfen, aber so lernt es Peter nie, einmal eine längere Zeit sitzen zu bleiben.

Der *Punkte-Plan* stellt eine Möglichkeit dar, das Verhalten eines Kindes zu verändern, indem das Kind belohnt wird, wenn es ein problematisches Verhalten nicht zeigt. Durch diese Methoden lassen sich viele Probleme vermindern. Manchmal ist es jedoch notwendig, daß auf häufige „kleine" problematische Verhaltensweisen auch „kleine" negative Konsequenzen erfolgen. Dies ist vor allem dann notwendig, wenn das Verhalten sehr häufig auftritt.

Was können Sie tun?

Sicher haben Sie schon häufig versucht, problematische Verhaltensweisen Ihres Kindes durch verschiedene

Formen der Bestrafung zu verändern. Wahrscheinlich haben Sie, wie die meisten Eltern, die Erfahrung gemacht, daß Bestrafungen oft nur kurzfristig helfen. Dies ist meist dann der Fall, wenn Kinder für problematisches Verhalten nur bestraft werden und für unproblematisches und angemessenes Verhalten nicht belohnt werden oder wenn Bestrafungen und Belohnungen nicht konstant und regelmäßig erfolgen.

Eine Methode, die eine negative Konsequenz bei problematischem Verhalten mit Belohnungen für unproblematisches Verhalten in spielerischer Weise verbindet, stellt der *Wettkampf um lachende Gesichter* dar. Er ist ganz ähnlich aufgebaut wie der *Punkte-Plan* (10. Stufe). Beim *Punkte-Plan* erhält das Kind einen Punkt, wenn es sich in einer sonst schwierigen Situation angemessen verhält. Beim *Wettkampf um lachende Gesichter* wird dem Kind ein Punkt entzogen, wenn es ein bestimmtes problematisches Verhalten zeigt. Er ist besonders geeignet, um sehr häufig auftretende Verhaltensprobleme zu beeinflussen. Die einzelnen Regeln, die beim Aufbau und bei der Durchführung des *Wettkampfes um lachende Gesichter* zu beachten sind, ähneln den Regeln für den *Punkte-Plan*.

Wir werden Ihnen zunächst helfen, einen *Wettkampf um lachende Gesichter* mit Ihrem Kind zu entwickeln und anschließend erklären, wie Sie diesen *Wettkampf um lachende Gesichter* durchführen können.

Diese Regeln können Ihnen helfen!

I. Die Entwicklung des *Wettkampfes um lachende Gesichter:*

1. **Beschreiben Sie das Problemverhalten möglichst genau.** Wählen Sie zunächst das Problemverhalten aus, das Sie verändern wollen. Beschreiben Sie das Problemverhalten und die Situation, in der das Verhalten auftritt, möglichst genau. Denken Sie daran, daß sich Verhaltensprobleme umso leichter verändern lassen, je genauer sie beschrieben werden können und je deutlicher sie mit einer ganz bestimmte Situationen im Zusammenhang stehen. Für den *Wettkampf um lachende Gesichter* eignen sich vor allem problematische Verhaltensweisen von kurzer Dauer, die im Einzelfall möglicherweise wenig belastend sind, aber dafür sehr häufig auftreten, beispielsweise häufiges Fluchen oder ständiges Aufstehen vom Mittagessen.

Beschreiben Sie also genau das problematische Verhalten, das zu einem Punkte-Entzug führt. Bei dem Problem „Stört seine Schwester bei den Hausaufgaben" könnten Sie beispielsweise schreiben: „1. betritt das Zimmer seiner Schwester, während sie Hausaufgaben macht; 2. macht während der Hausaufgabenzeit der Schwester stark störende Geräusche." Es hat sich als günstig herausgestellt, zu Beginn nicht mehr als zwei verschiedene Verhaltensprobleme (z. B. Fluchen und lautes Schreien) für den *Wettkampf um lachende Gesichter* herauszugreifen. Tragen Sie das Verhalten in das Blatt mit den Spielregeln zum *Wettkampf um lachende Gesichter* ein (Arbeitsblatt 12).

Beschreiben Sie das Problemverhalten und die Situation, in der das Verhalten auftritt, möglichst genau:

2. **Wählen Sie den Beginn und das Ende der „Spielzeit".** Überlegen Sie, wie häufig in etwa das problematische Verhalten in dieser Situation auftritt. Für jede „Spielzeit" stehen bei dem *Wettkampf um lachende Gesichter* zehn Gesichter zur Verfügung. Der Beginn und das Ende der „Spielzeit" sollte daher von Ihnen so gewählt werden, daß Ihr Kind auch eine wirkliche Chance hat, lachende Gesichter für sich zu gewinnen. Das problematische Verhalten sollte deshalb innerhalb der als „Spielzeit" vorgesehenen Zeit normalerweise nicht mehr als zehnmal auftreten. Tritt das Problemverhalten deutlich weniger auf, können Sie auch von vornherein um weniger als zehn Gesichter spielen. Tragen Sie den Beginn und das Ende der „Spielzeit" auf das Blatt mit den Spielregeln zum *Wettkampf um lachende Gesichter* ein (Arbeitsblatt 12).

3. **Erklären Sie Ihrem Kind die Spielregeln des** *Wettkampfes um lachende Gesichter.* Erklären Sie Ihrem Kind, daß Sie nun versuchen wollen, einige Probleme zu lösen, die immer wieder zu Auseinandersetzungen führen. Dazu veranstalten Sie einen *Wettkampf um lachende Gesichter*, der zwischen Ihnen und Ihrem Kind ausgetragen wird. Besprechen Sie dann die Spielregeln zum *Wettkampf um lachende Gesichter* mit Ihrem Kind. Jeden Tag wird um zehn Ge-

sichter gespielt. Betonen Sie, daß die Gesichter zunächst niemandem gehören. Sie dürfen sich immer dann ein Gesicht mit einem Stift markieren, wenn Ihr Kind das vorher beschriebene Problemverhalten zeigt. Alle Gesichter, die am Ende der Spielzeit übrig bleiben, darf Ihr Kind als lachende Gesichter in seiner Farbe anmalen.

4. **Legen Sie gemeinsam mit Ihrem Kind eine Wunschliste für Sonderbelohnungen an.** Tragen Sie auf ein Blatt gemeinsam mit Ihrem Kind zunächst einmal möglichst viele Dinge ein, über die Ihr Kind sich freuen würde. Schreiben sie zunächst alle möglichen Vorschläge für Sonderbelohnungen auf, auch die, mit denen Sie eigentlich nicht einverstanden sind. Die ganz großen Wünsche, wie ein neues Fahrrad oder ein Computer, sollten dabei allerdings nicht auftauchen. Wichtig sind kleinere Belohnungen, die häufiger gegeben werden können. Denken Sie dabei nicht nur an materielle Dinge, sondern vor allem an Vergünstigungen und Aktivitäten. In Stufe 10 bei der Erklärung des *Punkte-Planes* wurden mehrere Beispiele für solche Sonderbelohnungen gegeben. Ihr Kind sollte möglichst viele Vorschläge machen. Achten Sie darauf, daß mindestens fünf bis zehn Sonderbelohnungen aufgeschrieben werden, die alle unterschiedlichen Belohnungswert haben sollten, d. h., die Liste sollte sowohl kleinere als auch größere Belohnungen enthalten.

Wunschliste für Sonderbelohnungen:

1.
2.
3.
4.
5.
6.
7.
8.

5. **Bestimmen Sie die Anzahl der *lachenden Gesichter*, die für die Sonderbelohnungen notwendig sind.** Wählen Sie nun zusammen mit Ihrem Kind die Sonderbelohnungen aus, die es später eintauschen darf. Achten Sie bitte darauf, sowohl kleinere als auch etwas

größere Sonderbelohnungen auszuwählen. Sie sollten mindestens vier verschieden große Belohnungen auswählen. Besprechen Sie dann gemeinsam mit Ihrem Kind, wieviele Punkte es für die einzelnen Belohnungen eintauschen muß. Tragen Sie die Sonderbelohnungen und die dafür notwendige Punktzahl auf das Blatt mit den Spielregeln zum *Wettkampf um lachende Gesichter* ein (Arbeitsblatt 12).

II. Die Durchführung des *Wettkampfes um lachende Gesichter:*

1. **Befestigen Sie den Spielplan mit den lachenden Gesichtern an einer gut sichtbaren Stelle in der Wohnung.** Gut eignet sich die Kinderzimmer-, Badezimmer- oder Küchentüre. Manche Kinder wünschen allerdings nicht, daß der Spielplan auch für Besucher sichtbar ist. Besprechen Sie deshalb mit Ihrem Kind die Stelle, an welcher der Spielplan (Wettkampf um lachende Gesichter: Spielplan; Arbeitsblatt 13) festgemacht werden soll.

2. **Erinnern Sie Ihr Kind an den Wettkampf.** Erinnern Sie Ihr Kind vor der entsprechenden Situation an das Spiel und machen Sie ihm Mut.

3. **Markieren Sie sich sofort ein Gesicht, wenn Ihr Kind eines der in den Spielregeln beschriebenen Verhaltensprobleme zeigt.** Wenn Ihr Kind eines der in den Spielregeln beschriebenen Verhaltensprobleme während der Spielzeit zeigt, dann sagen Sie Ihrem Kind, daß jetzt ein Gesicht Ihnen gehört und kennzeichnen Sie es sofort mit einem „traurigen" Gesicht (mit Mundwinkel nach unten) auf dem Spielplan (Arbeitsblatt 13). Manchmal kann es auch gut sein, nicht ein trauriges, sondern ein neutrales Gesicht zu malen (Mund als Strich). Machen Sie das nicht in einer strafenden oder tadelnden Weise, sondern in einem möglichst neutralen Ton! Ermuntern Sie Ihr Kind, sich jetzt wieder anzustrengen, indem Sie auf die noch nicht verteilten Gesichter verweisen.

4. **Besprechen Sie am Ende der Spielzeit mit Ihrem Kind das Ergebnis des *Wettkampfes um lachende Gesichter*.** Ihr Kind darf sich zunächst alle Gesichter, die noch übrig sind, als lachende Gesichter in seiner Farbe malen. Dann zählen Sie gemeinsam, wieviele Gesich-

ter Sie und wieviele Ihr Kind gewonnen hat. Sie können anschließend den „Sieger" ermitteln. Wenn es Ihrem Kind besonders schwer fällt zu verlieren, dann können Sie auch darauf verzichten, den Gewinner zu ermitteln. Stattdessen besprechen Sie mit Ihrem Kind, welche Belohnung es für seine Gesichter eintauschen möchte. Natürlich kann Ihr Kind seine Gesichter auch sammeln und später in eine größere Belohnung eintauschen. Loben Sie Ihr Kind noch einmal für seine Erfolge und machen Sie ihm Mut für den nächsten Wettkampf, wenn es nicht so gut gelaufen ist. Häufig ist es günstig, den Vater in die Besprechung einzubeziehen, wenn nicht anders möglich, auch zu einem späteren Zeitpunkt. Ihr Kind hat dann die Möglichkeit, ihm anhand des Spielplanes zu zeigen, was alles gut gegangen ist.

5. **Halten Sie sich streng an die Spielregeln!** Sie dürfen sich nur dann ein Gesicht markieren, wenn innerhalb der vereinbarten Spielzeit das Problemverhalten auftritt, das im Spielplan festgelegt wurde. Wenn Ihr Kind außerhalb der Spielzeit diese problematischen Verhaltensweisen zeigt, dann dürfen Sie keine Spielmarke für sich ankreuzen. Auch wenn während der Spielzeit neue Verhaltensprobleme auftreten, die nicht im Spielplan erfaßt sind, dürfen Sie keine Spielmarke ankreuzen. Ihr Kind muß sich darauf verlassen können, daß Sie sich an die vorher festgelegten Spielregeln halten, sonst kann der Plan nicht erfolgreich sein. Es ist zwar möglich, den Spielplan zu ändern und neue Spielregeln einzuführen, wenn dies nach einigen Tagen oder Wochen sinnvoll erscheint. Das sollten Sie aber dann mit Ihrem Kind in Ruhe vorher besprechen und begründen.

6. **Tauschen Sie die lachenden Gesichter in Sonderbelohnungen ein.** Ihr Kind darf entscheiden, welche Sonderbelohnungen es für seine gewonnenen lachenden Gesichter eintauschen will. Hat Ihr Kind die Sonderbelohnung erhalten, werden die dafür eingetauschten lachenden Gesichter auf dem Spielplan abgehakt. Denken Sie daran, daß Sie Ihrem Kind die Sonderbelohnung auf jeden Fall geben müssen, wenn es die lachenden Gesichter dafür zusammen hat.

7. **Keine zu hohen Erwartungen!** Sie dürfen nicht erwarten, daß Ihr Kind von Anfang an alle Gesichter bekommen wird. Erfahrungs-

gemäß erreichen die meisten Kinder jedoch in den ersten Wochen fast die Hälfte aller möglichen Spielmarken. Das ist schon ein großer Fortschritt! Wenn Ihr Kind innerhalb der ersten drei Tage kein einziges Gesicht erreicht, dann wurde ein Fehler bei der Entwicklung des Spielplanes gemacht und die Spielregen müssen möglichst schnell verändert werden. Überlegen Sie gemeinsam mit Ihrem Kind, warum es keine Punkte bekommt! Ist es zu schwer, Punkte zu „gewinnen"? Sind die Belohnungen nicht attraktiv genug? Hat das Kind das Gefühl, dieses „Spiel" ist ein reines Bestrafungsinstrument?

8. **Aller Anfang ist schwer!** Der *Wettkampf um lachende Gesichter* sieht zwar wie eine recht einfache Maßnahme aus. Aber er verlangt nicht nur von Ihrem Kind, sondern vor allem von Ihnen selbst eine deutliche Veränderung des bisherigen gewohnten Verhaltens. Daher ist dieser *Wettkampf* oft anstrengender als man zunächst vermutet. Vor allem ist es wichtig, daß Sie den Spielplan möglichst genau führen und daß Sie sich sofort ein Gesicht markieren, wenn das entsprechende Problemverhalten auftritt.

9. **Beenden Sie den** *Wettkampf um lachende Gesichter* **nach einiger Zeit.** Wenn der *Wettkampf um lachende Gesichter* guten Erfolg hat und Ihr Kind kaum noch einen Punkt „verliert", dann können Sie auch zu einem *Punkte-Plan* übergehen. Dann erhält Ihr Kind für die gesamte Zeit einen Punkt, wenn es gut geklappt hat und eventuell zwei Punkte, wenn es „super" geklappt hat. Dann sollten Sie jedoch auch die Punktzahlen für die Sonderbelohnungen neu überdenken, da Ihr Kind jetzt wesentlich weniger Punkte „verdienen" kann. Beachten sie außerdem die Hinweise, die wir in Stufe 11 zur Veränderung und Beendigung von *Punkte-Plänen* gegeben haben.

Durchführungsdauer für diese Stufe:
Durch einen *Wettkampf um lachende Gesichter* lassen sich meist bereits in der ersten Woche Veränderungen erzielen. Falls Ihr Kind innerhalb
einer Woche keine lachenden Gesichter bekommt, ist entweder die Anzahl der vorgegebenen Gesichter zu gering oder die Sonderbelohnungen sind nicht interessant genug. Versuchen Sie in einem solchen Fall, den *Wettkampf um lachende Gesichter* entsprechend zu korrigieren.

Auch wenn der *Wettkampf um lachende Gesichter* sehr erfolgreich verläuft, müssen Sie ihn einige Wochen durchführen. Beachten Sie die Hinweise von Stufe 11, wenn Sie einen *Wettkampf um lachende Gesichter* verändern oder beenden wollen.

Materialien für diese Stufe:
- Arbeitsblatt 12: *Wettkampf um lachende Gesichter*: Spielregeln
- Arbeitsblatt 13: *Wettkampf um lachende Gesichter*: Spielplan

Elternleitfaden, Stufe 13:
Wenn neue Probleme auftauchen

Ist das bei Ihnen auch so?

Eigentlich war Peters Mutter ganz zufrieden, nachdem sie den Elternleitfaden durchgearbeitet hatte. Zwar hat nicht alles so geklappt, wie sie es sich anfangs erhofft hatte und die Durchführung der Regeln waren mühsamer, als zunächst erwartet, aber insgesamt konnte sie doch viele Probleme deutlich vermindern – Peters Wutanfälle traten nur noch selten auf und die Hausaufgaben waren für beide längst nicht mehr so belastend. Auch die Beziehung zwischen beiden hatte sich deutlich verbessert. Dann kam Peter auf die Realschule und viele der alten Probleme wurden wieder stärker, vor allem der Kampf um die Hausaufgaben begann von Neuem. Außerdem wollte Peter jetzt auch abends viel länger Fernsehen und nicht mehr so früh nach Hause kommen.

Sie haben im Rahmen dieses Programmes eine Vielzahl von Methoden und Möglichkeiten kennengelernt, die dabei helfen, Verhaltensprobleme von Kindern erfolgreich zu bewältigen. Alle Kinder entwickeln immer wieder einmal Verhaltensprobleme und es gibt keinen Grund für die Erwartung, daß Ihr Kind im Verlaufe seiner weiteren Entwicklung überhaupt keine Probleme mehr entwickeln wird.

Was können Sie tun ?

Wenn neue Probleme auftauchen oder alte Schwierigkeiten sich wieder verstärken, dann bedeutet das nicht, daß Ihre Bemühungen umsonst waren. Es ist vielmehr ein Hinweis, daß Sie erneut gezielt an der Lösung von Problemen arbeiten sollten. Sie kennen jetzt viele Möglichkeiten, die es gibt, um das Verhalten von Kindern systematisch zu verändern. Sie werden daher zukünftige Probleme häufig selbst lösen können. Sie sollten dabei besonders an folgende Regeln denken:

Diese Regeln können Ihnen helfen!

1. **Analysieren Sie das Problemverhalten**. Beschreiben Sie das Problemverhalten möglichst konkret. Benutzen Sie keine Schlagworte oder grobe Eigenschaftsbegriffe (ist frech, ist unruhig), sondern beschreiben Sie das Verhalten möglichst konkret (z. B. schreit Eltern an, wenn ihm etwas nicht paßt).

   Beschreiben Sie das Problemverhalten möglichst konkret:

   Beschreiben Sie jetzt, in welchen Situationen dieses Problemverhalten auftritt (z. B. abends beim Fernsehen oder wenn ihm etwas verboten wird).

   In welcher Situation tritt das Problemverhalten auf?

   Notieren Sie dann, wie häufig dieses Problemverhalten in der letzten Woche aufgetreten ist (z. B. immer in der Situation oder in der Hälfte der Situationen oder drei- bis fünfmal pro Tag).

Wie häufig trat das Problemverhalten in der letzten Woche auf?

2. **Beschreiben Sie, welche Konsequenzen das Problemverhalten für Ihr Kind hat.** Schreiben Sie in den nächsten Kasten, wie Sie und andere auf das Problemverhalten in der letzten Woche reagiert haben (z. B. habe ihn manchmal angeschrien und manchmal auch gar nicht reagiert) und überlegen Sie, ob das Problemverhalten möglicherweise positive Konsequenzen für Ihr Kind hat (z. B. konnte sich vor Pflichten drücken) und notieren Sie diese ebenfalls.

Welche Konsequenzen hat das Problemverhalten für Ihr Kind?

3. **Beschreiben Sie das angemessene Verhalten, das Sie von Ihrem Kind erwarten.** Schreiben Sie in die nächsten drei Kästen, welches Verhalten Sie in diesen Situationen als angemessen erwarten (z. B.: sagt in normalem Ton, wenn ihm etwas nicht paßt), wie häufig das erwünschte Verhalten in der letzten Woche aufgetreten ist und welche Konsequenzen eingetreten sind, wenn das Kind sich angemessen verhalten hat. Wie haben sie darauf reagiert? Hatte das Verhalten positive Konsequenzen für Ihr Kind?

Beschreiben Sie das erwünschte Verhalten möglichst konkret:

Wie häufig trat das erwünschte Verhalten in der letzten Woche auf?

Welche Konsequenzen hatte das erwünschte Verhalten für Ihr Kind?

4. **Beobachten Sie das Verhalten in der kommenden Woche und versuchen Sie die Ursachen festzustellen.** Vielleicht ist Ihnen schon beim Ausfüllen der bisherigen Punkte deutlich geworden, warum das Problemverhalten (wieder) auftritt. Achten Sie in der kommenden Woche auch auf Ihr eigenes Verhalten und das der anderen Bezugspersonen (Ihres Partners, der Geschwister) in diesen Situationen.
Häufig treten neue Verhaltensprobleme auf, weil die Eltern in alte Erziehungsgewohnheiten zurückfallen. Zu den häufigsten Fehlern zählen:
   1. Die *Spaß & Spiel-Zeit* wurde zu früh aufgegeben.
   2. Aufforderungen werden zu häufig wiederholt.
   3. Aufforderungen werden nicht wirkungsvoll gestellt (z. B. zu viele Aufforderungen, Aufforderungen werden aus zu großer Entfernung gegeben).
   4. Das Kind erhält keine Aufmerksamkeit, wenn es Regeln und Aufforderungen einhält.
   5. Auf das Problemverhalten erfolgen keine regelmäßigen negativen Konsequenzen.

5. **Falls Sie in „alte Gewohnheiten" zurückgefallen sind, dann versuchen Sie diese wieder abzulegen.** Wenn Sie feststellen, daß Ihnen einer der genannten Fehler unterlaufen ist, dann nehmen Sie noch einmal den entsprechenden Leitfaden zur Hand und setzen Sie die Regeln um.

6. **Führen Sie, wenn nötig, einen** *Punkte-Plan* **oder einen** *Wettkampf um lachende Gesichter* **durch**. Falls die Veränderung der alten Gewohnheit nicht zu einer Verminderung des Problemverhaltens führt, dann nehmen Sie die Stufen des Elternleitfadens über die Entwicklung eines *Punkte-Planes* (Stufe 10) und über den *Wettkampf um lachende Gesichter* (Stufe 12) zur Hand und überlegen Sie die Anwendung dieser Methoden.

Materialien für diese Stufe:
keine

Elternleitfaden, Stufe 14:
Wenn sich Probleme nicht lösen lassen

Ist das bei Ihnen auch so?

Die Eltern von Peter sind verzweifelt. Sie haben schon alles probiert, auch den Elternleitfaden haben sie intensiv durchgearbeitet. Einige der Probleme von Peter haben sich auch ein wenig vermindert, aber eine wirklich deutlich spürbare Verbesserung der Situation in der Familie hat sich nicht eingestellt.

Wenn sich die Probleme Ihres Kindes in der Familie durch diesen Elternleitfaden nicht hinreichend verändern ließen, dann können hierfür vielfältige Faktoren eine Rolle spielen. Die folgenden Fragen sollen Ihnen helfen, sich über die möglichen Ursachen etwas klarer zu werden, um dann die notwendigen Schritte einleiten zu können.

Versuchen Sie folgende Fragen zu beantworten:

1. **Mit welchen Problemen müssen und können Sie leben lernen?** In Kapitel 1 (Fragen und Antworten) haben wir bereits darauf hingewiesen, daß gerade bei Kindern mit hyperkinetischen oder oppositionellen Verhaltensproblemen eine Verhaltensänderung manchmal schwer zu erzielen ist. Hyperkinetische Auffälligkeiten, die sich in ausgeprägter Impulsivität, körperlicher Unruhe und Aufmerksamkeitsschwächen äußern, sind zumindest über das Kindesalter hinweg häufig sehr stabil. Viele Fachleute sprechen deshalb auch von einer chronischen Störung, die körperlichen Erkrankungen etwa dem Asthma vergleichbar ist. Das bedeutet nicht, daß man die Probleme nicht vermindern kann, es weist nur darauf hin, daß es auch darum gehen muß, bis zu einem gewissen Grade mit der

Problematik leben zu lernen. Möglicherweise haben Sie schon sehr viel erreicht, wenn es Ihnen gelingt, trotz der impulsiven und aufbrausenden Tendenzen Ihres Kindes eine positive und vertrauensvolle Beziehung zu ihm aufzubauen und zu bewahren, die sich auch durch immer wieder auftauchende Krisen letztlich nicht erschüttern läßt. Dann kann es gelingen, das Kind durch die turbulenten Jahre zu führen, ohne daß es nachhaltige psychische Schäden davon trägt.
Oppositionelle und aggressive Verhaltensprobleme können für die weitere Entwicklung Ihres Kindes sehr belastend sein. Aus vielen Forschungsergebnissen wissen wir, daß gerade diese Verhaltensauffälligkeiten häufig bis ins Jugendalter, ja sogar bis ins Erwachsenenalter hinein bestehen bleiben können oder sogar noch stärker werden. Kinder und Jugendliche können ein hitziges Temperament haben, das auch gelegentlich zu Problemen mit den Eltern und anderen Mitmenschen führt. Auch damit kann man mit der Zeit umgehen lernen. Wenn aber das oppositionelle, verweigernde und aggressive Verhalten sehr häufig und in verschiedenen Lebensbereichen auftritt und die Kinder Schwierigkeiten nicht nur in der Familie, sondern auch in der Schule und mit Gleichaltrigen regelmäßig haben, dann sollten Sie unbedingt weitere Schritte unternehmen. Je länger Sie zuwarten, umso größer werden diese Probleme!

2. **Wie gut konnten Sie die Hinweise im Elternleitfaden umsetzen?**
Eine Ursache für einen geringen Erfolg eines solchen Elternprogrammes sind Schwierigkeiten in der Umsetzung der Hinweise, die wir Ihnen gegeben haben. Wir verlangen auch wirklich viel von Ihnen – nämlich die Veränderung von Gewohnheiten, die oft schon jahrelang bestehen. Die Gründe für solche Umsetzungsprobleme sind vielfältig. Auf einige werden wir in den folgenden Fragen noch eingehen. Manchmal liegt es daran, daß man von dem generellen Zugang eines solchen Elternprogrammes nicht so richtig überzeugt ist oder daß es einem nicht so liegt, aus einem Buch heraus Dinge systematisch umzusetzen. Möglicherweise profitieren Sie von diesem Ansatz dann mehr, wenn Sie im Rahmen einer Therapie Ihres Kindes zusammen mit dem Therapeuten entsprechende Maßnahmen umsetzen. In einer solchen Therapie können die Maßnahmen natürlich auch viel besser auf die besonderen Bedingungen Ihrer Familie abgestimmt werden. Falls der Therapeut

Ihres Kindes Ihnen ähnliche Maßnahmen, wie in dem Elternleitfaden vorschlägt, dann sollten Sie nicht mit „hab' ich schon probiert, hat nichts gebracht" reagieren. Häufig bringt ein neuer Anlauf zu zweit einem zum Ziel.

3. **Gibt es besondere Belastungen in der Familie?** Ein weiterer Grund für einen geringen Erfolg kann darin liegen, daß Sie mit besonderen zusätzlichen Belastungen in Ihrer Familie zu kämpfen haben. Wir haben dieses Thema bereits in Stufe 2 des Elternleitfadens angeschnitten. Zu den besonderen Belastungen zählen Probleme in der Partnerschaft der Eltern, die sich auch auf Kinder auswirken können. Wenn Sie meinen, daß Sie in besonderem Maße solche Probleme haben, dann sollten Sie jetzt noch einmal mit Ihrem Partner darüber reden. Möglicherweise kann eine Beratung oder eine Therapie hilfreich sein. Mitunter können auch eigene psychische Probleme oder die eines anderen Familienmitgliedes für einen begrenzten Erfolg des Programms mitverantwortlich sein. Wir stellen in unserer Arbeit häufiger fest, daß Eltern unter depressiven Verstimmungen, verschiedenen Ängsten oder Alkoholproblemen leiden. Eine Behandlung dieser Probleme kann dann auch helfen, die Schwierigkeiten des Kindes zu lösen, oder sie kann bessere Voraussetzungen dafür schaffen, daß das Kind sein Verhalten durch Maßnahmen ändern kann, wie wir in diesem Elternleitfaden vorgeschlagen haben.

4. **Gibt es besondere Belastungen außerhalb der Familie?** Neben Belastungen in der Familie können auch Belastungen außerhalb der Familie (z. B. Belastungen durch den Beruf, durch die Notwendigkeit, Beruf und Familie unter einen Hut zu bekommen, Belastungen durch Verwandte, fehlende Freunde) mit dafür verantwortlich sein, daß die Veränderungen nicht in dem Maße erreicht werden, wie dies erhofft wurde. Manchmal fällt es schwer, die Zeit für ein Kind zu erübrigen, die eigentlich notwendig wäre, beispielsweise weil die Eltern beruflich so eingespannt sind oder weil andere Aufgaben ihnen die Zeit nehmen. Das ist natürlich auch eine Frage von Prioritäten. Sie müssen sich klar werden, was Ihnen wie wichtig ist. Das ist eine Frage, die nur Sie für sich selbst beantworten können. Manchmal fällt es auch schwer, sich von gut gemeinten Ratschlägen durch Großeltern oder andere Verwandte hinreichend abzugrenzen. Überlegen Sie, ob es bei Ihnen solche

Probleme und Belastungen gibt und welche Lösungsmöglichkeiten Sie sich vorstellen können.

5. **Sind die Probleme des Kindes so stark, daß eine Behandlung des Kindes notwendig ist?** Manchmal sind aber auch die Verhaltensprobleme des Kindes so stark, daß es Eltern alleine beim bestem Willen nicht gelingen kann, die Probleme zu vermindern. Ganz zu Anfang dieses Buches haben wir bereits darauf hingewiesen, daß ein Behandlung des Kindes vermutlich dann notwendig ist, wenn Sie diesen Elternleitfaden als ein Selbsthilfeprogramm systematisch durchgeführt haben, ohne daß sich die Probleme deutlich verändert haben. In Teil I des Buches finden Sie viele Hinweise auf Behandlungsmöglichkeiten, die für Ihr Kind vermutlich hilfreich sind.

Materialien für diese Stufe:
keine

3 Anwendungsbeispiele

Wie benutze ich die Anwendungsbeispiele?

In diesem Kapitel haben wir neun Anwendungsbeispiele zusammengestellt, die typische alltägliche Probleme in Familien mit hyperkinetischen oder oppositionellen Kindern beschreiben und die Anwendung der 13 Stufen des Elternleitfadens an konkreten Beispielen noch einmal erläutern. Sie können diese Anwendungsbeispiele in Verbindung mit dem Elternleitfaden nutzen, indem Sie sich die Anwendungsbeispiele heraussuchen, die den Verhaltensproblemen, die Sie lösen wollen, am meisten ähnlich sind. Folgende Anwendungsbeispiele haben wir in diesem Kapitel zusammengestellt:

1. **Mein Kind ist eine Nervensäge**
   Vor allem jüngere Kinder mit hyperkinetischen Verhaltensauffälligkeiten können richtige Nervensägen sein, weil sie ständig die Eltern stören und sie beschäftigen oder irgendetwas von ihnen haben wollen. In dem ersten Anwendungsbeispiel geben wir Ihnen Hinweise, wie Sie mittels der im Elternleitfaden besprochenen Methoden diese Probleme zumindest vermindern können.

2. **Wo ist mein Kind?**
   Vor allem sehr umtriebige, aber auch viele oppositionelle Kinder sind für Eltern manchmal schwer im Auge zu behalten. Das ist aber gerade bei diesen Kindern häufig besonders nötig, weil sie in unbeaufsichtigten Momenten teils ohne zu überlegen, teils absichtlich Regeln übertreten und manchmal auch gefährliche Aktionen unternehmen. Dieses Anwendungsbeispiel gibt Ihnen Hinweise, die Ihnen helfen sollen, den Überblick zu bewahren.

3. **Der Kampf ums Wecken**
   Das Aufstehen am Morgen ist sehr oft ein Problem in Familien mit hyperkinetischen oder oppositionellen Kindern. Das Anwendungsbeispiel zeigt Möglichkeiten auf, um den Kampf ums Wecken wenigstens zu entschärfen.

4. **Wenn das Essen zur Qual wird**
Das gemeinsame Essen kann für alle Beteiligten dann zur Qual werden, wenn die Kinder sehr wählerisch sind, vieles nicht mögen oder wenn sie durch ihr Verhalten am Tisch für Unruhe oder Streit sorgen. Das Anwendungsbeispiel gibt Hinweise, die helfen sollen, daß das gemeinsame Essen weniger qualvoll erlebt wird.

5. **Unser täglicher Hausaufgaben-Krieg**
Die Hausaufgaben-Zeit gehört zu der schwierigsten Zeit in Familien mit hyperkinetischen oder oppositionellen Kindern. Das Anwendungsbeispiel zeigt Ihnen Möglichkeiten auf, wie Sie den täglichen Hausaufgaben-Krieg entschärfen können.

6. **Das allabendliche Theater mit dem Zubettgehen**
Die meisten Kinder gehen nicht gerne zu Bett. In manchen Familien wird daraus jedoch ein richtiges Drama. Mithilfe des Anwendungsbeispiels soll dieses Drama möglichst beendet werden.

7. **Wutausbrüche**
Heftige Wutausbrüche machen Eltern häufig ratlos. Es kann auch wirklich sehr schwierig sein, wirkungsvoll und angemessen auf solche Wutausbrüche zu reagieren. Dieses Anwendungsbeispiel gibt Ihnen wichtige Hinweise dazu.

8. **Meine Kinder sind wie Hund und Katze**
Wenn Kinder ständig miteinander streiten, dann kann das Familienleben dadurch sehr belastet werden. Hinter starker Geschwisterrivalität können sich viele verschiedene Probleme verbergen. Das Anwendungsbeispiel geht auf diese verschiedenen Faktoren ein und zeigt Lösungsmöglichkeiten auf.

9. **Probleme in der Öffentlichkeit**
Manche Eltern wagen es schon nicht mehr, mit ihrem Kind einen Supermarkt, ein Restaurant oder ein öffentliches Verkehrsmittel zu betreten, weil sie fürchten, daß ihnen ihr Kind in solchen Situationen außer Kontrolle gerät. Der Umgang mit Grenzüberschreitungen, Schreiattacken oder Wutausbrüchen in der Öffentlichkeit ist besonders schwierig. Das Anwendungsbeispiel zeigt Ihnen Möglichkeiten auf, durch die Sie die Maßnahmen, die zu Hause erfolgreich sind, auch in der Öffentlichkeit durchführen können.

Anwendungsbeispiel 1
Mein Kind ist eine Nervensäge

Ist das bei Ihnen auch so ?

Peter ist eine richtige Nervensäge! Seine Mutter hat das Gefühl, keine Minute Ruhe vor Peter zu haben! Ständig kommt Peter sie stören, muß ihr unbedingt etwas zeigen und erzählen oder will etwas von ihr und kann dann überhaupt nicht abwarten. Alles muß sofort gemacht werden. So kommt es, daß Peters Mutter eigentlich nicht in Ruhe telefonieren oder die Wäsche am Stück bügeln kann. Nicht einmal auf der Toilette hat sie ihre Ruhe! Das nervt sie schließlich so, daß sie immer abweisender wird, Peter nur noch anpfeift und schließlich bei irgendeiner der vielen Kleinigkeiten explodiert.

Viele Eltern von Kindern mit Verhaltensproblemen beklagen sich darüber, daß sie nicht dazu kommen, in Ruhe zu telefonieren, das Abendessen zuzubereiten oder sich mit jemandem zu unterhalten oder einfach Zeit für sich zu haben, ohne dabei von ihrem Kind ständig gestört zu werden. Besonders stark ist das bei Kindern mit hyperkinetischen Verhaltensauffälligkeiten ausgeprägt.

Die Eltern geraten in einen Teufelskreis, in dem sie ihrem Kind dann ihre Aufmerksamkeit widmen, wenn sie von ihm gestört werden. Meist reagieren sie dann gereizt. Dagegen erhält das Kind zumeist keine Aufmerksamkeit und Anerkennung, wenn es die Eltern ihre Tätigkeit in Ruhe machen läßt und sich selbst beschäftigt. Daher ist es verständlich, daß die Kinder ihre Eltern stören, wenn sie ihre Aufmerksamkeit haben wollen. Sie nehmen dann sogar in Kauf, daß die Aufmerksamkeit negativ getönt ist.

Was können Sie tun ?

Die folgenden Regeln sollen Ihnen helfen, Ihr Kind zu einer selbständigen Beschäftigung heranzuführen, so daß Sie selbst Ihre Tätigkeiten ohne permanente Störungen beenden können. Dies soll vor allem dadurch erreicht werden, daß Sie Ihr Kind dafür loben, wenn es Sie nicht unterbricht, während Sie mit einer bestimmten Tätigkeit beschäftigt sind.

Diese Regeln können Ihnen helfen:

1. **Nehmen Sie sich jeden Tag etwas Zeit, in der Sie Ihrem Kind ausschließlich Ihre Aufmerksamkeit widmen können.** Bevor Ihr Kind akzeptieren kann, daß Sie manche Dinge ungestört erledigen möchten, muß es sich sicher sein, daß Sie immer wieder auch Zeit finden, in der Sie sich ausschließlich mit ihm beschäftigen. Sie sollten sich deshalb ganz bewußt jeden Tag mindestens zehn Minuten Zeit nehmen, in der Sie sich von sich aus ausschließlich Ihrem Kind widmen. Je jünger das Kind ist, umso häufiger sollten Sie solche Zeiten einplanen. Dafür eignet sich beispielsweise die Zeit, wenn Ihr Kind vom Kindergarten oder von der Schule nach Hause kommt oder auch eine Zeit nach dem Mittagessen. In dieser Zeit können Sie sich mit Ihrem Kind über Dinge unterhalten, die ihm wichtig sind oder auch etwas spielen. Sie sollten Ihr Kind aber nicht über seine Erlebnisse „ausfragen", wenn es darüber nichts erzählen will. Sehr hilfreich ist es auch, die *Spaß & Spiel-Zeit* durchzuführen, die in Stufe 5 des Elternleitfadens dargestellt wurde.

2. **Nehmen Sie sich Zeit für sich selbst!** Genauso wichtig wie die Zeit, die Sie ausschließlich Ihrem Kind widmen, ist die Zeit, die Sie

für sich selbst brauchen. Sie sind nicht nur Mutter, Sie haben auch noch andere Interessen und Bedürfnisse und Sie haben ein Recht darauf! Das gestehen sich Mütter oft selbst nicht zu oder es wird ihnen von anderen (z. B. von ihren Partnern oder ihren eigenen Eltern) nicht zugestanden. Gerade wenn man Kinder hat, die sehr anstrengend sind, ist es wichtig, auch Verschnaufpausen zu haben. Besprechen Sie dieses Thema mit Ihrem Partner, vereinbaren Sie feste Zeiten, an denen Sie etwas für sich selbst unternehmen können und an denen Ihr Partner für das Kind zuständig ist. Alleinerziehende Mütter habe es besonders schwer, Zeit für sich selbst zu finden. Aber manchmal kann man auch Großeltern einbeziehen oder sich ganz bewußt Zeit nehmen, wenn die Kinder im Kindergarten oder in der Schule sind. Sie können auch mit der Nachbarin vereinbaren, daß man sich in der Kinderbetreuung abwechselt. Es ist sehr wichtig, diese Zeit für sich selbst zu finden. Dann geht es Ihnen besser und Sie können auch wieder besser auf Ihr Kind zugehen.

3. **Sagen Sie Ihrem Kind, wenn Sie etwas ungestört erledigen wollen. Überlegen Sie mit Ihrem Kind, was es selbst tun kann!** Wenn Sie gerade eine Tätigkeit beginnen, wie z. B. Lesen, Nachrichten sehen oder Essen zubereiten, so geben Sie Ihrem Kind eine direkte Anweisung, die zwei Aufforderungen enthalten sollte:
   1. Sagen Sie Ihrem Kind, was es tun kann, während Sie beschäftigt sind.
   2. Sagen Sie Ihrem Kind, daß es Sie jetzt während der Tätigkeit nicht stören soll.

   Sie können z. B. sagen: „*Ich möchte jetzt eine viertel Stunde Zeitung lesen. Deswegen möchte ich gerne, daß du in deinem Zimmer bleibst, weiter Lego spielst und mich nicht störst.*" Die Zeitangabe ist deshalb sinnvoll, damit Ihr Kind eine Vorstellung davon hat, wie lange Sie nicht gestört werden wollen (wenn Ihr Kind schon alt genug ist, um zu wissen, wie lange eine viertel Stunde dauert). Sie können das Stop-Signal (Arbeitsblatt 14) an einer günstigen Stelle aufhängen. (Manchmal leihen Kinder das Stop-Signal von ihren Eltern aus, wenn sie auch einmal nicht gestört werden wollen. Eine gute Idee!).

   Die Beschäftigung des Kindes sollte keine Arbeit sein, sondern für Ihr Kind eine interessante Tätigkeit darstellen, jedoch nicht unbedingt im Fernsehen bestehen, vielmehr in einem Spiel oder Malen eines Bildes usw.

4. **Loben Sie Ihr Kind nach kurzer Zeit dafür, daß es Sie bisher nicht gestört hat!** Beginnen Sie dann mit Ihrer Tätigkeit und unterbrechen Sie diese nach einer kurzen Zeit. Gehen Sie zu Ihrem Kind und loben Sie es dafür, daß es Sie nicht gestört hat. Erinnern Sie Ihr Kind nochmals daran, bei der vereinbarten Beschäftigung zu verweilen und Sie nicht zu stören. Setzen Sie danach Ihre Tätigkeit fort. Anfangs sollten Sie Ihr Kind nach einer sehr kurzen Zeit loben (nach ein bis zwei Minuten). Die Zeitspanne sollte davon abhängen, wie häufig Ihr Kind Sie üblicherweise bei dieser Tätigkeit unterbricht.

5. **Loben Sie Ihr Kind erneut nach einer etwas längeren Zeit!** Warten Sie nun eine etwas längere Zeit, bevor Sie erneut zu Ihrem Kind gehen und es in der gleichen Weise loben. Gehen Sie danach wieder Ihrer Beschäftigung nach, warten Sie noch etwas länger und wiederholen dann die Vorgehensweise noch einmal.
Dieser Schritt ist sicherlich sehr anstrengend für Sie, aber Ihr Kind muß erst einmal durch die Regelmäßigkeit und dichte Folge von Anerkennung und Lob den Zusammenhang zwischen seinem Verhalten und Ihrer positiven Reaktion herstellen und sich in gewisser Weise auch daran gewöhnen. Je intensiver dies am Anfang geübt wird, desto höher die Wahrscheinlichkeit, daß Ihr Kind mit der Zeit auch ohne ständiges Loben dieses Verhalten zeigt.

6. **Verlängern Sie mit der Zeit die Dauer, mit der Sie sich der Tätigkeit widmen!** Mit der Zeit können Sie schrittweise die Häufigkeit verringern, mit der Sie Ihr Kind loben. Gleichzeitig soll der Zeitraum, in dem Ihr Kind Sie nicht stören soll, von Mal zu Mal zunehmen. Am Anfang werden Sie Ihre Beschäftigung sehr häufig für das Loben unterbrechen müssen, mitunter alle ein bis zwei Minuten. Wenn Ihr Vorgehen erfolgreich war, werden sich die Abstände schnell auf drei bis fünf Minuten und mehr verlängern lassen.

7. **Gehen Sie sofort zu Ihrem Kind, wenn es seine Beschäftigung beenden und Sie stören will!** Wenn es danach aussieht, daß Ihr Kind seine Beschäftigung beenden und Sie stören will, dann gehen Sie sofort zu ihm hin, loben es dafür, daß es Sie bisher nicht gestört hat und führen es wieder zu seiner Beschäftigung zurück und sagen ihm, daß es damit weitermachen soll. Sagen Sie Ihrem Kind auch, wie lange Ihre Beschäftigung in etwa noch dauern wird.

8. **Wenn Ihr Kind Sie unterbrochen hat, führen Sie es zu seiner Beschäftigung ohne großen Kommentar zurück!** Wenn Sie einmal nicht erkennen konnten, daß Ihr Kind Sie unterbrechen will, und Ihr Kind Sie daher wirklich unterbricht, dann führen Sie es zu seiner Beschäftigung zurück. Versuchen Sie, dem störenden Verhalten so wenig Beachtung wie möglich zu schenken. Sagen Sie Ihrem Kind noch einmal eindringlich, daß Sie nicht gestört werden wollen, was es selbst in der Zwischenzeit tun kann und wie lange Ihre Beschäftigung in etwa noch dauern wird. Dann sollten Sie wieder Ihrer Tätigkeit nachgehen, Ihr Kind aber schon nach einem sehr kurzem Zeitraum dafür loben gehen, daß es Sie nicht stört. Bei Fragen Ihres Kindes gehen Sie nicht weiter darauf ein, sondern Sie sagen Ihrem Kind, daß Sie sich erst am Ende Ihrer Tätigkeit darum kümmern können.

9. **Geben Sie Ihrem Kind noch einmal ein ganz besonderes Lob, nachdem Sie Ihre Tätigkeit beendet haben!** Indem Sie langsam die Häufigkeit vermindern, mit der Sie Ihr Kind loben, werden Sie immer länger an Ihrer Tätigkeit bleiben können. Nachdem Sie Ihre Tätigkeit beendet haben, gehen Sie sofort zu Ihrem Kind und geben Sie ihm noch einmal ein ganz besonderes Lob dafür, daß Sie Ihre Tätigkeit ohne Störung zu Ende bringen konnten. Zeigen Sie Ihre Freude über sein Verhalten mit einer Geste, einer Umarmung oder ähnlichem. Zusätzlich können Sie Ihrem Kind sagen, daß Sie nun ein wenig Zeit für eine gemeinsame Aktivität (vielleicht ein kleines Spiel) haben.

10. **Wählen Sie zunächst eine Beschäftigung aus, bei der Sie die Regeln anwenden und protokollieren Sie Ihre Erfahrungen.** Folgende Tätigkeiten sind geeignet, die Regeln zu erproben: Lesen, Fernsehen, Hausarbeit, einen Brief schreiben, Essen vorbereiten (kein Kochen am Herd). Erst später sollten Sie Beschäftigungen auswählen, die Sie selbst nicht so leicht unterbrechen können (um Ihr Kind loben zu gehen). Wählen Sie solche Beschäftigungen erst aus, wenn Ihr Kind Sie bei den anderen Tätigkeiten kaum noch unterbricht. Zu diesen Beschäftigungen gehören Telefonieren oder Kochen am Herd. Schreiben Sie die ausgewählte Beschäftigung auf Ihre *Memo-Karte* und protokollieren Sie dort auch Ihre Erfahrungen.

11. **Führen Sie einen** *Punkte-Plan* **oder einen** *Wettkampf um lachende Gesichter* **durch, wenn sich das Problem nicht lösen läßt.** Es kann schwierig sein, dieses häufige Stören durch die genannten Maßnahmen hinreichend zu vermindern. Falls Sie die Regeln einige Wochen angewandt haben, ohne das Problem zu vermindern, dann sollten Sie einen *Punkte-Plan* oder einen *Wettkampf um lachende Gesichter* einführen. Ein *Wettkampf um lachende Gesichter* eignet sich besonders dann, wenn das störende Verhalten sehr häufig auftritt, beispielsweise alle fünf bis zehn Minuten. In diesem Fall können Sie zunächst für eine begrenzte Zeit, beispielsweise während Sie kochen, einen *Wettkampf um lachende Gesichter* durchführen. Sie markieren sich immer dann ein Gesicht, wenn Ihr Kind Sie während dieser Zeit stört. Wenn es dem Kind nach einiger Zeit gelingt, die meisten Gesichter für sich zu behalten, dann können Sie die Spielzeit für den Wettkampf erweitern, z. B. auf zwei Stunden am Nachmittag, die Sie für den Haushalt benötigen.

Falls das störende Verhalten nicht so häufig ist, dann können Sie auch einen *Punkte-Plan* anwenden. Sie vereinbaren dann beispielsweise mit dem Kind, zu welchen Zeiten Sie nicht gestört werden wollen (z. B. beim Kochen, beim Abspülen oder beim Bügeln). Falls es dem Kind gelingt, Sie in dieser Zeit nicht zu stören, dann bekommt es einen Punkt. Beachten Sie ansonsten die Hinweise, die wir Ihnen in den Stufen 10 bis 12 des Elternleitfadens zum *Punkte-Plan* und zum *Wettkampf um lachende Gesichter* gegeben haben.

Materialien für dieses Anwendungsbeispiel:

- *Memo-Karte* mit Protokoll
- Arbeitsblatt 14: Stop-Signal

Anwendungsbeispiel 2

Wo ist mein Kind?

Ist das bei Ihnen auch so ?

Eigentlich ist Peter ständig unterwegs. Gerne stellt er dabei irgendeinen Unfug an und überlegt auch nicht, was dabei passieren könnte. Gerade wenn die Mutter nicht in der Nähe ist, macht er oft Sachen, die er eigentlich nicht darf. So ist fast immer der Fernseher an, wenn die Mutter mal eine kurze Zeit weg war. Wenn die Mutter nicht aufpaßt, macht er den Fernseher an. In seinem Zimmer hat er auch schon einmal gezündelt. Häufig geht er einfach raus, ohne Bescheid zu sagen und streunt dann auf Baustellen herum. Seine Mutter kann ihn eigentlich gar nicht alleine lassen, aber schließlich hat sie auch noch andere Dinge zu erledigen.

Vielen Eltern von Kindern mit Verhaltensproblemen fällt es schwer, ihr Kind im Auge zu behalten. Es ist verständlich, daß Eltern nicht immer wissen, was ihre Kinder gerade machen. Das wäre auch nicht gut, weil das Kind lernen muß, auch alleine zurechtzukommen und sich auch dann an Regeln zu halten, wenn es nicht unter direkter Beobachtung steht. Manche Kinder brauchen aber eine vermehrte Aufsicht, weil sie sehr häufig teils ohne zu überlegen, teils absichtlich Regeln übertreten, wenn sie unbeobachtet sind.

Was können Sie tun?

Sie können zunächst überlegen, wie Sie den Überblick über das Verhalten Ihres

Kindes bewahren können. Das ist sehr einfach gesagt, aber oft nur schwer umzusetzen, insbesondere wenn das Kind sehr unruhig ist und Sie durch vielfältige andere Aufgaben beschäftigt sind. Andererseits ist dies gerade bei den Kindern besonders wichtig, die in unbeobachteten Situationen häufig Regeln übertreten, weil da schnell etwas passieren kann und weil die Kinder später, im Jugendalter, in ähnlichen Situationen auch häufiger Regeln übertreten werden. Dann allerdings übertreten sie nicht nur Regeln der Eltern, sondern kommen auch schnell mit dem Gesetz in Konflikt. Bei Kindern im Vorschulalter ist es wichtig zu wissen, was sie machen und wo sie sind, auch wenn sie sich in der Nähe der Eltern – in der Wohnung, im Haus, im Garten – aufhalten. Bei älteren Kindern ist der Überblick der Eltern vor allem dann wichtig, wenn die Kinder sich weiter entfernt von der Wohnung aufhalten oder wenn sie alleine in der Wohnung sind.

Diese Regeln können Ihnen helfen :

1. **Wo hält sich Ihr Kind wie lange auf? Treffen Sie mit Ihrem Kind klare Absprachen.** Wenn Sie Ihr Kind für eine bestimmte Zeit unbeobachtet lassen, dann sprechen Sie mit ihm ab:
   1. wo es sich in dieser Zeit aufhält;
   2. was es in dieser Zeit macht;
   3. wie lange es sich dort aufhält.

   Wenn es beispielsweise auf der Straße spielen will, dann klären Sie mit ihm, in welchem Bereich der Straße es sich aufhalten darf (nur bis zur Kreuzung), daß es dort bleiben darf, bis der große Bruder kommt, und fragen Sie es, was es dort spielen will.

2. **Erinnern Sie Ihr Kind an wichtige Regeln, die es häufiger übertritt, wenn es unbeobachtet ist!** Wenn Sie beispielsweise die Wohnung verlassen, dann weisen Sie das Kind darauf hin, daß es nicht mit Wasser spielen darf, solange Sie weg sind, wenn es früher häufiger in solchen Situationen diese Regel übertreten hat. Lassen Sie das Kind die Regel wiederholen.

3. **Überprüfen Sie gelegentlich, was Ihr Kind macht!** Bei jüngeren Kindern ist es wichtig, öfter mal in das Kinderzimmer zu

schauen, bei älteren sollten Sie gelegentlich nachschauen, wenn das Kind außerhalb der Wohnung ist. Je jünger das Kind ist und je häufiger es in unbeobachteten Situationen etwas anstellt, um so häufiger sollten Sie es kontrollieren. Die Kontrollen sollten für das Kind unvorhersehbar sein und deshalb nicht in festen, sondern in wechselnden Abständen erfolgen. Wenn Sie häufiger nachsehen müssen, dann sollten Sie sich einen Küchenwecker stellen, damit Sie auch daran denken. Wenn Sie Ihr Kind seltener kontrollieren müssen, dann sollten Sie sich beispielsweise vornehmen, mindestens einmal pro Tag nachzuschauen, was Ihr Kind macht. Wenn Sie dies einmal nicht schaffen, dann sollten Sie Ihr Kind dafür am nächsten Tag zweimal kontrollieren.

4. **Loben Sie Ihr Kind, wenn es Regeln einhält, während es nicht beobachtet wird.** Sagen Sie Ihrem Kind, daß Sie sich freuen, wenn Sie feststellen, daß es die Regeln einhält. Weisen Sie das Kind nicht unbedingt auf die eingehaltene Regel hin, sondern gehen Sie zu Ihrem Kind, beobachten es für eine kurze Weile und loben Sie es beispielsweise für das Bild, das es gerade malt.
Wenn Ihr Kind die Regeln offensichtlich eingehalten hat, ohne daß Sie es kontrolliert haben, dann loben Sie es ganz besonders. Dies ist deshalb wichtig, weil Ihr Kind sich mit der Zeit dann häufiger in unbeobachteten Situationen an Regeln hält und Sie dadurch Ihrem Kind mehr vertrauen können und es schließlich weniger kontrollieren müssen.

5. **Führen Sie eine natürliche Konsequenz durch, wenn Ihr Kind Regeln übertritt, während es nicht beobachtet wird.** Wenn Sie überprüfen, was Ihr Kind gerade macht und Sie feststellen, daß es eine Regel übertritt, dann lassen Sie eine negative Konsequenz folgen. Versuchen Sie, dabei natürliche negative Konsequenzen einzusetzen (z. B. das Kind darf dann für die nächste Stunde nicht mehr auf die Straße gehen, wenn es dort etwas angestellt hat). Überprüfen Sie beim nächsten Mal früher als eigentlich geplant erneut, wo Ihr Kind ist und was Ihr Kind macht. Wenn Sie im Nachhinein feststellen, daß Ihr Kind offensichtlich die Regeln nicht eingehalten hat, nachdem es für einige Zeit unbeobachtet war und Sie nicht kontrolliert haben, dann führen Sie ebenfalls eine negative Konsequenz durch.

6. **Wechseln Sie sich mit Ihrem Partner oder anderen Erwachsenen ab.** Da dieses Vorgehen sehr zeitaufwendig sein kann, sprechen Sie sich mit Ihrem Partner bzw. Ihrer Partnerin bei der Überprüfung ab. Sie können auch andere wichtige erwachsene Bezugspersonen (z. B. die Großmutter) in diese Aufgabe einbeziehen, wenn Sie das für günstig und hilfreich empfinden. Geschwister sollten in der Regel in diese Aufgaben nicht einbezogen werden. Wichtig ist, daß für einen bestimmten Zeitraum eine erwachsene Person für Ihr Kind verantwortlich ist und gelegentlich überprüft, wo Ihr Kind ist und was es macht. So kann der Vater beispielsweise am Wochenende dafür zuständig sein.

7. **Konzentrieren Sie sich zunächst auf bestimmte kritische Situationen und protokollieren Sie Ihre Erfahrungen.** Wählen Sie zunächst Situationen aus, die in letzter Zeit problematisch waren. Eine Mutter stellte beispielsweise fest, daß ihr Sohn immer dann etwas angestellt hat (mit Feuer gespielt hat, mit Wasser gespritzt hat, Süßigkeiten entwendet hat), wenn sie einkaufen war. Sie vereinbarte dann mit ihrem Sohn, womit er sich in dieser Zeit beschäftigen kann, welche Regeln er beachten soll und bat ihre Nachbarin, einmal kurz nach ihrem Sohn zu schauen. Schreiben Sie die ausgewählten Situationen auf Ihre *Memo-Karte* und protokollieren Sie dort kurz Ihre Erfahrungen.

8. **Führen Sie einen *Punkte-Plan* ein, wenn sich das Problem nicht lösen läßt.** Wenn es Ihnen nicht gelingt, durch die genannten Maßnahmen das Problem hinreichend zu vermindern, dann kann es hilfreich sein, einen *Punkte-Plan* durchzuführen. Sie vereinbaren dann beispielsweise mit dem Kind Regeln, die für eine bestimmte Zeit gelten. Sie können z. B. mit Ihrem Kind vereinbaren, wenn es auf den Spielplatz geht, daß es sich erstens nur auf dem Spielplatz aufhält und nicht anderswo hingeht und daß es zweitens zu einer bestimmten Zeit pünktlich wieder zu Hause ist. Für jede eingehaltene Regel bekommt das Kind einen Punkt, den es dann später eintauschen kann. Beachten Sie ansonsten die Hinweise, die wir Ihnen in den Stufen 10 und 11 des Elternleitfadens zum *Punkte-Plan* gegeben haben.

Materialien für dieses Anwendungsbeispiel:
- *Memo-Karte* mit Protokoll

Anwendungsbeispiel 3
Der Kampf ums Wecken

Ist das bei Ihnen auch so ?

Morgens geht das Theater schon beim Aufstehen los! Peter ist meist noch so verschlafen, daß seine Mutter ihn dreimal wecken muß und er danach immer noch nicht aus dem Bett kommt. Und dann das Durcheinander und Trödeln im Badezimmer! Die Haare sind nicht richtig gekämmt und am liebsten wäscht sich Peter morgens ohne Wasser! Auch das Anziehen dauert oft Stunden. „Was soll ich denn anziehen? – Nee, das will ich nicht!" Schließlich beim Frühstück angekommen, ist es meist schon so spät, daß die Mutter ihm nur noch schnell zwei Brote schmiert und keine Zeit mehr für Gemütlichkeit ist. Manchmal war es auch schon so spät, daß Peter den Schulbus verpaßt hat.

Das morgendliche Aufstehen ist sehr oft ein Problem bei Familien, die hyperkinetische oder oppositionelle Kinder haben. Die Situation macht erforderlich, daß die Kinder vieles selbständig und in einer bestimmten Zeit erledigen müssen. Und gerade das fällt diesen Kindern oft so schwer. Sie trödeln herum, spielen in ihrem Zimmer, anstatt sich anzuziehen und sich zu waschen. Je hektischer es morgens ist, desto unruhiger werden diese Kinder und trödeln dadurch meist noch mehr.

Was können Sie tun?

Anhand der folgenden Hinweise können Sie die Situation morgens anders strukturieren und Ihrem Kind einen Anreiz dafür geben, nach einmaligem Wecken aufzustehen, sich selbständig zu waschen und anzuziehen und pünktlich am Frühstückstisch zu sitzen.

Diese Regeln können Ihnen helfen!

1. **Achten Sie darauf, daß Ihr Kind genügend Schlaf hat.** Manchen Kindern fällt es schwer, abends zur Ruhe zu kommen. Am nächsten Morgen fehlt ihnen dann der Schlaf. Wenn es Ihrem Kind morgens schwer fällt aufzustehen, dann sollten Sie überlegen, ob es nicht besser ist, wenn Ihr Kind abends früher zur Ruhe kommt. Lesen Sie dazu die Hinweise im Anwendungsbeispiel 6.

2. **Bestimmen Sie die einzelnen Aufgaben, die morgens zu erledigen sind.** Überlegen Sie am besten zusammen mit Ihrem Kind, was alles morgens erforderlich ist und wer welche Aufgaben zu übernehmen hat. Schreiben Sie die Aufgaben auf die *Memo-Karte.* Unterscheiden Sie zwischen Aufgaben der Mutter und Aufgaben des Kindes. Achten Sie dabei darauf, die einzelnen Aufgaben möglichst präzise zu beschreiben. Als Aufgaben der Mutter könnten Sie z. B. aufschreiben:
   1. Morgens einmal wecken und nach fünf Minuten noch einmal ans Aufstehen erinnern.
   2. Nach Absprache die Kleider herauslegen (bei jüngeren Kindern).
   3. Frühstück richten und rufen, wenn das Frühstück fertig ist.

   Als Aufgaben Ihres Kindes könnten Sie aufschreiben:
   1. Nach dem Erinnern aufstehen.
   2. Innerhalb von 15 Minuten waschen und anziehen.
   3. Zügig frühstücken.
   4. Zähne putzen.

   Überlegen Sie mit Ihrem Kind, welche Aufgaben besser am Abend zuvor erledigt werden können, damit man sich Zeit am Morgen sparen kann. So kann man die Schultasche abends oder noch besser nach den Hausaufgaben packen und abends schon die Kleidung für den nächsten Tag herauslegen.

3. **Überlegen Sie sich, wieviel Zeit Sie und Ihr Kind morgens brauchen, um in Ruhe mit allem fertig zu werden!** Überlegen Sie anhand der Aufgabenliste in der *Memo-Karte*, wieviel Zeit Sie und Ihr Kind dafür brauchen, und sprechen Sie dann gemeinsam mit Ihrem Kind ab, wann es geweckt werden muß und wann welche Aufgaben erledigt sein müssen. Sie können auch einen festen Zeitplan erstellen. Tragen Sie die Zeiten auf der *Memo-Karte* ein.

4. **Geben Sie wirkungsvolle Aufforderungen und loben Sie Ihr Kind, wenn es die Aufforderungen befolgt.** Versuchen Sie die Hinweise zu beachten, die wir in Stufe 7 und Stufe 8 gegeben haben. Geben Sie die Aufforderungen am Morgen in einem freundlichen, aber bestimmten Ton. Zeigen Sie Ihrem Kind die *Memo-Karte* und weisen Sie es noch einmal kurz auf die getroffenen Absprachen hin. Überprüfen Sie, ob Ihr Kind der Aufforderung nachkommt. Loben Sie Ihr Kind, wenn es seine Aufgaben in der vereinbarten Zeit erledigt oder lassen Sie eine andere positive Konsequenz folgen. Tragen Sie die entsprechende positive Konsequenz auf der *Memo-Karte* ein.

5. **Führen Sie natürliche Konsequenzen durch, wenn Ihr Kind die vereinbarten Regeln nicht einhält.** Beachten Sie hierzu die Hinweise, die wir in Stufe 9 gegeben haben. Sie können beispielsweise mit Ihrem Kind vereinbaren, daß es eine Extra-Tasse Kakao bekommt, wenn es sich an die vereinbarten Regeln hält. Falls ihm das nicht gelingt, müssen Sie mehr Aufwand betreiben und können Ihrem Kind dann keine Extra-Tasse Kakao kochen. Eine andere natürliche Konsequenz könnte auch sein, daß Sie Ihr Kind am nächsten Tag fünf Minuten früher aufwecken oder daß das Kind ohne Frühstück losgehen muß. Tragen Sie die entsprechende negative Konsequenz auf der *Memo-Karte* ein.

6. **Protokollieren Sie Ihre Erfahrungen auf Ihrer *Memo-Karte*.**

7. **Führen Sie einen *Punkte-Plan* ein, wenn sich das Problem nicht lösen läßt.** Wenn es Ihnen nicht gelingt, durch die genannten Maßnahmen das Problem hinreichend zu vermindern, dann kann es hilfreich sein, einen *Punkte-Plan* durchzuführen. Überlegen Sie, welche Pflichten Ihrem Kind morgens besonders schwerfallen. Ihr Kind kann sich dann mit dem *Punkte-Plan* für die Erledigung dieser

Aufgabe jeweils einen Punkt verdienen. So könnte es beispielsweise einen Punkt dafür geben, wenn Ihr Kind spätestens fünf Minuten nach dem Wecken aufgestanden ist. Sie können auch zusammen überlegen, ob Ihr Kind sich selbst einen Wecker stellen will. Ist das Waschen ein besonderes Problem, kann es auch dafür einen Punkt oder auch mehrere geben (beispielsweise für Waschen, Kämmen und Zähneputzen getrennt). Einen weiteren Punkt kann es geben, wenn Ihr Kind pünktlich zur vereinbarten Zeit am Frühstückstisch sitzt. Einen letzten Punkt könnte es geben, wenn es pünktlich aus dem Haus geht. Beachten Sie ansonsten die Hinweise, die wir Ihnen in den Stufen 10 und 11 des Elternleitfadens zum *Punkte-Plan* gegeben haben.

Materialien für dieses Anwendungsbeispiel:
- *Memo-Karte* mit Protokoll

Anwendungsbeispiel 4

Wenn das Essen zur Qual wird

Ist das bei Ihnen auch so ?

Eigentlich sollte das gemeinsame Essen in der Familie doch gemütlich sein: alle sitzen zusammen und erzählen sich von ihrem Tag! Gemeinsame Unternehmungen können in Ruhe geplant werden. So hatte sich das Peters Mutter immer gewünscht! Aber leider läuft es oft ganz anders und das Essen wird zur Qual! „Nein, das esse ich nicht, das mag ich nicht, wie sieht denn das aus, iiih, bah!" sagt Peter oft, oder „Ich will aber jetzt schon meinen Nachtisch!" Der Teller bleibt oft noch halb voll, ein Glas Apfelsaft fällt um, weil Peter mal wieder seine Arme nicht bei sich halten kann und manchmal ist das ganze Essen über den Boden verteilt! Und das, obwohl sich Peters Mutter beim Essen kochen immer solche Mühe gibt!

Essen ist ganz oft ein Streitthema, auch in Familien, die keine „Problemkinder" haben. Die Eltern versuchen, ihre Kinder möglichst gesund zu ernähren, die Kleinen mögen aber nur Pommes Frittes und Ketchup. Zudem sollen die Kinder auch Tischmanieren lernen, was die Kinder meist als lästig und überflüssig empfinden. Dieses Problem kann bei Familien mit hyperkinetischen Kindern besonders stark werden, weil diesen Kindern das Sitzenbleiben und Ruhigsein aufgrund der motorischen Unruhe besonders schwer fällt. Das fällt schon des öfteren einmal ein Glas um.

Was können Sie tun ?

Die folgenden Hinweise sollen Ihnen dabei helfen, die bei Tisch auftretenden Probleme zu lösen. Dabei geht es im Kern darum, wenige wichtige Regeln aufzustellen und durch positive und negative Konsequenzen darauf zu achten, daß diese Regeln eingehalten werden.

Diese Regeln können Ihnen helfen!

1. **Überlegen Sie sich zunächst, welche Regeln Ihnen beim Essen wirklich wichtig sind!** Grundsätzlich kreisen die Probleme beim Essen um zwei Fragen:
   1. Was wird gesessen?
   2. Wie wird gegessen?

   Viele Kinder weigern sich bestimmte Nahrungsmittel zu essen, weil sie ihnen nicht schmecken. Sie sollten sich überlegen, ob und in welchem Ausmaß Sie die Vorlieben und Abneigungen berücksichtigen wollen. Wenn Ihr Kind nur einzelne Speisen nicht mag, dann ist es meist kein Problem, dies im Speiseplan zu berücksichtigen. Wenn Ihr Kind aber einen ganzen Bereich von Nahrungsmitteln ablehnt (z. B. Salat oder Gemüse), dann kann es schwierig sein, eine ausgewogene Ernährung zu gewährleisten. Manche Eltern stellen die Regel auf, daß von jedem Nahrungsmittel zumindest eine kleine Menge gesessen werden muß (z. B. ein Blatt Salat).
   Natürlich sollen Kinder auch bestimmte Tischmanieren lernen. Es ist allerdings genauso wichtig, daß dabei die Lust am Essen nicht zu kurz kommt. Bedenken Sie, daß Ihre Kinder eine höhere Bereitschaft haben, sich an Tischregeln zu halten, wenn es nur wenige sind. Gibt es zu viele Regeln, wird dies als einengend und störend empfunden. Hier einige Beispiele für Tischregeln:
   - Bei Tisch wird nicht gestritten.
   - So nah am Tisch und am Teller sitzen, daß nicht gekleckert wird.
   - Alle bleiben sitzen, bis alle mit Essen fertig sind.

2. **Erarbeiten Sie mit Ihren Kindern die Regeln für die gemeinsamen Mahlzeiten.** Fragen Sie zunächst Ihre Kinder nach ihren Wünschen, was das gemeinsame Essen angeht! Ein Mitspracherecht er-

höht die Wahrscheinlichkeit, daß sich die Kinder auch an Ihre Wünsche halten. So kann man beispielsweise überlegen, ob sich jedes Kind einmal in der Woche ein bestimmtes Essen wünschen darf und auch ein kleine Liste von Gerichten anfertigen darf, die es gar nicht mag und deshalb nicht essen braucht! Kochen Sie dann allerdings nicht doppelt, sondern Ihr Kind kann entweder das essen, was es von der Mahlzeit mag oder sich ein Brot schmieren. Besprechen Sie mit Ihrer Familie auch die Regeln zum Verhalten bei Tisch und legen Sie am Ende des Gespräches die Regeln fest, die Ihnen für die Mahlzeiten wichtig sind. Schreiben Sie die Regeln auf die *Memo-Karte*.

3. **Lassen Sie Ihr Kind sich sein Essen selbst nehmen oder „Stop!" sagen, wenn Sie ihm sein Essen auf den Teller schöpfen!** Dies ist wichtig, damit Ihr Kind lernt, seinen eigenen Hunger einzuschätzen und sich nicht zu gierig zu viel zu nehmen. Ihr Kind sollte die Möglichkeit haben, Essen nachzuschöpfen, solange es noch Hunger hat (es sei denn, es übertreibt). Zudem sollte es lernen, seinen Teller leer zu essen. Wenn es das einmal nicht schafft, sollten Sie es nicht zwingen, den Teller leer zu essen, dann kann es jedoch auch keinen Nachtisch bekommen.

4. **Geben Sie wirkungsvolle Aufforderungen und loben Sie Ihr Kind, wenn es die Regeln und Aufforderungen befolgt.** Versuchen Sie die Hinweise zu beachten, die wir in Stufe 7 und Stufe 8 gegeben haben. Geben Sie die Aufforderungen beim Essen in einem freundlichen, aber bestimmten Ton. Zeigen Sie Ihrem Kind die *Memo-Karte* und weisen Sie es noch einmal kurz auf die getroffenen Regeln hin. Überprüfen Sie, ob Ihr Kind die Regeln beachtet und loben Sie es, wenn es die Regeln einhält oder lassen Sie eine andere positive Konsequenz folgen. Tragen Sie die entsprechende positive Konsequenz auf der *Memo-Karte* ein.

5. **Führen Sie natürliche Konsequenzen durch, wenn sich Ihr Kind nicht an die Regeln hält!** Überlegen Sie sich vorher, wie Sie auf bestimmte Regelverstöße und Mißgeschicke Ihres Kindes reagieren können. Je ruhiger und konsequenter Sie auf das Verhalten Ihres Kindes reagieren, desto größer ist die Wahrscheinlichkeit, daß Ihr Kind sein Verhalten in Zukunft ändert. Versuchen Sie die Hinweise zu beachten, die wir in Stufe 9 gegeben haben.

Hier einige Beispiel für natürliche negative Konsequenzen:

- Wer streitet, muß für drei Minuten in sein Zimmer gehen (bekommt anschließend aber nicht mehr Zeit für sein Essen).
- Wer kleckert oder ein Glas umschüttet, muß selbst aufstehen und so gut wie möglich das Umgeschüttete wieder wegwischen (auch wenn das Kinder nicht ganz sauber schaffen, ist es wichtig, daß sie selbst zunächst den Tisch säubern, auch wenn die Mutter nach dem Essen noch einmal nachwischen muß).
- Wer provokativ laut schmatzt, muß nachher alleine essen oder kann keinen Nachtisch bekommen.
- Wer die vereinbarte Mindestmenge nicht ißt, kann keinen Nachtisch essen.

Tragen Sie die entsprechende negative Konsequenz auf der *Memo-Karte* ein.

6. **Sie können mit Ihrem Kind auch bewußt Tischregeln üben und auf der anderen Seite einmal Ausnahmen machen!** Um mit Ihrem jüngeren Kind Tischmanieren zu üben und dies spielerisch einzubauen, können Sie einmal „Restaurant" spielen. Auf der anderen Seite ist es auch gut, bewußt Ausnahmen zu machen und die Kinder auch einmal essen zu lassen, wie sie wollen. Durch die Abwechslung kann das Essen den Kindern oft mehr Spaß machen. Beispielsweise können Sie Tage einführen, an denen die Pommes Frittes auch mit den Händen gegessen werden dürfen oder einen Spaghetti-Tag, wo jeder einen großen Latz bekommt und die Spaghetti geschlürft werden dürfen. Die Kinder haben besonderen Spaß, wenn die Eltern dabei auch mitmachen.

7. **Protokollieren Sie Ihre Erfahrungen auf Ihrer** *Memo-Karte*.

8. **Führen Sie einen** *Punkte-Plan* **oder einen** *Wettkampf um lachende Gesichter* **durch, wenn sich das Problem nicht lösen läßt.** Falls Sie die Regeln einige Wochen angewandt haben, ohne das Problem zu vermindern, dann sollten Sie einen *Punkte-Plan* oder einen *Wettkampf um lachende Gesichter* einführen. Ein *Wettkampf um lachende Gesichter* eignet sich besonders dann, wenn das störende Verhalten sehr häufig auftritt, wenn Ihr Kind beispielsweise alle zwei Minuten beim Essen aufsteht. In diesem Fall können Sie zunächst für die Essenszeit einen *Wettkampf um lachende Gesichter* durchführen. Sie markieren sich immer dann ein Gesicht, wenn Ihr

Kind während dieser Zeit aufsteht. Wenn es dem Kind nach einiger Zeit gelingt, die meisten Gesichter für sich zu behalten, dann können Sie zu einem *Punkte-Plan* übergehen.
Falls das störende Verhalten von Anfang an nicht so häufig ist, dann können Sie auch direkt einen *Punkte-Plan* anwenden. Sie vereinbaren dann beispielsweise mit dem Kind die Regeln, für deren Einhaltung es einen Punkt erhalten kann (z. B. einen Punkt, wenn es nicht aufsteht; einen Punkt, wenn es seine Schwester nicht ärgert und einen Punkt, wenn es von allem zumindest eine kleine Menge probiert). Beachten Sie ansonsten die Hinweise, die wir Ihnen in den Stufen 10 bis 12 des Elternleitfadens zum *Punkte-Plan* und zum *Wettkampf um lachende Gesichter* gegeben haben.

Materialien für dieses Anwendungsbeispiel:
- *Memo-Karte* mit Protokoll

Anwendungsbeispiel 5
Unser täglicher Hausaufgaben-Krieg!

Ist das bei Ihnen auch so ?

Peter haßt seine Hausaufgaben. Immer dieses blöde Lernen, als wenn die Schule nicht schon doof genug wäre! Kaum ist er zu Hause und freut sich aufs Spielen, stehen schon wieder diese dummen Pflichten an. Fast jeden Tag gibt es einen riesigen Streit wegen dieser dämlichen Hausaufgaben. Auch die Mutter ist dadurch schon völlig entnervt. Nach dem Mittagessen geht es los: Zehnmal, nein zwanzigmal muß sie Peter auffordern, mit den Hausaufgaben zu beginnen. Mit jeder Aufforderung wird ihre Stimme gereizter. Wenn er sich endlich hingesetzt hat, dann starrt er Löcher in die Luft, findet das richtige Heft nicht oder liest heimlich Micky Maus. So dauern die Hausaufgaben Stunden und der ganze Nachmittag ist sowohl für Peter als auch für seine Mutter kaputt.

Sehr häufig stellt die Durchführung der Hausaufgaben ein großes Problem dar. Die Hausaufgaben werden von den meisten Kindern als eine lästige Pflicht erlebt. Kinder mit Aufmerksamkeitsschwächen und impulsivem oder sehr verweigerndem Verhalten sowie Kinder mit schulischen Leistungsproblemen erleben Hausaufgaben als besonders unangenehm und anstrengend: Die Kinder müssen sich konzentrieren; sie müssen sich mit Inhalten beschäftigen, die sie meist noch nicht richtig beherrschen; sie werden durch die häufigen Fehler bei den

Hausaufgaben frustriert und ihnen steht weniger freie Spielzeit zur Verfügung.

Die Durchführung der Hausaufgaben ist daher in den meisten Familien mit Kindern, die solche Probleme haben, zu einem ständigen Kampf geworden – die Hausaufgaben dauern dann häufig bis in den Abend hinein und werden von extremen Spannungen zwischen Eltern und Kind begleitet.

Was können Sie tun ?

Die folgenden Regeln sollen Ihnen und Ihrem Kind helfen, die Hausaufgaben weniger belastend durchzuführen. Da die Hausaufgaben von Ihrem Kind besondere Anstrengungen abfordern, sollten Sie Ihr Kind in einer besonderen Form belohnen, wenn es diese Anstrengungen erbracht hat.

Diese Regeln können Ihnen helfen :

1. **Alle Hausaufgaben werden von Ihrem Kind während der Schulzeit in einem Aufgabenheft notiert!** Ein Aufgabenheft ist vor allem dann notwendig, wenn Ihr Kind seine Hausaufgaben häufiger vergißt. Die meisten Kinder besitzen ein Aufgabenheft, in das sie alle in der Schule gestellten Hausaufgaben eintragen. Wenn Ihr Kind keines besitzt, dann legen Sie bitte eines an. Wenn Ihr Kind regelmäßig vergißt, die Hausaufgaben dort einzutragen, dann sollten Sie bei der Entwicklung des *Hausaufgaben-Planes* einen Punkt dafür vorsehen, daß Ihr Kind alle Hausaufgaben in sein Aufgabenheft einträgt (siehe Punkt 6). Wenn Ihr Kind in die erste oder zweite Klasse geht, dann können Sie auch seine Klassenlehrerin bitten, das Eintragen der Hausaufgaben abzuzeichnen. Häufig ist die Lehrerin dazu bereit, wenn Ihr Kind die Aufgabe übernimmt, nach jeder Stunde zur Lehrerin zu gehen und die Eintragungen abzeichnen zu lassen. Wenn Ihr Kind die Hausaufgaben trotzdem nicht weiß, dann sollte Ihr Kind und nicht Sie durch einen Telefon-

anruf bei einem Klassenkameraden oder einer Klassenkameradin die Hausaufgaben in Erfahrung bringen.

2. **Die Hausaufgaben werden immer am gleichen Arbeitsplatz gemacht!** Um Kindern mit Konzentrationsproblemen bei den Hausaufgaben zu helfen, ist es wichtig, daß ablenkende äußere Einflüsse möglichst gering gehalten werden. Dazu gehört, daß Ihr Kind seine Hausaufgaben immer an dem gleichen Arbeitsplatz machen kann. Idealerweise sollte dies der Schreibtisch Ihres Kindes in seinem Kinderzimmer sein, der für keine andere Tätigkeit benutzt werden sollte. Sie können aber auch den Küchentisch oder den Eßzimmertisch hierfür benutzen. Wichtig ist nur, daß Ihr Kind seine Aufgaben immer an dem gleichen Platz macht.

3. **Vermindern Sie die Ablenkungsmöglichkeiten bei den Hausaufgaben!** Ablenkungsmöglichkeiten, die unmittelbarer am Arbeitsplatz Ihres Kindes sind, sollten weitgehend entfernt werden. Dazu gehören vor allem Spielmaterialien in Reichweite Ihres Kindes oder auch der Blick Ihres Kindes aus dem Fenster auf einen interessanten Spielplatz. Setzen Sie sich am besten selbst an den Arbeitsplatz Ihres Kindes. Stellen Sie fest, was sich in Ihrer unmittelbaren Reichweite befindet und was Sie alles sehen, wenn Sie geradeaus, nach rechts und nach links schauen. Manchmal kann es sinnvoll sein, den Tisch, an dem Ihr Kind seine Hausaufgaben macht, an einen anderen Platz zu stellen, der weniger Ablenkung bietet.
Zu den Ablenkungsmöglichkeiten gehört auch alles, was man hören kann. Obwohl es immer wieder Kinder gibt, die sich bei „Musikberieselung" gut konzentrieren können, sollte in der Regel während der Hausaufgabenzeit kein Radio, Fernseher, Plattenspieler oder Kassettenrecorder laufen. Ihr Kind sollte in dem Raum, in dem es arbeitet, alleine sein (ausgenommen Sie selbst, wenn Sie ihm bei den Aufgaben helfen müssen). Störungen, vor allem durch jüngere Geschwister, sind möglichst zu vermeiden. Besprechen Sie die Regeln mit den Geschwistern.

4. **Die Hausaufgaben werden immer an der gleichen Stelle im Tagesablauf gemacht!** Legen Sie generell den Zeitpunkt fest, an dem Ihr Kind die Hausaufgaben machen soll. Dabei kommt es nicht auf die genaue Uhrzeit, sondern auf den gleichen Zeitpunkt im Tagesablauf an: z. B. nach einer halbstündigen Pause nach dem

Mittagessen. Wechselnde Hausaufgabenzeiten erhöhen die Ablenkbarkeit Ihres Kindes und damit die Hausaufgabenprobleme. Auf keinen Fall sollten die Hausaufgaben erst am späten Nachmittag begonnen werden.

5. **Vereinbaren Sie zusammen mit Ihrem Kind pro Hausaufgabe die maximale Zeit, in der die Aufgaben erledigt werden sollen!** Setzen Sie sich zu Beginn der Hausaufgabenzeit zusammen mit Ihrem Kind an seinen Arbeitsplatz. Gehen Sie mit ihm zusammen die Aufgaben durch und verschaffen sie sich gemeinsam einen genauen Überblick über die zu leistenden Hausaufgaben. Dann bestimmen Sie für jede einzelne Hausaufgabe die maximale Zeit, in der Ihr Kind die Hausaufgaben erledigen könnte. Die Zeit sollte dabei so bemessen sein, daß Ihr Kind die Aufgaben in der Zeit gut erledigen kann, wenn es in normalem Tempo ohne Unterbrechung und Ablenkung arbeitet.

6. **Erstellen Sie gemeinsam mit Ihrem Kind einen *Punkte-Plan* für die Hausaufgabenzeit!** Lassen Sie Ihr Kind die einzelnen Aufgaben und die pro Aufgabe vereinbarte Höchstzeit (z. B. Rechnen, Lesen, Schreiben) in den *Hausaufgaben-Plan:* Konto; Arbeitsblatt 16) eintragen. Wenn Ihr Kind in der vorgegebenen Zeit die Hausaufgaben zur Zufriedenheit erledigt, erhält es dafür einen Punkt (ev. auch ein Klebepunkt oder ein Klebebild). Damit Ihr Kind selbst kontrollieren kann, wieviel Zeit ihm zur Verfügung steht, muß eine Uhr in seiner Sichtweite sein, am besten ein Wecker auf seinem Arbeitstisch stehen. Wenn Ihr Kind die Uhr noch nicht gut genug kennt, dann zeigen Sie ihm, wo der Zeiger stehen wird, wenn die Zeit abgelaufen ist.
Ihr Kind meldet sich bei Ihnen, wenn es eine Aufgabenart beendet hat und es trägt die tatsächlich benötigte Zeit in den *Hausaufgaben-Plan* ein. Ihr Kind bewertet dann auf einer Notenskala von eins bis sechs, wie gut ihm seiner Meinung nach die Hausaufgaben gelungen sind. Sie schauen dann mit ihm gemeinsam die Hausaufgaben durch, besprechen eventuell notwendig Korrekturen und geben ihm dann selbst eine Note für die Qualität der Hausaufgaben. Wenn Sie die Hausaufgaben mindestens als ausreichend (4) einstufen, dann bekommt Ihr Kind einen Punkt. Wenn Ihr Kind es geschafft hat, ohne Trödeln die Hausaufgaben in der vereinbarten Zeit zu erledigen, dann bekommt es einen zusätzlichen Punkt. Ihr

Kind kann keinen Punkt erhalten, wenn es die Hausaufgaben zwar in der vereinbarten Zeit beendet hat, aber die Hausaufgaben von Ihnen nicht als ausreichend bewertet werden können. Seien Sie bei Ihrer Bewertung nicht zu streng! Ihr Kind trägt pro Aufgabe die erreichte Punktezahl in den *Hausaufgaben-Plan* ein.

Wenn während der Durchführung oder Vorbereitung der Hausaufgaben zusätzlich bestimmte Verhaltensprobleme regelmäßig auftreten, können Sie gemeinsam mit Ihrem Kind eine Zusatzregel einführen. Zu den häufigsten weiteren Problemen zählen: Vergessen von Hausaufgaben (nicht eintragen der Hausaufgaben ins Hausaufgabenheft); nicht auffinden von Arbeitsmaterialien; nicht anfangen wollen; Wutausbrüche während der Hausaufgaben; ständiges Schimpfen; verweigern von notwendigen Korrekturen. In der Zusatzregel vereinbaren Sie mit Ihrem Kind, daß es einen Zusatzpunkt bekommen kann, wenn das Problemverhalten (z. B. Wutausbrüche) während der Hausaufgabenzeit nicht aufgetreten ist. Tragen Sie die Zusatzregel auch auf dem *Hausaufgaben-Plan* ein.

Bevor Sie mit dem *Hausaufgaben-Plan* beginnen, vereinbaren Sie mit Ihrem Kind die Sonderbelohnungen, wie dies in der Stufe 10 des Elternleitfadens für das Erstellen eines *Punkte-Plans* bereits beschrieben wurde:

- Legen Sie gemeinsam mit Ihrem Kind eine Wunschliste für Sonderbelohnungen an.
- Bestimmen Sie die Anzahl der Punkte, die für die Sonderbelohnungen notwendig sind und schreiben Sie diese in das Arbeitsblatt 15 (Mein Hausaufgaben-Plan: Regeln).
- Beachten Sie ansonsten die Hinweise, die wir Ihnen in den Stufen 10 und 11 des Elternleitfadens zum *Punkte-Plan* gegeben haben.

Materialien für dieses Anwendungsbeispiel:

- Arbeitsblatt 15: Mein Hausaufgaben-Plan: Regeln
- Arbeitsblatt 16: Mein Hausaufgaben-Plan: Konto

Anwendungsbeispiel 6
Das allabendliche Theater mit dem Zubettgehen!

Ist das bei Ihnen auch so ?

Jeden Abend beginnt das gleiche Spiel! „Jetzt schon ins Bett? Wieso denn? Ich bin doch überhaupt nicht müde? Immer dürfen die Großen aufbleiben und schicken uns ins Bett, wenn es interessant wird!" Und dann beginnt das allabendliche Theater: Peter trödelt herum, macht alles in einem Schneckentempo. Zudem fällt ihm dann noch ein, daß er noch Durst oder Hunger hat und sein Schulranzen ist auch noch nicht gepackt! Liegt er dann endlich im Bett, meist mit einer halben Stunde Verspätung, dann kommt er immer wieder aus dem Zimmer raus, weil ihm noch was ganz Wichtiges einfällt, oder auch nur um zu sagen, daß er noch nicht schlafen kann!

Die meisten Kinder wollen abends nicht gerne ins Bett gehen. Die Kinder, die ohne Theater nach einmaliger Aufforderung und ohne Motzen abend für abend ins Bett gehen, sind eindeutig die Minderheit! Dieses Verhalten ist zunächst also einmal „normal"! Einige Kinder treiben es dabei allerdings auf die „Spitze" und rauben ihren Eltern die letzten Nerven. Vor allem in Familie mit hyperkinetischen und oppositionellen Kindern artet die abendliche Situation zu einem ständigem Kampf aus.

Was können Sie tun ?

Die folgenden Punkte sollen Ihnen dabei helfen, für die abendliche Situation einen bestimmten Rhythmus zu finden und auf die Probleme Ihres Kindes konsequent, ruhig und gleichbleibend zu reagieren.

Diese Regeln können Ihnen helfen!

1. **Überlegen Sie sich, zu welcher Zeit Ihr Kind ins Bett gehen sollte und wieviel Zeit die Vorbereitungen in Anspruch nehmen!** Zunächst ist es wichtig, sich zu überlegen, wann das Kind abends in sein Zimmer bzw. ins Bett gehen sollte und nicht, wann es schlafen muß. Einschlafen auf Anweisung ist schwierig! Manchmal ist das Kind vielleicht wirklich noch nicht so müde, daß es einschlafen kann. Zudem brauchen Kinder unterschiedlich lange zum Einschlafen! Allerdings sollte es einen festen Zeitpunkt geben, an dem Ihr Kind ins Bett geht und da noch lesen oder Kassette hören darf, wenn es möchte. Zusätzlich sollten Sie sich überlegen, wieviel Zeit die Vorbereitungen in Anspruch nehmen: Ausziehen, Waschen, Zähneputzen! Häufig ist es sinnvoll, für Schulzeiten und für schulfreie Zeiten unterschiedliche Zeiten für das zu Bett gehen festzulegen.

2. **Überprüfen Sie, ob Ihr Kind Angst hat, zu Bett zu gehen oder im Bett zu bleiben.** Manche Kinder, die nicht ins Bett gehen wollen oder nicht im Bett bleiben wollen, haben Angst. Viele Kinder entwickeln irgendwann einmal Ängste, beispielsweise vor der Dunkelheit, vor dem Alleinsein, vor Gespenstern oder Räubern und haben dann Schwierigkeiten mit dem Zubettgehen. Meistens erkennt man solche Ängste daran, daß die Kinder dann bei den Eltern im Bett schlafen wollen oder ein Licht im Zimmer brennen muß. Sprechen Sie mit Ihrem Kind über mögliche Ängste. Manche Kinder geben allerdings auch Ängste an, in der Erwartung, daß sie dann eher aufbleiben dürfen. Selbst wenn Sie feststellen, daß Ihr Kind Angst hat, ist es wichtig, daß das Kind regelmäßig zu Bett geht. Sie sollten in diesem Fall mit Ihrem Kind überlegen, welche besonderen Hilfestellungen notwendig sind (z. B. Licht anlassen), damit es seine Ängste bewältigen kann.

3. **Besprechen Sie mit Ihrem Kind die Regeln für das Zubettgehen.** Begründen Sie die Zeit zum Zubettgehen mit den Aufgaben des kommenden Tages und erklären Sie, daß Sie abends ab einer bestimmen Zeit Ruhe für sich haben wollen und es Ihnen daher wichtig ist, daß Ihr Kind z. B. ab 20.00 Uhr im Bett ist. Bedenken Sie, daß Ihr Kind die Zeit, die Sie für sich haben wollen, besser verstehen und akzeptieren kann, wenn Sie auch tagsüber Zeit für Ihr

Kind haben. Nehmen Sie sich daher gezielt tagsüber für Ihr Kind Zeit! Besprechen Sie mit Ihrem Kind die weiteren Regeln für das Zubettgehen, z. B.:

1. Ihr Kind wird um 20.00 Uhr aufgefordert, sich fertig zu machen.
2. Ihr Kind zieht sich direkt danach aus und wäscht sich und putzt die Zähne.
3. Ihr Kind geht auf jeden Fall auf die Toilette.
4. Um 20.20 Uhr ist Ihr Kind dann in seinem Bett und geht nicht mehr aus dem Bett.
5. Nach der Gute-Nacht-Geschichte darf Ihr Kind noch bis 20.45 Uhr lesen oder eine Kassette hören.

Schreiben Sie die Regeln auf die *Memo-Karte*.

4. **Entwickeln Sie ein abendliches Zubettgeh-Ritual!** Rituale „läuten" für die Kinder eine bestimmte Situation ein, deren Ablauf sie kennen, und geben ihnen daher Sicherheit und Klarheit. Kinder brauchen solche Rituale. Achten Sie darauf, daß in diesem Ritual der „Pflichtteil" wie Ausziehen, Waschen und Zähneputzen, aber auch ein gemütlicher Teil enthalten ist, wie vorlesen, vom Tag erzählen, eventuell ein kleines Gute-Nacht-Spiel, zusammen Schmusen und ein Gute-Nacht-Kuß. Dann hat das Zubettgehen für Ihr Kind nicht nur unangenehme Seiten!

5. **Geben Sie wirkungsvolle Aufforderungen und loben Sie Ihr Kind, wenn es die Aufforderungen befolgt.** Versuchen Sie die Hinweise zu beachten, die wir in Stufe 7 und Stufe 8 gegeben haben. Sagen Sie Ihrem Kind in einem freundlichen, aber bestimmten Ton, wenn es Zeit ist, ins Bett zu gehen. Zeigen Sie Ihrem Kind die *Memo-Karte* und weisen Sie Ihr Kind noch einmal kurz auf die getroffenen Absprachen hin. Überprüfen Sie, ob Ihr Kind die Regeln einhält und loben Sie es dafür. Sie können auch zumindest anfangs eine kleine Vergünstigung in Aussicht stellen, wenn es Ihrem Kind gelingt, besonders schwierige Regeln einzuhalten. Diese Belohnung könnte beispielsweise darin bestehen, daß Ihr Kind am nächsten Abend eine Extra-Geschichte vorgelesen bekommt oder etwas länger aufbleiben darf. Tragen Sie die entsprechende positive Konsequenz auf der *Memo-Karte* ein.

6. **Führen Sie natürliche Konsequenzen durch, wenn Ihr Kind die vereinbarten Regeln nicht einhält.** Beachten Sie hierzu die Hinweise, die wir in Stufe 9 gegeben haben. Bringen Sie Ihr Kind so-

fort, ruhig und ohne großen Kommentar in sein Zimmer zurück, wenn es aus dem Zimmer kommt! Auf Fragen oder Forderungen wie: „Ich habe aber noch Durst!" sollten Sie nicht weiter eingehen. Notfalls können Sie sich vorher überlegen, ob Ihr Kind Mineralwasser mit ans Bett nehmen darf. Kommt Ihr Kind mehrfach aus dem Zimmer, sollten Sie sich eine weitergehende negative Konsequenz überlegen, die Sie auch vorher mit Ihrem Kind absprechen sollten. So können Sie beispielsweise in einem solchen Fall sofort das Licht bzw. den Kassetten-Rekorder ausmachen oder Ihr Kind muß am nächsten Abend zehn Minuten früher zu Bett gehen. Tragen Sie die entsprechende negative Konsequenz auf der *Memo-Karte* ein.

7. **Protokollieren Sie Ihre Erfahrungen auf Ihrer** ***Memo-Karte*****.**

8. **Führen Sie einen** ***Punkte-Plan*** **oder einen** ***Wettkampf um lachende Gesichter*** **ein, wenn sich das Problem nicht lösen läßt.** Falls Sie die Regeln einige Wochen angewandt haben, ohne das Problem zu vermindern, dann sollten Sie einen *Punkte-Plan* oder einen *Wettkampf um lachende Gesichter* einführen. Ein *Wettkampf um lachende Gesichter* eignet sich besonders dann, wenn das störende Verhalten sehr häufig auftritt, wenn Ihr Kind beispielsweise abends sehr häufig aus dem Bett kommt. In diesem Fall markieren Sie sich immer dann ein Gesicht, wenn Ihr Kind aus seinem Zimmer kommt. Wenn es dem Kind nach einiger Zeit gelingt, die meisten Gesichter für sich zu behalten, dann können Sie einen *Punkte-Plan* durchführen.
   Falls das störende Verhalten von Anfang an nicht so häufig ist, dann können Sie auch direkt einen *Punkte-Plan* anwenden. Sie vereinbaren dann beispielsweise mit dem Kind die Regeln, für deren Einhaltung es einen Punkt erhalten kann – z. B. einen Punkt, wenn es sich nach einmaliger Aufforderung zum Schlafen fertig macht; einen weiteren Punkt, wenn es rechtzeitig im Bett ist und zwei zusätzliche Punkte, wenn es nicht mehr aufsteht (wenn es nur einmal aufsteht, dann kann es noch einen Punkt erhalten). Beachten Sie ansonsten die Hinweise, die wir Ihnen in den Stufen 10 bis 12 des Elternleitfadens zum *Punkte-Plan* und zum *Wettkampf um lachende Gesichter* gegeben haben.

Materialien für dieses Anwendungsbeispiel:
- *Memo-Karte* mit Protokoll

Anwendungsbeispiel 7
Wutausbrüche

Ist das bei Ihnen auch so ?

Wenn Peter richtig wütend wird, dann ist er nicht mehr zu bremsen. Sein Gesicht läuft rot an, er schreit aus Leibeskräften, schlägt um sich, wirft sich auf den Boden und ist nicht mehr ansprechbar. Solche Wutausbrüche treten in letzter Zeit immer häufiger auf und die Anlässe dazu werden immer geringfügiger. Manchmal genügt es schon, wenn die Mutter ihn auffordert, seine Schuhe wegzuräumen. Die Mutter fühlt sich dann völlig machtlos und bekommt richtig Angst vor Peter.

Wutausbrüche sind bei jüngeren Kindern nicht selten. Meist lassen sie sich jedoch noch relativ gut begrenzen, weil die Kinder noch nicht so stark sind. Wenn die Kinder jedoch älter werden oder wenn die Wutausbrüche sehr häufig auftreten, dann können solche Verhaltensweisen zu einem ernsten Problem werden.

Was können Sie tun ?

Mit den folgenden Hinweisen möchten wir Ihnen Möglichkeiten an die Hand geben, damit Sie mit solchen Wutausbrüchen künftig besser zurecht kommen können und Ihrem Kind helfen können, seine Wut besser in den Griff zu bekommen.

Diese Regeln können Ihnen helfen!

1. **Beschreiben Sie die Situationen, in denen Ihr Kind einen Wutausbruch bekommt.** Manche Kinder reagieren mit Wutausbrüchen, wenn ihnen etwas verboten wird, anderer wenn sie etwas tun sollen, wieder andere, wenn sie beispielsweise von Geschwistern provoziert werden oder wenn ihnen etwas nicht gelingt. Beschreiben Sie auf der *Memo-Karte* die Situationen, in denen Ihr Kind häufiger mit Wutausbrüchen reagiert. Versuchen Sie diese Situationen möglichst konkret zu beschreiben.

2. **Loben Sie Ihr Kind, wenn es in schwierigen Situationen nicht mit einem Wutausbruch reagiert.** Kein Kind reagiert in bestimmten Situationen immer mit Wutausbrüchen. Loben Sie Ihr Kind immer dann, wenn es in einer Situation einmal nicht wütend wird, in der es früher schon häufiger mit einem Wutausbruch reagiert hat. Loben Sie Ihr Kind auch schon dann, wenn es weniger ärgerlich als üblich reagiert hat (z. B.: „Gut, daß du jetzt nicht so wütend bist. Dann können wir besser miteinander reden.")

3. **Bewahren Sie ruhig Blut!** Wenn Ihr Kind schon außer Rand und Band ist, dann ist es sicher nicht hilfreich, wenn auch Sie noch ausrasten! Versuchen Sie daher ruhig Blut zu bewahren. Das ist leichter gesagt als getan! Wenn Sie selbst zu impulsiven Reaktionen neigen, dann sollten Sie alles unternehmen, was Ihnen hilft, wieder ruhiger zu werden. Manchmal hilft es schon, einfach dreimal tief durchzuatmen oder leise bis zehn zu zählen oder auch erst einmal für eine kurze Zeit den Raum zu verlassen.

4. **Bringen Sie Ihr Kind an einen Ort, an dem es sich beruhigen kann.** Viele Kinder sind während eines Wutausbruches so gut wie nicht ansprechbar. Wenn Ihr Kind einen Wutausbruch bekommt, dann sollten Sie zunächst Maßnahmen unternehmen, die ihm helfen, sich zu beruhigen. Manche Eltern versuchen, ihr Kind einfach festzuhalten. Das kann manchmal hilfreich sein, bei vielen Kindern führt das jedoch eher zu einem Nahkampf als daß es das Kind beruhigt. Häufiger ist es hilfreich, zunächst einmal überhaupt nicht auf das Kind einzugehen oder den Raum zu verlassen, in dem es gerade ist. Das ist aber leider nicht immer möglich. Sie können in einem solchen Fall versuchen, das Kind an einen Ort zu bringen,

an dem es sich zunächst einmal beruhigen kann. Manchmal eignet sich dazu das Kinderzimmer, das Badezimmer oder das Schlafzimmer der Eltern. Allerdings kann es schwierig sein, das Kind in den entsprechenden Raum zu bringen. Es ist deshalb günstig, wenn Sie eine solche Maßnahme nicht erst durchführen, nachdem das Kind auf 180 ist; Sie sollten schon bei 90 eingreifen! Es kann allerdings auch dann zu erheblichen Schwierigkeiten kommen. Wenn dies regelmäßig der Fall ist, dann ist es vermutlich sinnvoll, eine professionelle Hilfe in Anspruch zu nehmen.

5. **Loben Sie Ihr Kind, wenn es ihm gelingt, sich zu beruhigen.** Wenn es Ihrem Kind gelingt, sich wieder zu beruhigen, dann sollten Sie vorsichtig auf Ihr Kind zugehen und es behutsam dafür loben, daß Sie jetzt wieder mit ihm „vernünftig" reden können. Manche Kinder können in einer solchen Situation allerdings Lob nur ganz schlecht ertragen. Wenn dies auch bei Ihrem Kind der Fall ist, dann sollten Sie auf das Loben in dieser Situation besser verzichten. Sie können das dann zu einem günstigeren Zeitpunkt, z. B. beim Zubettgehen nachholen.

6. **Achten Sie darauf, daß sich der Wutausbruch für Ihr Kind nicht lohnt.** Häufig entwickeln Kinder dann Wutausbrüche, wenn sie die Erfahrung gemacht haben, daß sie damit unangenehmen Dingen aus dem Weg gehen können (daß sie beispielsweise bestimmte Pflichten nicht erfüllen müssen) oder daß sie damit ihren Willen durchsetzen können (und beispielsweise ein Eis bekommen, daß ihnen vorher verwehrt wurde). Wenn Kindern solche Erfahrungen machen, dann werden sie zukünftig solche Wutausbrüche häufiger entwickeln. Deshalb ist es extrem wichtig, daß Sie darauf achten, daß sich die Wutausbrüche Ihres Kindes nicht lohnen. Das ist leichter gesagt als getan! Wenn sich Ihr Kind aber wieder beruhigt hat, dann sollten Sie unbedingt darauf achten, daß es jetzt der Aufforderung nachkommt, die zum Wutausbruch geführt hat, und das Kind darf auch auf keinen Fall durch seinen Wutausbruch etwas erreichen, was es sonst nicht erreicht hätte. Möglicherweise nehmen Sie damit einen erneuten Wutausbruch in Kauf. Das ist aber das kleine Übel! Falls Sie es nicht schaffen, daß Ihr Kind nach dem Wutausbruch das tut, was es machen sollte, dann lassen Sie auf jeden Fall eine natürliche negative Konsequenz folgen.

7. **Protokollieren Sie Ihre Erfahrungen auf Ihrer** ***Memo-Karte*****.**

8. **Führen Sie einen** ***Punkte-Plan*** **ein, wenn sich das Problem nicht lösen läßt.** Wenn es Ihnen nicht gelingt, durch die genannten Maßnahmen die Häufigkeit von Wutausbrüchen zu vermindern, dann kann es hilfreich sein, zusätzlich einen *Punkte-Plan* durchzuführen. Ihr Kind kann sich dann mit dem *Punkte-Plan* Punkte verdienen, wenn es in üblicherweise schwierigen Situationen nicht mit Wutausbrüchen reagiert. Wenn Ihr Kind normalerweise zwar einige Male pro Woche, aber nicht jeden Tag einen Wutausbruch bekommt, dann kann es auch für jeden Tag ohne Wutausbruch einen Punkt bekommen. Beachten Sie auch die Hinweise, die wir Ihnen in den Stufen 10 und 11 des Elternleitfadens zum *Punkte-Plan* gegeben haben. Falls auch diese Maßnahme nicht erfolgreich ist, dann sollten Sie eine professionelle Hilfe in Anspruch nehmen.

Materialien für dieses Anwendungsbeispiel:
- *Memo-Karte* mit Protokoll

Anwendungsbeispiel

Meine Kinder sind wie Hund und Katze

Ist das bei Ihnen auch so ?

Peter und seine kleine Schwester Lisa liegen sich ständig in den Haaren. Die Mutter hat das Gefühl, daß kaum eine halbe Stunde vergeht, ohne daß Lisa nicht um Hilfe schreit oder weinend ankommt, weil Peter sie schon wieder traktiert hat. Ständig hat sie Kratzwunden und blaue Flecken, die ihr von Peter zugefügt wurden. Außerdem ist Peter schrecklich eifersüchtig auf Lisa. Wenn Lisa etwas bekommt, dann möchte Peter genau das Gleiche haben, auch dann, wenn es ihn eigentlich gar nicht interessiert. Lisa ist genau das Gegenteil von Peter. Peter nervt nur, wenn Besuch kommt; Lisa dagegen schafft es in kürzester Zeit, Leute für sich einzunehmen.

Es gibt wohl keine Geschwister, die nicht auch einmal miteinander streiten und rivalisieren oder aufeinander eifersüchtig sind. In Familien mit hyperkinetischen oder oppositionellen Kindern können solche Streitereien jedoch zu einem sehr ernsten Problem werden. Geschwisterrivalität ist meist ein vielschichtiges Problem: Hyperkinetische und oppositionelle Kinder neigen aufgrund ihrer Impulsivität zu aggressiven Handlungen anderen Kindern gegenüber. Sie denken kaum darüber nach, was sie in einer Situation tun oder lassen sollten, son-

dern folgen ihren ersten Einfällen und die sind häufig nicht die besten.

Hyperkinetische und oppositionelle Kinder neigen aber häufig auch deshalb zu aggressiven Handlungen anderen Kindern gegenüber, weil sie die Erfahrung gemacht haben, daß aggressives Verhalten sich lohnt, d. h., daß sie mit ihrem aggressiven Verhalten das erreichen, was sie wollen.

Außerdem erfahren diese Problemkinder viele Frustrationen außerhalb und innerhalb der Familie und lassen die angestauten Spannungen bei ihren Geschwistern aus.

Schließlich erleben die Problemkinder in der Familie, daß sich ihre Eltern häufig über sie ärgern und mit ihnen unzufrieden sind, während ihre Geschwister Anerkennung und Zuwendung von ihren Eltern erfahren.

Was können Sie tun ?

Die folgenden Hinweise sollen Ihnen helfen, Rivalität und Streit zwischen Geschwistern zu begrenzen. Rivalität und Streit zwischen Geschwistern gehen selten ausschließlich von einer Seite aus. Deshalb ist eine Lösung des Problems auch nur mit beiden Streithähnen möglich. Wichtig ist auch, daß Sie Ihre eigene Rolle dabei genau überprüfen. Sie können Ihrem Problemkind helfen, mit Wut und Aggression anders umzugehen.

Diese Regeln können Ihnen helfen!

1. **Überlegen Sie, wie Sie Ihre Aufmerksamkeit und Zuwendung auf Ihre Kinder verteilen.** Kinder reagieren manchmal deshalb aggressiv auf ihre Geschwister, weil sie das Gefühl haben, benachteiligt zu sein. Wir haben in Stufe 3 des Elternleitfadens bereits den Teufelskreis dargestellt, in den Eltern mit ihren hyperkinetischen oder oppositionellen Kindern geraten: der Anteil an negativen, belastenden Erfahrungen nimmt zu und positive Erlebnisse werden immer seltener. Es wundert daher nicht, daß die „Problemkinder" den Eindruck haben, daß sie weniger beachtet und weniger geliebt

werden. Manchmal ist das ja auch wirklich so; schließlich sind Eltern auch nur Menschen! Die Vorstellung, Eltern müßten immer alle ihre Kindern gleichermaßen gern haben, geht an der Wirklichkeit vorbei. Manchmal liegt einem ein Kind schon von seiner Art her einfach mehr als ein anderes. Außerdem hinterlassen die häufigen Auseinandersetzungen mit „Problemkindern" natürlich auch bei den Eltern ihre Spuren. Wichtig ist, daß Sie sich zunächst einmal selbst darüber klar werden, wie Ihre eigenen Gefühle sind. Manchmal hat man auch das Gefühl, daß man beide Kinder gleich behandelt, obwohl von außen doch deutliche Unterschiede festzustellen sind. Besonders schwierig ist es, wenn die Geschwister Eigenschaften oder Fähigkeiten haben, die man besonders mag. Da gibt es manchmal die kleinen Schwestern, denen alles besser gelingt, die freundlich und offen und zugewandt sind und schnell die Herzen anderer erobern und darüber hinaus auch noch redegewandter sind und die Schule mit „links" schaffen. Natürlich freuen sich Eltern über solche Kinder und natürlich spürt man das als äußerer Beobachter: meist äußern sich solche Gefühle nicht in dem, was man sagt und tut, sondern mehr in dem, wie man es sagt oder tut. Sprechen Sie einmal auch mit Ihrem Partner oder mit anderen Ihnen nahestehenden Personen darüber.

2. **Sprechen Sie mit Ihren Kindern über die häufigen Streitereien und ihre Ursachen.** Hören Sie sich Ihre Kinder zu dem Thema „Streit und seine Ursachen" an. Führen Sie dieses Gespräch in einer ruhigen Atmosphäre. Achten Sie darauf, daß Sie selbst keine Schuldzuweisungen machen (z. B. indem Sie Ihrem Kind sagen: „Warum bist du immer so aggressiv?") Und achten Sie auch darauf, daß die Geschwister nicht in gegenseitige Schuldzuweisungen verfallen. Beginnen Sie das Gespräch etwa so: „Ich möchte mit euch heute darüber sprechen, daß ihr so oft miteinander streitet. Mir geht es nicht darum einen Schuldigen zu finden, sondern ich möchte gerne von euch wissen, warum das bei uns so ist." Bei diesem Gespräch geht es noch nicht um Lösungen, sondern hören Sie einfach Ihren Kindern zu und versuchen Sie sich nicht sofort zu verteidigen, wenn die Kinder meinen, daß auch Sie etwas falsch machen. Versuchen Sie die Argumente Ihrer Kinder zu verstehen. In einfacher Form kann man ein solches Gespräch bereits mit Kindern im Kindergartenalter durchführen, bei Schulkindern kann ein solches Gespräch aber besonders nützlich sein.

3. **Geben Sie Ihrem „Problemkind“ vermehrt positive Zuwendung und Aufmerksamkeit.** In den Stufen 4 und 5 des Elternleitfadens haben wir Ihnen schon Möglichkeiten aufgezeigt, die Ihnen helfen können, Ihrem Kind vermehrt positive Zuwendung und Aufmerksamkeit zu schenken. Selbst wenn Sie den Eindruck haben, daß Ihr „Problemkind“ schon viel mehr an Energie und Zeit bekommt als das Geschwisterkind, ist es häufig hilfreich, wenn Sie mit Ihrem „Problemkind“ eine *Spaß & Spiel-Zeit* durchführen. Meist ist der Mehraufwand, den man für das Problemkind betreibt, nicht ein Mehr an positiver Zuwendung. Manchmal protestieren die Geschwister, wenn die Eltern eine *Spaß & Spiel-Zeit* mit dem „Problemkind“ durchführen. Wenn die Geschwister älter sind, dann können Sie mit ihnen darüber reden und an ihre Einsicht appellieren. Zusätzlich ist es jedoch sinnvoll, mit den älteren Geschwistern ergänzend besondere Vergünstigungen als Ausgleich zu vereinbaren. Dies sollten Sie auch bei jüngeren Geschwisterkindern tun. Sie sollten die *Spaß & Spiel-Zeit* zunächst auf jeden Fall mit Ihrem „Problemkind“ alleine durchführen. Sie können aber nach einigen Wochen mit Ihrem „Problemkind“ darüber sprechen, daß Sie gerne das Geschwisterkind auch an der *Spaß & Spiel-Zeit* teilnehmen lassen wollen. Wenn es jedoch dadurch in der *Spaß & Spiel-Zeit* zu Konflikten kommt oder wenn Ihr „Problemkind“ jetzt kein Interesse mehr daran hat, dann sollten Sie die *Spaß & Spiel-Zeit* wieder mit dem Kind alleine durchführen. Sie können in einem solchen Fall auch die Zeit zwischen beiden Kindern aufteilen. Erwarten Sie bitte nicht, daß sich die Streitigkeiten zwischen den Kindern bereits durch die *Spaß & Spiel-Zeit* alleine deutlich vermindert!

4. **Beschreiben Sie das problematische Verhalten beider Kinder und die Situationen, in denen dieses Verhalten gehäuft auftritt.** Nehmen Sie ein Blatt Papier zur Hand und beschreiben Sie die problematischen Verhaltensweisen beider Kinder genau. Sie können beispielsweise Schreiben: Peter beschimpft seine Schwester mit „dumme Ziege“ und tritt und kratzt sie häufig. Lisa schreit hysterisch, wenn Peter in die Nähe kommt, und provoziert ihn gezielt, indem sie ihn frech angrinst. Beschreiben Sie auch die Situationen, in denen diese Probleme gehäuft auftreten (z. B. während der Hausaufgaben, beim Autofahren).

5. **Besprechen Sie mit beiden Kindern Regeln zum Umgang bei Konflikten.** Besprechen Sie in einer ruhigen Situation mit Ihren Kindern die konkreten Verhaltensprobleme. Viele Kinder rechtfertigen ihre aggressiven Reaktionen damit, daß der jeweils andere angefangen hat. Besprechen Sie mit Ihren Kindern als wichtiges Grundprinzip, daß Provokationen und aggressive Handlungen anderer nicht dazu berechtigen, mit noch stärkeren Aggressionen zu antworten. So sind körperliche Attacken prinzipiell nicht mit vorhergehenden verbalen Provokationen des anderen zu rechtfertigen. Versuchen Sie, gemeinsam mit Ihren Kindern konkrete Regeln aufzustellen, in denen nach Möglichkeit nicht nur stehen sollte, was die Kinder nicht tun dürfen, sondern auch, was sie stattdessen machen sollen, z. B.:
   - Lisa darf Peter nicht ärgern, indem sie ihm die Zunge herausstreckt.
   - Peter darf Lisa nicht schlagen, selbst wenn Lisa ihn ärgert. Stattdessen ruft Peter laut: „Hör auf damit!"
   - Peter darf keine Schimpfwörter zu Lisa sagen.

   Erarbeiten Sie gemeinsam mit Ihren Kindern zunächst höchstens drei möglichst konkrete Regeln und schreiben Sie diese auf die *Memo-Karte*. Besprechen Sie zusätzlich mit den Kindern, was passiert, wenn sie die Regeln einhalten und wenn sie die Regeln nicht einhalten. Beachten Sie dabei die Hinweise, die wir Ihnen in Stufe 9 des Elternleitfadens gegeben haben.

6. **Bleiben Sie ruhig!** Wenn die Kinder wieder einmal heftig miteinander streiten, dann hilft es meist wenig, wenn auch Sie noch laut und aggressiv werden. Bleiben Sie also möglichst ruhig. Das ist leichter gesagt als getan! Wenn Sie selbst zu impulsiven Reaktionen neigen, dann sollten Sie alles unternehmen, das Ihnen hilft, wieder ruhiger zu werden. Manchmal hilft es schon, einfach dreimal tief durchzuatmen oder leise bis zehn zu zählen und erst dann zu den Streithähnen zu gehen. Bei manchen Kindern ist es auch hilfreich, sich erst einmal aus den Streitereien herauszuhalten, weil sie dann einiges doch selbst lösen können. Achten Sie darauf, ob das bei Ihren Kindern auch der Fall ist.

7. **Loben Sie Ihre Kinder, wenn sie die Regeln befolgen.** Immer wenn es Ihren Kindern gelingt, in üblicherweise schwierigen Situationen

sich nicht zu streiten, dann sollten Sie beide Kinder dafür loben. Beachten Sie bitte die Hinweise, die wir in Stufe 8 gegeben haben. Loben Sie Ihre Kinder auch bei Gelegenheiten, bei denen Sie regelmäßig zusammensitzen, beispielsweise beim Mittagessen und beim Abendessen, wenn sich die Kinder in der vorangegangenen Zeit nicht gestritten haben.

8. **Geben Sie wirkungsvolle Aufforderungen.** Versuchen Sie die Hinweise zu wirkungsvollen Aufforderungen zu beachten, die wir in Stufe 7 gegeben haben. Achten Sie besonders darauf, daß Sie Aufforderungen nur dann geben (z. B. mit dem Streiten aufzuhören), wenn Sie in diesem Moment auch in der Lage sind, die Aufforderung auch wirklich durchzusetzen. Rufen Sie die Aufforderungen nicht durch das ganze Haus und geben Sie die Aufforderungen in einem bestimmenden Ton. Weisen Sie Ihr Kind noch einmal kurz auf die getroffenen Regeln hin. Überprüfen Sie, ob Ihr Kind der Aufforderung nachkommt und loben Sie es dafür.

9. **Führen Sie natürliche Konsequenzen durch, wenn Ihre Kinder die vereinbarten Regeln nicht einhalten.** Beachten Sie hierzu die Hinweise, die wir in Stufe 9 gegeben haben. Führen Sie die natürlichen Konsequenzen durch, die Sie mit Ihren Kindern vereinbart haben. Meist ist es nicht sinnvoll, den „Verursacher" des Konfliktes ausfindig zu machen. Auf die Frage, wer denn angefangen habe, werden Sie unterschiedliche Antworten bekommen. Meist ist eine sinnvolle unmittelbare natürliche Konsequenz, daß Sie beide Kinder für eine Zeit lang trennen. Sie können aber beispielsweise auch Privilegien (z. B. Fernsehen) für diesen Tag streichen. Wenn die Situation nicht ganz eindeutig ist, dann sollten beide Kinder die negativen Konsequenzen tragen. Meist tragen beide Kinder zum Streit bei und sind deshalb auch gemeinsam dafür verantwortlich zu machen. Schreiben Sie die wichtigsten natürlichen Konsequenzen auf Ihre *Memo-Karte*.

10. **Führen Sie ein Konfliktgespräch, wenn die Kinder ihre Auseinandersetzung nicht selbständig lösen können.** Manche Kinder geraten deshalb in Streitigkeiten, weil ihnen in der konkreten Situation keine Alternative einfällt. Wenn sich Ihre Kinder wieder ein wenig beruhigt haben, aber der Konflikt zwischen Ihren Kindern noch

weiter schwelt, dann können Sie ein Konfliktgespräch führen, in dem Sie folgende Hinweise beachten sollten:

- Achten Sie darauf, daß jeder jeden ausreden lassen muß.
- Beschimpfungen und lautes Anbrüllen sind nicht erlaubt.
- Jedes der Kinder schildert die Ausgangssituation aus seiner Perspektive.
- Ermuntern Sie die Kinder Alternativen zu der eigenen Handlung zu entwickeln („Was hättest du noch tun können?").
- Bewerten Sie nicht gleich jede Alternative als gut oder schlecht, sondern leiten Sie Ihre Kinder dazu an, die einzelnen Lösungsmöglichkeiten selbst zu bewerten („Was wäre dann passiert?").
- Ermuntern Sie Ihre Kinder, bei der nächsten Gelegenheit eine bessere Lösung zu erproben.

Wenn Sie keine Zeit unmittelbar nach dem Konflikt für ein solches Konfliktgespräch finden, dann können Sie das auch noch zu einem günstigeren Zeitpunkt (beispielsweise beim nächsten Essen) nachholen.

11. **Protokollieren Sie Ihre Erfahrungen auf Ihrer** *Memo-Karte*.

12. **Führen Sie einen** *Punkte-Plan* **oder einen** *Wettkampf um lachende Gesichter* **ein, wenn sich das Problem nicht lösen läßt.** Falls Sie diese Regeln einige Wochen angewandt haben, ohne daß sich das Problem vermindert, dann sollten Sie einen *Punkte-Plan* oder einen *Wettkampf um lachende Gesichter* einführen. Ein *Wettkampf um lachende Gesichter* eignet sich besonders dann, wenn das Problemverhalten sehr häufig auftritt, beispielsweise häufige Schimpfwörter oder häufiges Treten. In diesem Fall können Sie zunächst für die Essenszeit einen *Wettkampf um lachende Gesichter* durchführen. Sie markieren sich beispielsweise immer dann ein Gesicht, wenn Ihr Kind seinen Bruder oder seine Schwester beschimpft. Besonders günstig ist es, wenn der *Wettkampf um lachende Gesichter* mit beiden Kindern gemeinsam gespielt wird. In diesem Fall markieren Sie sich ein Gesicht, wenn eines der beiden Kinder ein Schimpfwort sagt oder durch eine bestimmte Handlung provoziert. Die übrigbleibenden Gesichter gehören dann beiden gemeinsam und werden auch in gemeinsame Belohnungen eingetauscht.
Wenn es den Kindern nach einiger Zeit gelingt, die meisten Gesichter für sich zu behalten, dann können Sie einen *Punkte-Plan*

durchführen. Falls das Problemverhalten von Anfang an nicht so häufig ist, dann können Sie auch direkt einen *Punkte-Plan* anwenden. Sie vereinbaren dann beispielsweise mit Ihren Kindern die Regeln, für deren Einhaltung sie Punkte erhalten können (z. B. einen Punkt, wenn niemand geschlagen wird; einen Punkt, wenn niemand laut schreit und einen Punkt, wenn Sie keine Schimpfworte hören). Beachten Sie ansonsten die Hinweise, die wir Ihnen in den Stufen 10 bis 12 des Elternleitfadens zum *Punkte-Plan* und zum *Wettkampf um lachende Gesichter* gegeben haben.

Materialien für dieses Anwendungsbeispiel:
- *Memo-Karte* mit Protokoll

Anwendungsbeispiel 9

Probleme in der Öffentlichkeit

Ist das bei Ihnen auch so ?

Peter kann seine Mutter schon manchmal ganz schön blamieren. So zum Beispiel letzte Woche: Da mußte Peter zum Einkaufen mitkommen und hatte natürlich eigentlich gar keine Lust. Denn dann muß er immer in der Nähe seiner Mutter bleiben und darf nichts anfassen. Das ist alles so langweilig für ihn. Dann hat er im Regal ein neues Spielzeug entdeckt, dieses tolle kleine Legoflugzeug, das jetzt immer in der Reklame gezeigt wird. Er wollte es unbedingt haben, aber seine Mutter hat es ihm nicht erlaubt. Da hat er einen Wutanfall bekommen und herumgeschrien: „Nie bekomme ich was, ich hasse dich!" Und alle anderen im Laden blieben stehen, schüttelten den Kopf und machten allerlei Kommentare: „So ein ungezogenes Kind!", „Diese unfähigen Mütter von heute, das hätte es früher nicht gegeben!"

Zeigt Ihr Kind häufiger problematisches Verhalten in der Öffentlichkeit? Beispielsweise, wenn Sie mit ihm in ein Geschäft oder ein Kaufhaus gehen, ein Restaurant besuchen, Freunde oder Verwandte besuchen, in die Kirche gehen, Bus oder Straßenbahn fahren oder eine Autofahrt unternehmen?

Was können Sie tun?

Wenn Ihr Kind zu Hause Grenzen besser einhalten kann, wird es einfacher sein, dies auch in der Öffentlichkeit zu erreichen. Üben Sie also zunächst mit Ihrem Kind, daß es Regeln zu Hause besser einhalten kann und gehen Sie erst dann zu den sicherlich schwierigeren Situationen in der Öffentlichkeit über. Der Schlüssel zum erfolgreichen Umgang mit Kindern in der Öffentlichkeit liegt darin, daß Sie sich einen Plan aufstellen, wie Sie mit Ihrem Kind in dieser Situation umgehen werden. Ihr Kind muß von diesem Plan Kenntnis haben, bevor Sie mit ihm in die Öffentlichkeit gehen. Deshalb ist es zunächst notwendig, daß Sie sich einen Plan zurecht legen. Führen Sie mit Ihrem Kind ein ausführliches Gespräch über diesen Plan, wenn möglich ruhig und sachlich und nicht drohend. Teilen Sie Ihrem Kind Ihr Vorgehen mit. Die folgenden Regeln möchten wir mit Ihnen in zwei Schritten besprechen:

1. Erstellen Sie einen Plan, wie Sie mit Ihrem Kind in öffentlichen Situationen umgehen wollen.
2. Führen Sie Ihren Plan durch.

Diese Regeln können Ihnen helfen!

I. Erstellen Sie einen Plan, wie Sie mit Ihrem Kind in öffentlichen Situationen umgehen wollen.

1. **Stellen Sie eine Problemliste auf!** Stellen Sie die problematischen Verhaltensweisen Ihres Kindes zusammen. Überlegen Sie zunächst, in welchen öffentlichen Situationen Ihr Kind häufiger problematisches Verhalten zeigt. Versuchen Sie, das problematische Verhalten möglichst konkret zu beschreiben. Schreiben Sie also nicht einfach auf: „ist unfolgsam" oder „ist ein Störenfried", sondern beispielsweise „faßt im Lebensmittelgeschäft alles Mögliche an und rennt vorneweg". Weniger konkrete und allgemeinere Probleme lassen sich häufig in mehrere einzelne konkrete Probleme aufteilen. Beschreiben Sie also die Verhaltensprobleme ganz genau.

2. **Wählen Sie ein bis zwei schwierige Situationen aus!** Wählen Sie ein bis zwei schwierige Situationen aus, die Sie zuerst angehen wollen. Da es wichtig ist, daß Sie in nächster Zeit möglichst häufig diese Situationen aufsuchen, sollten Sie zunächst vor allem Situationen auswählen, die Sie relativ leicht aufsuchen können (z. B.

Supermarkt oder Bus). Tragen Sie diese Situation auf Ihrer *Memo-Karte* ein.

3. **Bestimmen Sie die Verhaltensregeln, die Ihr Kind in den Situationen beachten muß!** Bestimmen Sie die Verhaltensregeln, die Ihr Kind in den ausgewählten problematischen Situationen zu beachten hat. Formulieren Sie möglichst konkrete Regeln, z. B.: „Fasse im Lebensmittelgeschäft keine Ware an, bevor du mich gefragt hast." Formulieren Sie höchstens drei Regeln, die Ihr Kind in einer Situation zu beachten hat. Schreiben Sie diese drei Regeln auf ihre *Memo-Karte.*

4. **Wählen Sie eine Belohnung aus!** Überlegen Sie gemeinsam mit Ihrem Kind, welche Belohnung es bekommen kann, wenn es sich in der Situation an die Regeln hält. Hier ein paar Vorschläge: Ein Eis am Stil nach dem Einkaufen; ein gemeinsames Spiel, wenn Sie wieder zu Hause sind; abends eine Geschichte vorgelesen bekommen. Am besten hat sich dabei ein *Punkte-Plan* (Elternleitfaden Stufe 10 und 11) oder auch der *Wettkampf um lachende Gesichter* (Elternleitfaden Stufe 12) bewährt. Einige Eltern versprechen ihrem Kind gelegentlich eine Sondervergünstigung, wenn sie wieder zuhause sind. Dies ist eine sehr gute Möglichkeit. Es ist jedoch günstiger einen *Punkte-Plan* oder einen *Wettkampf um lachende Gesichter* zu benutzen, da diese Verfahren Ihnen erlauben, Ihr Kind noch in der Öffentlichkeit zu belohnen, wenn es die Regeln eingehalten hat. Denn häufig genügt es nicht, das Kind erst am Ende der Situation zu belohnen. Wenn das Problemverhalten üblicherweise mehrmals pro Situation auftritt, dann müssen Sie in kurzen Zeitabständen (meist nach wenigen Minuten) Ihr Kind belohnen. Vergessen Sie auch nicht, Ihrem Kind durch Ihre Zuwendung immer wieder zu zeigen, daß Sie sich über sein Verhalten freuen, wenn es die Regeln befolgt.
Wenn das Kind sich sehr häufig in der Situation problematisch verhält (z. B. faßt ständig alles Mögliche an oder redet ständig dazwischen), dann ist ein *Wettkampf um lachende Gesichter* meist besser geeignet als ein *Punkte-Plan*. Wenn Sie die Pläne nicht mit in die Öffentlichkeit nehmen wollen, dann nehmen Sie einen Kugel- oder Filzschreiber mit. Sagen Sie Ihrem Kind vor Betreten der Öffentlichkeit, daß Sie sich immer dann einen Markierungsstrich auf Ihre Hand malen werden, wenn es sich nicht an die ver-

einbarten Regeln hält (bei einem *Wettkampf um lachende Gesichter*) bzw. daß Sie ihm immer dann einen Punkt auf seine Hand malen, wenn es sich an die vereinbarten Regeln gehalten hat (bei einem *Punkte-Plan*).
Tragen Sie die entsprechende positive Konsequenz auf der *Memo-Karte* ein.

5. **Überlegen Sie, welche Konsequenz erfolgt, wenn Ihr Kind gegen die Regeln verstößt!** Manchmal ist es sehr schwierig, in der Öffentlichkeit negative Konsequenzen unmittelbar durchzuführen. Wir möchten Ihnen deshalb einige Beispiele nennen, die sich als praktikabel und wirkungsvoll erwiesen haben:
   - Wenn das Kind im Supermarkt ständig durch die Gänge rast, muß es an die Hand.
   - Wenn das Kind im Bus/in der Straßenbahn ständig aufsteht, muß es neben Ihnen am Fensterplatz sitzen, so daß es nicht mehr aufstehen kann.
   - Wenn das Kind im Restaurant ständig aufsteht, kann es keinen Nachtisch bekommen.
   - Wenn das Kind einen Wutausbruch im Supermarkt oder im Restaurant bekommt, dann nehmen Sie Ihr Kind mit nach draußen und halten es fest, bis es sich wieder beruhigt hat. Falls Sie Ihr Auto in der Nähe haben, dann können Sie Ihr Kind auch zum Auto bringen und es auf seinen Sitz setzen und in der Nähe warten bis es sich wieder beruhigt hat.

   Tragen Sie die entsprechende negative Konsequenz auf der *Memo-Karte* ein.

6. **Besprechen Sie mit Ihrem Kind Ihren Plan!** Nehmen Sie sich die Zeit zu einem ausführlichen, ruhigen und sachlichen Gespräch mit Ihrem Kind, in dem Sie mit ihm Ihren Plan besprechen. Nennen und begründen Sie die Verhaltensregeln, besprechen Sie mit Ihrem Kind die positiven Konsequenzen, die erfolgen, wenn es ihm gelingt, die Regeln einzuhalten, und nennen Sie auch die negativen Konsequenzen bei Verletzung der Regeln. Fragen Sie Ihr Kind nach seiner Meinung und integrieren Sie Vorschläge Ihres Kindes in den Plan, wenn sie Ihnen sinnvoll erscheinen.

II. **Führen Sie Ihren Plan durch!**

1. **Suchen Sie gemeinsam mit Ihrem Kind die ausgewählte öffentliche Situation in nächster Zeit möglichst häufig auf**. In den ersten Wochen sollten Sie die problematische öffentliche Situation mehrmals pro Woche gemeinsam mit Ihrem Kind zu Übungszwecken aufsuchen. Sie sollten also beispielsweise häufiger in den Supermarkt gehen, selbst wenn Sie eigentlich nichts einkaufen müssen. In einer solchen Übungssituation fällt es oft leichter, den Plan durchzuführen, weil Sie nicht unter irgendeinem äußeren Druck stehen (z. B. schnell einkaufen zu müssen).

2. **Erinnern Sie Ihr Kind an den Plan, unmittelbar bevor Sie den öffentlichen Platz betreten.** Unmittelbar bevor Sie in die entsprechende öffentliche Situation (beispielsweise in die Straßenbahn, in den Supermarkt, zu Freunden) gehen: **STOP!!!**
   Treten Sie beiseite, lassen Sie andere vorbeigehen, gehen Sie auf Augenhöhe Ihres Kindes und besprechen Sie mit ihm folgende Punkte:
   1. Fordern Sie Ihr Kind auf, die vereinbarten Verhaltensregeln noch einmal zu benennen („Was haben wir ausgemacht?").
   2. Bestätigen Sie die Regeln oder korrigieren Sie Ihr Kind gegebenenfalls.
   3. Erinnern Sie Ihr Kind an die vereinbarte Belohnung, die erfolgt, wenn es die Regeln einhält.
   4. Erinnern Sie Ihr Kind an die vereinbarte negative Konsequenz, die erfolgt, wenn es die Regeln nicht einhält.

   Sprechen Sie nur die genannten vier Punkte kurz an, bleiben Sie dabei freundlich und zugewandt.

3. **Führen Sie positive und negative Konsequenzen sofort durch.** Loben Sie Ihr Kind spätestens eine Minute, nachdem Sie die öffentliche Situation betreten haben, wenn es bis dahin die Regeln eingehalten hat. Zeigen Sie Ihrem Kind immer wieder, daß Sie sich darüber freuen, solange Sie in der Situation sind und das Kind sich an die Regeln hält. Wenn Sie einen *Punkte-Plan* verwenden, dann geben Sie Ihrem Kind direkt nach der vereinbarten Zeit einen Punkt.
   Wenn Ihr Kind eine Regel verletzt, dann führen Sie die negative Konsequenz SOFORT durch. Wiederholen Sie keine Aufforderun-

gen oder Warnungen, da Sie Ihr Kind ja bereits auf die Konsequenzen bei Regelverletzung aufmerksam gemacht haben, kurz bevor Sie in die öffentliche Situation gegangen sind.

6. **Protokollieren Sie Ihre Erfahrungen auf Ihrer** *Memo-Karte*.

Materialien für dieses Anwendungsbeispiel:
Memo-Karte mit Protokoll

4 Arbeitsblätter

Beurteilungsbogen: Hyperkinetische Auffälligkeiten

Name des Kindes: Alter: Datum: beurteilt von: 0 Mutter 0 Vater 0 Lehrer(in) 0 Erzieher(in) 0 Anderem: Name:	Wie zutreffend ist die Beschreibung?			
Kreuzen Sie bitte für jede Beschreibung die Zahl an, die angibt, wie zutreffend die Beschreibung für das Kind ist.	gar nicht	ein wenig	weitgehend	besonders
01. Beachtet bei den Schularbeiten, bei anderen Tätigkeiten oder bei der Arbeit häufig Einzelheiten nicht oder macht häufig Flüchtigkeitsfehler.	0	1	2	3
02. Hat bei Aufgaben oder Spielen oft Schwierigkeiten, die Aufmerksamkeit längere Zeit aufrechtzuerhalten (dabei zu bleiben).	0	1	2	3
03. Scheint häufig nicht zuzuhören, wenn andere sie/ihn ansprechen.	0	1	2	3
04. Kann häufig Aufträge von anderen nicht vollständig durchführen und kann Schularbeiten, andere Arbeiten oder Pflichten am Arbeitsplatz häufig nicht zu Ende bringen.	0	1	2	3
05. Hat häufig Schwierigkeiten, Aufgaben und Aktivitäten zu organisieren.	0	1	2	3
06. Hat eine Abneigung gegen Aufgaben, bei denen sie/er sich länger konzentrieren und anstrengen muß (z.B. Hausaufgaben). Vermeidet diese Aufgaben oder macht sie widerwillig.	0	1	2	3
07. Verliert häufig Gegenstände, die sie/er für bestimmte Aufgaben oder Aktivitäten benötigt (z.B. Spielsachen, Hausaufgabenhefte, Stifte, Bücher oder Werkzeug).	0	1	2	3
08. Läßt sich oft durch seine Umgebung (äußere Reize) leicht ablenken.	0	1	2	3
09. Ist bei Alltagstätigkeiten häufig vergeßlich (z.B. vergißt Schulsachen oder Kleidungsstücke).	0	1	2	3
10. Zappelt häufig mit Händen oder Füßen oder rutscht häufig auf dem Stuhl herum.	0	1	2	3
11. Steht oft im Unterricht oder in anderen Situationen auf, in denen Sitzenbleiben erwartet wird.	0	1	2	3
12. Hat häufig Schwierigkeiten, ruhig zu spielen oder sich mit Freizeitaktivitäten ruhig zu beschäftigen.	0	1	2	3
13. Läuft häufig herum oder klettert permanent, wenn es unpassend ist.	0	1	2	3
14. Beschreibt ein häufig auftretendes starkes Gefühl der inneren Unruhe (besonders bei Jugendlichen).	0	1	2	3
15. Zeigt durchgängig eine extreme Unruhe, die durch die Umgebung oder durch Aufforderungen nicht dauerhaft beeinflußbar ist.	0	1	2	3
16. Ist häufig "auf Achse" oder handelt oft, als wäre sie/er angetrieben.	0	1	2	3
17. Platzt häufig mit der Antwort heraus, bevor Fragen zu Ende gestellt sind.	0	1	2	3
18. Kann häufig nur schwer warten, bis sie/er an der Reihe ist (z.B. bei Spielen oder in einer Gruppe).	0	1	2	3
19. Unterbricht oder stört andere häufig (z.B. platzt in die Unterhaltung oder Spiele anderer hinein).	0	1	2	3
20. Redet häufig übermäßig viel.	0	1	2	3

Beurteilungsbogen: Oppositionelle und aggressive Auffälligkeiten

Name des Kindes: Alter: Datum:	Wie <u>zutreffend</u> ist die Beschreibung?			
beurteilt von: 0 Mutter 0 Vater 0 Lehrer(in) 0 Erzieher(in) 0 Anderem: Name:				
Kreuzen Sie bitte für jede Beschreibung die Zahl an, die angibt, wie zutreffend die Beschreibung für das Kind ist.	gar nicht	ein wenig	weitgehend	besonders
01. Hat für sein Alter ungewöhnlich häufige oder schwere Wutausbrüche.	0	1	2	3
02. Wird schnell wütend.	0	1	2	3
03. Streitet häufig mit Erwachsenen.	0	1	2	3
04. Widersetzt sich häufig aktiv den Anweisungen oder Regeln von Erwachsenen oder weigert sich, diese zu befolgen.	0	1	2	3
05. Ärgert andere häufig absichtlich.	0	1	2	3
06. Schiebt häufig die Schuld für eigene Fehler oder eigenes Fehlverhalten auf andere.	0	1	2	3
07. Ist leicht reizbar oder läßt sich von andern leicht ärgern.	0	1	2	3
08. Ist häufig zornig und ärgert sich schnell.	0	1	2	3
09. Ist häufig boshaft oder rachsüchtig.	0	1	2	3
10. Beginnt mit Geschwistern häufig Streit. (Wenn keine Geschwister bitte 0 ankreuzen.)	0	1	2	3
11. Beginnt mit anderen Kindern häufig Streit.	0	1	2	3
12. Bedroht, schikaniert oder schüchtert andere ein.	0	1	2	3
13. Quält Tiere.	0	1	2	3
14. Lügt oft, um sich Güter oder Vorteile zu verschaffen oder um Verpflichtungen zu entgehen.	0	1	2	3
15. Stiehlt heimlich Geld oder Wertgegenstände.	0	1	2	3

Elternfragebogen über Problemsituationen in der Familie

Name des Kindes: Datum heute:

Gibt es bei den unten aufgeführten Situationen irgendwelche Probleme mit dem Kind, wenn es Aufforderungen, Anweisungen oder Regeln befolgen soll? Wenn ja, dann machen Sie bitte zuerst um das Wort ja einen Kreis und kreuzen dann eine der nebenstehenden Zahlen von 1 bis 9 an. Die Zahlen sollen angeben, wie stark das Problem für Sie ist. Dabei bedeutet 1, daß das Problem in der Situation nur schwach ausgeprägt ist, und 9, daß das Problem sehr stark zum Ausdruck kommt.
Wenn es in der angesprochenen Situation kein Problem gibt, machen Sie bitte um das Wort nein einen Kreis und gehen weiter zur nächsten Frage.

	Situation:	**problematisch?**		**wie stark?** schwach sehr stark
1.	Wenn das Kind alleine spielt	Nein	Ja	--> 1 2 3 4 5 6 7 8 9
2.	Wenn das Kind mit anderen spielt	Nein	Ja	--> 1 2 3 4 5 6 7 8 9
3.	Bei den Mahlzeiten	Nein	Ja	--> 1 2 3 4 5 6 7 8 9
4.	Beim An- und Ausziehen	Nein	Ja	--> 1 2 3 4 5 6 7 8 9
5.	Beim Waschen und Baden	Nein	Ja	--> 1 2 3 4 5 6 7 8 9
6.	Wenn Sie telefonieren	Nein	Ja	--> 1 2 3 4 5 6 7 8 9
7.	Beim Fernsehen	Nein	Ja	--> 1 2 3 4 5 6 7 8 9
8.	Wenn Besuch kommt	Nein	Ja	--> 1 2 3 4 5 6 7 8 9
9.	Wenn Sie andere besuchen	Nein	Ja	--> 1 2 3 4 5 6 7 8 9
10.	In der Öffentlichkeit (Geschäfte, Lokale usw.)	Nein	Ja	--> 1 2 3 4 5 6 7 8 9
11.	Wenn die Mutter zu Hause beschäftigt ist	Nein	Ja	--> 1 2 3 4 5 6 7 8 9
12.	Wenn der Vater zu Hause ist	Nein	Ja	--> 1 2 3 4 5 6 7 8 9
13.	Wenn das Kind etwas erledigen soll	Nein	Ja	--> 1 2 3 4 5 6 7 8 9
14.	Bei den Hausaufgaben	Nein	Ja	--> 1 2 3 4 5 6 7 8 9
15.	Beim Zubettgehen	Nein	Ja	--> 1 2 3 4 5 6 7 8 9
16.	Im Auto	Nein	Ja	--> 1 2 3 4 5 6 7 8 9

Analysebogen: Verhaltensauffälligkeiten meines Kindes

1 Beschreiben Sie das Problemverhalten konkret: Was genau macht Ihr Kind?

2 Beschreiben Sie konkret die Situation(en), in der (in denen) das Problemverhalten auftritt.

3 Wie reagieren Sie üblicherweise auf das Problemverhalten Ihres Kindes?

4 Was macht das Kind dann üblicherweise?

5 Wie geht die Situation meistens zu Ende?

6 Wie oft tritt dieses Problemverhalten auf? (Immer, in mehr als der Hälfte der Situationen, in weniger als der Hälfte der Situationen)

7 Kommt es vor, daß das Problemverhalten gar nicht oder nur in schwächerer Form auftritt?

8 Wie reagieren Sie, wenn sich Ihr Kind in solchen Situationen weniger problematisch oder angemessen verhält?

Problemliste: Verhaltensprobleme des Kindes in der Familie

Problemverhalten

1.

2.

3.

4.

5. Wie problematisch war das Verhalten des Kindes insgesamt?

Wie häufig trat das Problemverhalten auf?

0 nie – 1 einmal – 2 2-3 Mal – 3 täglich – 4 mehrm. tägl. – 5 ständig

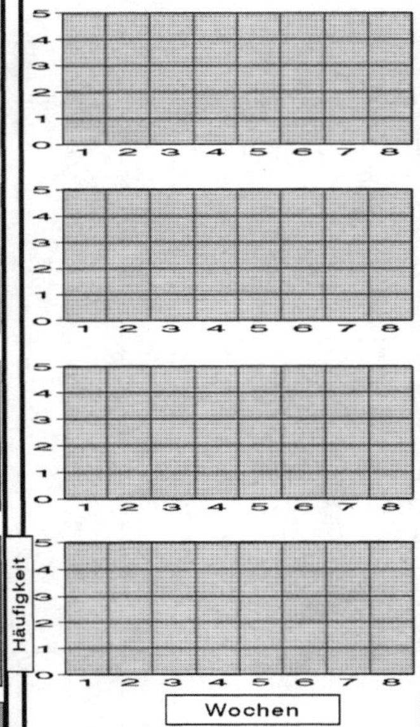

Datum:

Wie belastend war das Problem?

0 1 Kein Problem – 2 3 4 5 6 – 7 8 9 Es hätte nicht schlimmer sein können

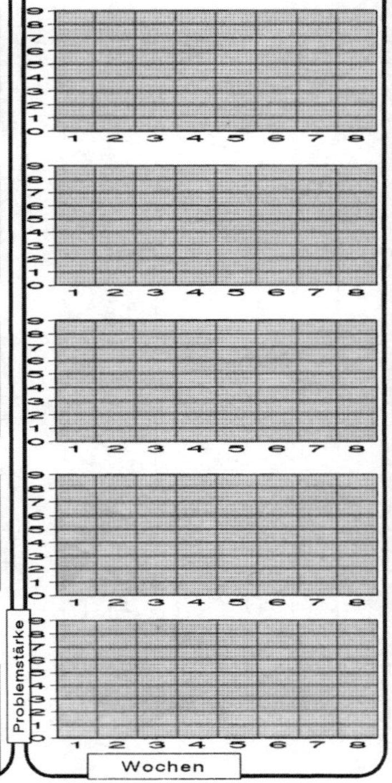

Bemerkungen

1.

2.

3.

4.

5.

6.

7.

8.

Positiv-Tagebuch

Notieren Sie bitte für die nächste Woche täglich, was mit Ihrem Kind gut gelaufen ist und worüber Sie sich gefreut haben. Denken Sie bitte dabei auch an kleine Ereignisse. Nehmen Sie sich jeden Abend etwas Zeit und notieren Sie Ihre positiven Erlebnisse mit Ihrem Kind.

Datum	Was lief gut?	Wie habe ich reagiert?
17.5.	ist pünktlich nach Hause gekommen	Habe mich gefreut, aber nichts gesagt

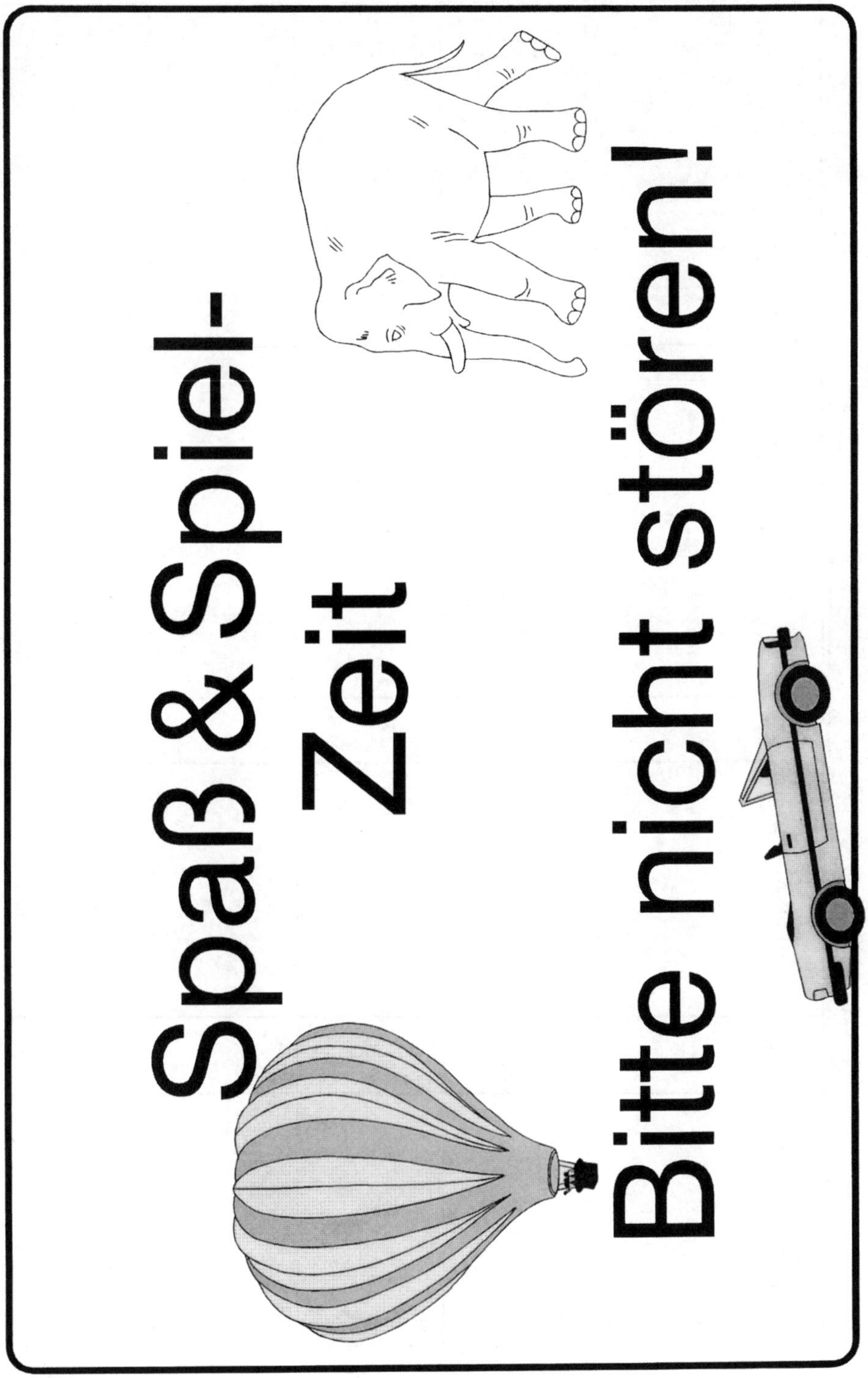
Spaß & Spiel-
Zeit
Bitte nicht stören!

Liste der Familienregeln

kann ich dafür sorgen, daß die Regel eingehalten wird?

Familienregel	für wen gilt Regel?	warum wichtig?	?	Konsequenzen: wenn Regel befolgt wird	Konsequenzen: wenn Regel nicht befolgt wird

Mein Punkte-Plan: Spielregeln

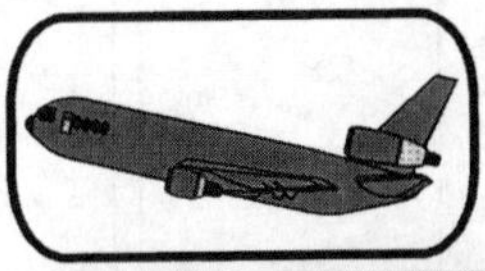

Ich erhalte Klebebilder/Punkte, wenn ich es schaffe, folgende Regeln einzuhalten:

Regeln	Anzahl der Punkte
1. ______	
2. ______	
3. ______	
4. ______	

Ich darf meine Bilder/Punkte eintauschen:

Anzahl der Punkte	können eingetauscht werden in:	Anzahl der Punkte	können eingetauscht werden in:

Mein Punkte-Konto

Regel	Montag	Dienstag	Mittwoch	Donnerstag	Freitag	Samstag	Sonntag

Meine Punkte-Schlange

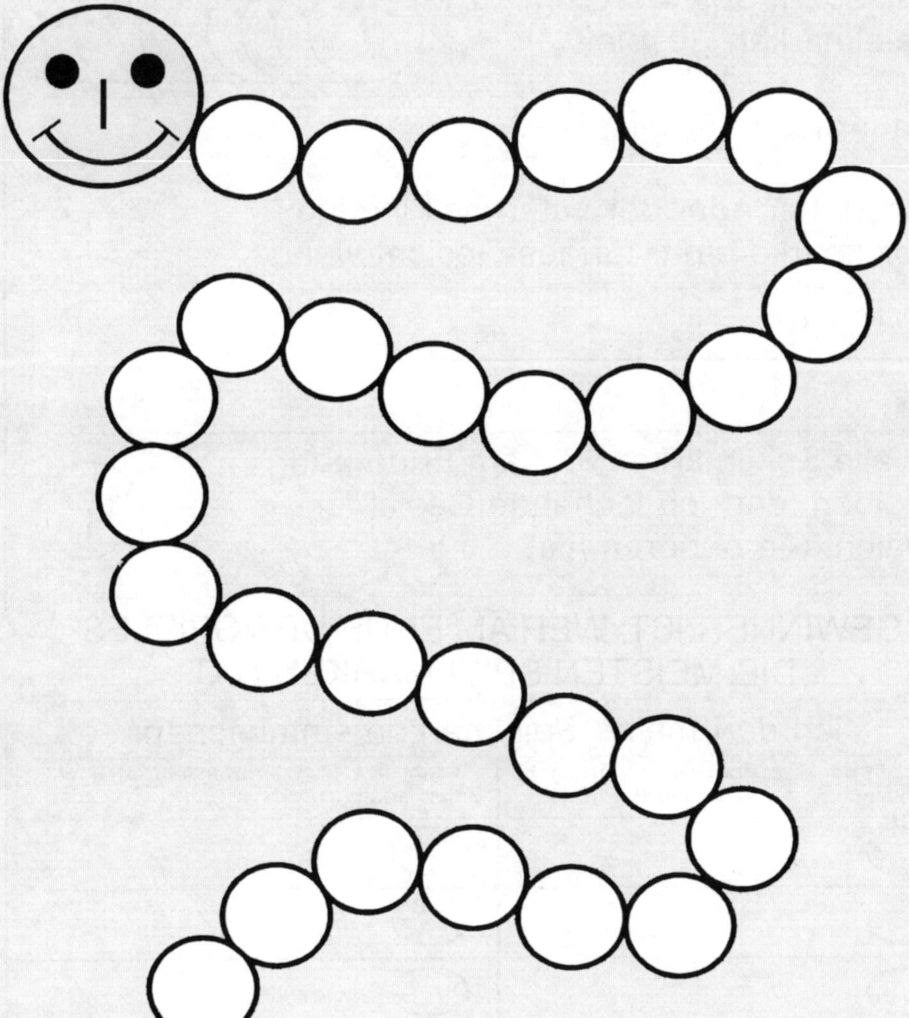

Wettkampf um lachende Gesichter: Spielregeln

Bei jedem Spiel wird um 10 Spielmarken gespielt

Dauer jedes Spieles:

Die Mutter oder der Vater malt in eine Spielmarke ein trauriges Gesicht wenn:

1.

2.

In alle Spielmarken, die am Ende übrig bleiben, darf ich lachende Gesichter malen. Sie gehören mir!

GEWINNER IST, WER AM ENDE DES SPIELES DIE MEISTEN SPIELMARKEN HAT

Ich darf meine Spielmarken eintauschen:

Anzahl der Spielmarken	können eingetauscht werden in:	Anzahl der Spielmarken	können eingetauscht werden in:

Wettkampf um lachende Gesichter: Spielplan

Datum Spielzeit	Spieler 1: Spielmarke: Spieler 2: Spielmarke:

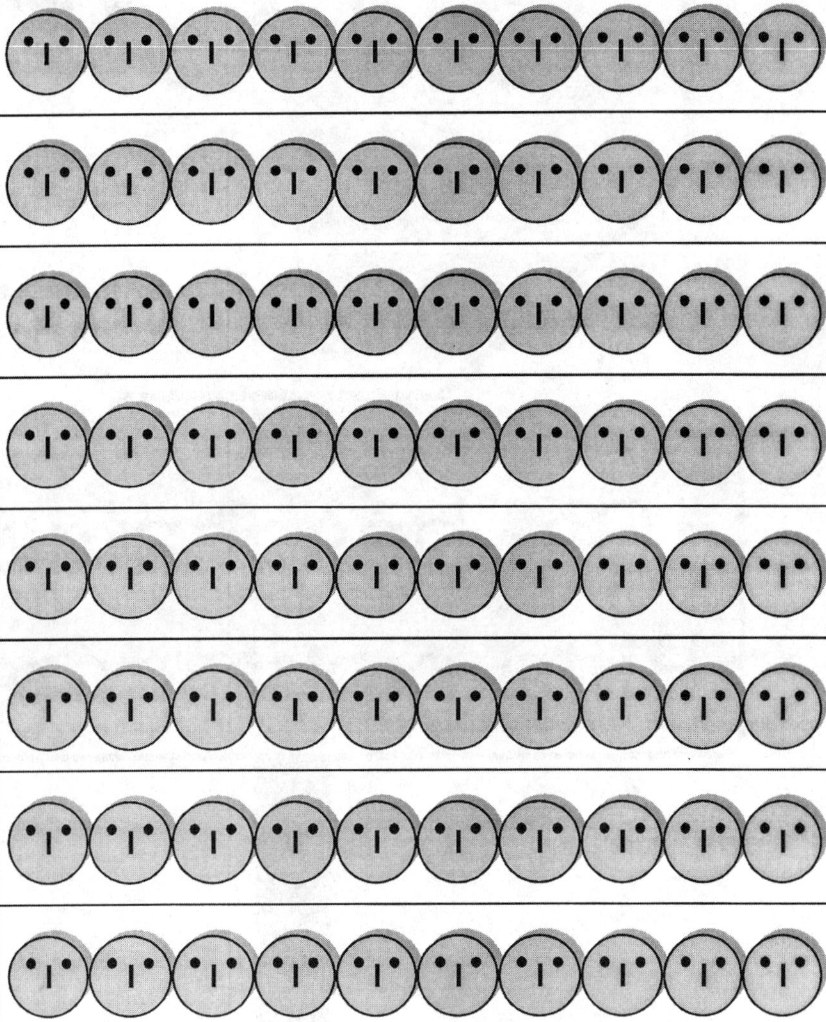

STOP
Bin beschäftigt!
Bitte nicht stören!

Mein Hausaufgaben-Plan: Regeln

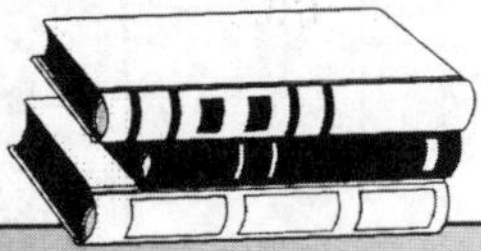

Ich erhalte für jede Aufgabe einen Punkt, die von den Eltern mindestens mit "ausreichend" bewertet wird. Wenn ich die Aufgabe in der vorgegebenen Zeit beende, erhalte ich einen Zusatzpunkt.

Ich erhalte Zusatzpunkte, wenn ich außerdem folgende Regeln einhalte:

Zusatzregeln	Anzahl der Punkte
1. ________________	
2. ________________	
3. ________________	

Ich darf meine Punkte eintauschen:

Anzahl der Punkte	können eingetauscht werden in:	Anzahl der Punkte	können eingetauscht werden in:

Mein Hausaufgaben-Plan: Konto

Datum	Aufgaben	Zeit (Min.)			Wie gut? (1-5)			Zusatzpunkte	Gesamtpunkte	Bemerkungen
		Vorgabe	gebraucht	Punkte	Schüler	Eltern	Punkte			
17.5	Abschreiben	16	14	1	3	4	1		2	war ziemlich schwer

Zusatzpunkt	wenn:

Tages-Beurteilung von der Schule

für:

Meine Ziele

Wie gut hast Du Deine Ziele heute erreicht?

- Super, Du hast heute Dein Ziel voll erreicht! ⊛
- Gut, Du hast heute Dein Ziel überwiegend erreicht! ⊕
- Du hast heute Dein Ziel nicht erreicht. Du mußt Dich morgen noch etwas mehr anstrengen! ⊖

Meine Ziele	Ziele erreicht?					
	MO	DI	MI	DO	FR	SA
	Datum	Datum	Datum	Datum	Datum	Datum
1. Ich passe im Unterricht auf und mache mit.						
2. Ich mache die Aufgaben in der Klasse vollständig zu Ende.						
3. Ich bleibe die ganze Zeit über bei meinen Aufgaben. Ich rede nicht dazwischen und stehe auch nicht mittendrin auf.						
4. Ich vertrage mich mit den anderen Kindern und streite mich nicht mit ihnen.						
5. Ich beachte die Regeln und Aufforderungen der Lehrerin/des Lehrers und werde nicht wütend.						

Tages-Beurteilung von der Schule

für:

Meine Ziele

Wie gut hast Du Deine Ziele heute erreicht?

- Super, Du hast heute Dein Ziel voll erreicht! ⊛
- Gut, Du hast heute Dein Ziel überwiegend erreicht! ⊕
- Du hast heute Dein Ziel nicht erreicht. Du mußt Dich morgen noch etwas mehr anstrengen! ⊖

Meine Ziele	Ziele erreicht?					
	MO	DI	MI	DO	FR	SA
	Datum	Datum	Datum	Datum	Datum	Datum
1. Ich passe im Unterricht auf und mache mit.						
2. Ich mache die Aufgaben in der Klasse vollständig zu Ende.						
3. Ich bleibe die ganze Zeit über bei meinen Aufgaben. Ich rede nicht dazwischen und stehe auch nicht mittendrin auf.						
4. Ich vertrage mich mit den anderen Kindern und streite mich nicht mit ihnen.						
5. Ich beachte die Regeln und Aufforderungen der Lehrerin/des Lehrers und werde nicht wütend.						

Tages-Beurteilung von der Schule

für:

Meine Ziele

Wie gut hast Du Deine Ziele heute erreicht?

Super, Du hast heute Dein Ziel voll erreicht! ⊛

Gut, Du hast heute Dein Ziel überwiegend erreicht! ⊕

Du hast heute Dein Ziel nicht erreicht. Du mußt Dich morgen noch etwas mehr anstrengen! ⊖

	Ziele erreicht?					
	MO	DI	MI	DO	FR	SA
	Datum	Datum	Datum	Datum	Datum	Datum
1.	○	○	○	○	○	○
2.	○	○	○	○	○	○
3.	○	○	○	○	○	○
4.	○	○	○	○	○	○
5.	○	○	○	○	○	○

Tages-Beurteilung von der Schule

für:

Meine Ziele

Wie gut hast Du Deine Ziele heute erreicht?

Super. Du hast heute Dein Ziel voll erreicht! ⊛

Gut. Du hast heute Dein Ziel überwiegend erreicht! ⊕

Du hast heute Dein Ziel nicht erreicht. Du mußt Dich morgen noch etwas mehr anstrengen! ⊖

	Ziele erreicht?					
	MO	DI	MI	DO	FR	SA
	Datum	Datum	Datum	Datum	Datum	Datum
1.	○	○	○	○	○	○
2.	○	○	○	○	○	○
3.	○	○	○	○	○	○
4.	○	○	○	○	○	○
5.	○	○	○	○	○	○

Memo-Karte Elternleitfaden Stufe 4: Was mögen Sie an Ihrem Kind?

1. Achten Sie auf das, was Ihnen an Ihrem Kind gefällt:

-
-
-

2. Beachten Sie auch Kleinigkeiten und „Selbstverständlichkeiten“:

-
-
-

3. Achten Sie darauf, wenn üblicherweise schwierige Situationen besser laufen als sonst:

-
-
-

4. Zeigen Sie Ihrem Kind, wenn Sie etwas gut finden.
5. Schreiben Sie abends auf, was gut gelaufen ist (Positiv-Tagebuch).
6. Sprechen Sie mit Ihrem Kind über die positiven Ereignisse des Tages.

Memo-Karte Elternleitfaden Stufe 5: Die Spaß & Spiel-Zeit

1. Wann findet die Spaß & Spiel-Zeit statt?

-
-

2. Ihr Kind bestimmt, was und wie gespielt wird!
3. Entspannen Sie sich und lassen Sie sich auf das Spiel Ihres Kindes ein!
4. Beschreiben Sie, was Ihr Kind macht.
5. Stellen Sie keine Fragen und sagen Sie Ihrem Kind nicht, was es tun soll.
6. Loben Sie Ihr Kind gelegentlich oder sagen Sie ihm etwas, worüber es sich freut.
7. Drehen Sie sich um und schauen Sie für eine kurze Zeit in eine andere Richtung, wenn Ihr Kind sich problematisch verhält!
8. Notieren Sie Ihre Eindrücke vom Spielablauf (Rückseite)

Protokoll: Spaß & Spiel-Zeit			
Datum	Dauer	Was wurde gespielt?	Regeln auf Memo-Karte eingehalten? / Bemerkungen

Memo-Karte Elternleitfaden Stufe 7: Geben Sie wirkungsvolle Aufforderungen!

1. Stellen Sie nur dann Aufforderungen, wenn Sie bereit sind, sie auch durchzusetzen.
2. Sorgen Sie dafür, daß Ihr Kind aufmerksam ist, wenn Sie die Aufforderung geben.
3. Äußern Sie die Aufforderung eindeutig und nicht als Bitte.
4. Geben Sie immer nur eine Aufforderung.
5. Überprüfen Sie, ob Ihr Kind der Aufforderung nachkommt.
6. Konzentrieren Sie sich zunächst nur auf wenige Aufforderungen:
   1.
   2.
   3.

Memo-Karte Elternleitfaden Stufe 8: Loben Sie Ihr Kind, wenn es Aufforderungen und Regeln befolgt!

1. Denken Sie daran, wirkungsvolle Aufforderungen zu stellen.
2. Loben Sie Ihr Kind, sobald es eine Aufforderung befolgt!
3. Besprechen Sie abends zusammen mit Ihrem Kind noch einmal, welche Aufforderungen und Regeln es tagsüber befolgt hat.
4. Loben Sie Ihr Kind ganz besonders, wenn es eine Aufgabe erfüllt hat, ohne daß Sie es darum direkt gebeten haben.
5. Konzentrieren Sie sich zunächst nur auf wenige Aufforderungen:
   1.
   2.
   3.

Protokoll: Wirkungsvolle Aufforderungen			
Datum	Aufforderung-Nr.[1]	Aufforderung wirkungsvoll gestellt?	Was hat das Kind gemacht?

[1] Nummer der Aufforderung aus der Vorderseite der Memo-Karte eintragen.

Protokoll: Loben Sie Ihr Kind, wenn es Aufforderungen befolgt				
Datum	Aufforderung-Nr.[1]	Aufforderung wirkungsvoll gestellt?	Was hat das Kind gemacht?	Was haben Sie dann gemacht?

[1] Nummer der Aufforderung aus der Vorderseite der Memo-Karte eintragen.

Memo-Karte Elternleitfaden Stufe 9:

Setzen Sie natürliche Konsequenzen, wenn Ihr Kind Aufforderungen und Regeln nicht befolgt!

1. Wählen Sie zwei Aufforderungen oder Familienregeln aus:

Aufforderung/Regel	natürliche Konsequenz
1. 2.	

2. Loben Sie Ihr Kind, wenn es Aufforderungen und Regeln einhält.
3. Führen Sie die natürliche Konsequenz wie folgt durch, wenn Ihr Kind sich nicht an die Regel/Aufforderung hält:
   - Benennen Sie die Regelverletzung und kündigen Sie die negative Konsequenz an.
   - Geben Sie Ihrem Kind eine Chance, falls das Problemverhalten noch andauert. Kommt Ihr Kind jetzt der Aufforderung nach, so loben Sie es dafür.
   - Geben Sie Ihrem Kind die Möglichkeit, sich zu der Regelverletzung zu äußern.
   - Begründen Sie, wenn nötig, noch einmal kurz die Regel.
   - Führen Sie die negative Konsequenz durch.
4. Führen Sie keine langen Diskussionen mit Ihrem Kind.
5. Führen Sie die negative Konsequenz möglichst ruhig durch.

Memo-Karte Anwendungsbeispiel 1:

Mein Kind ist eine Nervensäge

1. Nehmen Sie sich jeden Tag etwas Zeit, in der Sie Ihrem Kind ausschließlich Ihre Aufmerksamkeit widmen können.
2. Nehmen Sie sich Zeit für sich selbst!
3. Sagen Sie Ihrem Kind, wenn Sie etwas ungestört erledigen wollen. Überlegen Sie mit Ihrem Kind, was es selbst tun kann! (Stop-Signal)
4. Loben Sie Ihr Kind nach kurzer Zeit, daß es Sie bisher nicht gestört hat!
5. Loben Sie Ihr Kind erneut nach einer etwas längeren Zeit!
6. Verlängern Sie mit der Zeit die Dauer, mit der Sie sich der Tätigkeit widmen!
7. Gehen Sie sofort zu Ihrem Kind, wenn es seine Beschäftigung beenden und Sie stören will!
8. Wenn Ihr Kind Sie unterbricht, führen Sie es zu seiner Beschäftigung ohne großen Kommentar zurück!
9. Geben Sie Ihrem Kind noch einmal ein ganz besonderes Lob, nachdem Sie Ihre Tätigkeit beendet haben!
10. Wählen Sie eine Beschäftigung aus, bei der Sie die Regeln anwenden:
    -

Protokollieren Sie Ihre Erfahrungen (Rückseite).

Protokoll: Natürliche negative Konsequenzen				
Datum	Aufforderung-Nr.[1]	Aufforderung wirkungsvoll gestellt?	Was hat das Kind gemacht?	Was haben Sie dann gemacht?

[1] Nummer der Aufforderung aus der Vorderseite der Memo-Karte eintragen.

Protokoll: Loben Sie Ihr Kind, wenn es Sie nicht gestört hat		
Datum	Eltern: Regeln beachtet?	Verhalten des Kindes

Wenn es nicht gelingt, das Problem hinreichend zu vermindern, dann kann es hilfreich sein, einen *Punkte-Plan* oder einen *Wettkampf um lachende Gesichter* einzuführen.

Memo-Karte Anwendungsbeispiel 2:
Wo ist mein Kind?

1. Wo hält sich Ihr Kind wie lange auf? Treffen Sie mit Ihrem Kind klare Absprachen.
2. Erinnern Sie Ihr Kind an wichtige Regeln, die es häufiger übertritt, wenn es unbeobachtet ist.
3. Überprüfen Sie gelegentlich, was Ihr Kind macht.
4. Loben Sie Ihr Kind, wenn es Regeln einhält, während es nicht beobachtet wird.
5. Führen Sie eine natürliche Konsequenz durch, wenn Ihr Kind Regeln übertritt, während es nicht beobachtet wird.
6. Wechseln Sie sich mit Ihrem Partner oder anderen Erwachsenen ab.
7. Konzentrieren Sie sich zunächst auf bestimmte kritische Situationen:
   -
   -

Protokollieren Sie Ihre Erfahrungen (Rückseite).

Memo-Karte Anwendungsbeispiel 3:
Der Kampf ums Wecken

1. Achten Sie darauf, daß Ihr Kind genügend Schlaf hat.
2. Bestimmen Sie die einzelnen Aufgaben, die morgens zu erledigen sind:

Aufgabe	Zeit	positive Konsequenz	negative Konsequenz
1.			
2.			
3.			
4.			
5.			

3. Tragen Sie, wenn nötig einen festen Zeitplan auf der *Memo*-Karte ein.
4. Geben Sie wirkungsvolle Aufforderungen und loben Sie Ihr Kind, wenn es die Aufforderungen befolgt (positive Konsequenzen oben eintragen).
5. Führen Sie natürliche Konsequenzen durch, wenn Ihr Kind die vereinbarten Regeln nicht einhält (negative Konsequenzen oben eintragen).
6. Protokollieren Sie Ihre Erfahrungen (Rückseite).

Protokoll: Wo ist mein Kind?		
Datum	Eltern: Regeln beachtet?	Verhalten des Kindes

Wenn es nicht gelingt, das Problem hinreichend zu vermindern, dann kann es hilfreich sein, einen *Punkte-Plan* einzuführen.

Protokoll: Der Kampf ums Wecken		
Datum	Eltern: Regeln beachtet?	Verhalten des Kindes

Wenn es nicht gelingt, das Problem hinreichend zu vermindern, dann kann es hilfreich sein, einen *Punkte-Plan* einzuführen.

Memo-Karte Anwendungsbeispiel 4:

Wenn das Essen zur Qual wird

1. Überlegen Sie sich, welche Regeln Ihnen beim Essen wirklich wichtig sind.
2. Erarbeiten Sie mit Ihren Kindern die Regeln für die gemeinsamen Mahlzeiten (bitte hier eintragen).

Regeln	positive Konsequenz	negative Konsequenz
1.		
2.		
3.		
4.		
5.		

3. Lassen Sie Ihr Kind sich sein Essen selbst nehmen oder „Stop!" sagen, wenn Sie ihm sein Essen auf den Teller schöpfen!
4. Geben Sie wirkungsvolle Aufforderungen und loben Sie Ihr Kind, wenn es die Aufforderungen befolgt (positive Konsequenzen oben eintragen).
5. Führen Sie natürliche Konsequenzen durch, wenn Ihr Kind die vereinbarten Regeln nicht einhält (negative Konsequenzen oben eintragen).
6. Protokollieren Sie Ihre Erfahrungen (Rückseite).

Memo-Karte Anwendungsbeispiel 6:

Das allabendliche Theater mit dem Zubettgehen!

1. Erarbeiten Sie mit Ihrem Kind die Regeln für das Zubettgehen (bitte hier eintragen).

Regeln	positive Konsequenz	negative Konsequenz
1.		
2.		
3.		
4.		
5.		

2. Entwickeln Sie ein abendliches Zubettgeh-Ritual!
3. Geben Sie wirkungsvolle Aufforderungen und loben Sie Ihr Kind, wenn es die Aufforderungen befolgt (positive Konsequenzen oben eintragen).
4. Führen Sie natürliche Konsequenzen durch, wenn Ihr Kind die vereinbarten Regeln nicht einhält (negative Konsequenzen oben eintragen).
5. Protokollieren Sie Ihre Erfahrungen (Rückseite).

Protokoll: Wenn das Essen zur Qual wird		
Datum	Eltern: Regeln beachtet?	Verhalten des Kindes

Wenn es nicht gelingt, das Problem hinreichend zu vermindern, dann kann es hilfreich sein, einen *Punkte-Plan* oder einen *Wettkampf um lachende Gesichter* einzuführen.

Protokoll: Das allabendliche Theater mit dem Zubettgehen!		
Datum	Eltern: Regeln beachtet?	Verhalten des Kindes

Wenn es nicht gelingt, das Problem hinreichend zu vermindern, dann kann es hilfreich sein, einen *Punkte-Plan* oder einen *Wettkampf um lachende Gesichter* einzuführen.

Memo-Karte Anwendungsbeispiel 7:

Wutausbrüche

1. Beschreiben Sie die Situationen, in denen Ihr Kind einen Wutausbruch bekommt:
   -
   -
   -
   -
2. Loben Sie Ihr Kind, wenn es in schwierigen Situationen nicht mit einem Wutausbruch reagiert.
3. Bewahren Sie ruhig Blut!
4. Bringen Sie Ihr Kind an einen Ort, an dem es sich beruhigen kann.
5. Achten Sie darauf, daß sich der Wutausbruch für Ihr Kind nicht lohnt.
6. Protokollieren Sie Ihre Erfahrungen (Rückseite).

Memo-Karte Anwendungsbeispiel 8:

Meine Kinder sind wie Hund und Katze

1. Überlegen Sie, wie Sie Ihre Aufmerksamkeit und Zuwendung auf Ihre Kinder verteilen.
2. Sprechen Sie mit Ihren Kindern über die Streitereien und ihre Ursachen.
3. Geben Sie Ihrem „Problemkind" vermehrt positive Zuwendung.
4. Besprechen Sie mit beiden Kindern Regeln zum Umgang bei Konflikten (bitte hier eintragen):

Regeln	positive Konsequenz	negative Konsequenz
1.		
2.		
3.		

5. Bleiben Sie ruhig!
6. Loben Sie Ihre Kinder, wenn sie die Regeln befolgen.
7. Geben Sie wirkungsvolle Aufforderungen.
8. Führen Sie natürliche Konsequenzen durch, wenn Ihre Kinder die vereinbarten Regeln nicht einhalten (negative Konsequenzen oben eintragen).
9. Führen Sie ein Konfliktgespräch, wenn die Kinder ihre Auseinandersetzung nicht selbständig lösen können (siehe gesonderte Memo-Karte).
10. Protokollieren Sie Ihre Erfahrungen (Rückseite).

Protokoll: Wutausbruch			
Datum	Anlaß des Wutausbruches	Eltern: Regeln beachtet?	Reaktion des Kindes

Wenn es nicht gelingt, das Problem hinreichend zu vermindern, dann kann es hilfreich sein, einen *Punkte-Plan* einzuführen.

Protokoll: Meine Kinder sind wie Hund und Katze			
Datum	Anlaß des Streites	Eltern: Regeln beachtet?	Reaktion der Kinder

Wenn es nicht gelingt, das Problem hinreichend zu vermindern, dann kann es hilfreich sein, einen *Punkte-Plan* oder einen *Wettkampf um lachende Gesichter* einzuführen.

Memo-Karte Anwendungsbeispiel 8:

Regeln für ein Konfliktgespräch mit den Kindern

1. Jeder muß jeden ausreden lassen.
2. Beschimpfungen und lautes Anbrüllen sind nicht erlaubt.
3. Jedes der Kinder schildert die Ausgangssituation aus seiner Perspektive.
4. Ermuntern Sie die Kinder, Alternativen zu der eigenen Handlung zu entwickeln („Was hättest du noch tun können?").
5. Bewerten Sie nicht gleich jede Alternative als gut oder schlecht, sondern leiten Sie Ihre Kinder dazu an, die einzelnen Lösungsmöglichkeiten selbst zu bewerten („Was wäre dann passiert?").
6. Ermuntern Sie Ihre Kinder, bei der nächsten Gelegenheit eine bessere Lösung zu erproben.

Memo-Karte Anwendungsbeispiel 9:

Probleme in der Öffentlichkeit: 1. Erstellen Sie einen Plan.

1. Wählen Sie ein bis zwei schwierige Situationen aus:

   1
   2

2. Bestimmen Sie die Verhaltensregeln, die Ihr Kind in den Situationen beachten muß!

   Situation 1:
   -
   -

   Situation 2:
   -
   -

3. Wählen Sie eine Belohnung aus.

   Situation 1:
   -

   Situation 2:
   -

4. Überlegen Sie, welche Konsequenz erfolgt, wenn Ihr Kind gegen die Regeln verstößt!

   Situation 1:
   -

   Situation 2:
   -

5. Besprechen Sie mit Ihrem Kind Ihren Plan!

Memo-Karte Anwendungsbeispiel 9:

Probleme in der Öffentlichkeit: 2. Führen Sie den Plan durch.

1. Suchen Sie gemeinsam mit Ihrem Kind die ausgewählte öffentliche Situation in nächster Zeit möglichst häufig auf.
2. Erinnern Sie Ihr Kind an den Plan, unmittelbar bevor Sie den öffentlichen Platz betreten:
   - Fordern Sie Ihr Kind auf, die vereinbarten Verhaltensregeln noch einmal zu benennen („Was haben wir ausgemacht?").
   - Bestätigen Sie die Regeln oder korrigieren Sie Ihr Kind gegebenenfalls.
   - Erinnern Sie Ihr Kind an die vereinbarte Belohnung, die erfolgt, wenn es die Regeln einhält.
   - Erinnern Sie Ihr Kind an die vereinbarte negative Konsequenz, die erfolgt, wenn es die Regeln nicht einhält.
3. Führen Sie positive und negative Konsequenzen sofort durch.
4. Protokollieren Sie Ihre Erfahrungen (siehe Rückseite).

Protokoll: Probleme in der Öffentlichkeit:			
Datum	Öffentliche Situation	Eltern: Regeln beachtet?	Reaktion des Kindes